U0531428

2019 年 11 月 20 日，香港，岭南大学公开讲座
迈克尔·赫德森（Michael Hudson）（左）、刘健芝（右）

2019 年 11 月 20 日，香港，岭南大学公开讲座
前排（从左到右）：保罗·中谷（Paulo Nakatani）、彼得·比蒂（Peter Beattie）、迈克尔·赫德森、刘健芝、欧阳丽嫦
后排（从左到右）：口皓、靳培云、刘健青、薛翠、黄钰书、李翘志、何志雄、许统一、严晓辉

2019 年 11 月 20 日，澳门会议
迈克尔·赫德森（左）、温铁军（右）

2019 年 11 月 22 日，澳门会议
迈克尔·赫德森（左二）、保罗·中谷（左一）、温铁军（右二）、刘健芝（右一）

2019 年 11 月 22 日，澳门会议

前排（从左到右）：李翘志、许统一、何志雄、黄钰书、薛翠、黄小媚、靳培云、欧阳丽嫦

后排（从左到右）：陈燕文、刘健青、彼得·比蒂、刘健芝、迈克尔·赫德森、保罗·中谷、温铁军、卢麒元、严晓辉

英文原著封面

Michael Hudson, *The Destiny of Civilization: Finance Capitalism, Industrial Capitalism or Socialism*, New York: ISLET（May 2, 2022）.

The Destiny of Civilization

全球南方思想丛书

Michael Hudson
[美]迈克尔·赫德森 著
黄钰书 宋玮 译

文明的抉择

金融资本主义、工业资本主义还是社会主义

人民东方出版传媒
People's Oriental Publishing & Media
东方出版社
The Oriental Press

图书在版编目（CIP）数据

文明的抉择：金融资本主义、工业资本主义还是社会主义/（美）迈克尔·赫德森 著；黄钰书 宋玮 译 . — 北京：东方出版社，2023.9
书名原文：The Destiny of Civilization
ISBN 978-7-5207-3311-3

Ⅰ.①文… Ⅱ.①迈…②黄…③宋… Ⅲ.①中国经济—经济发展—研究 Ⅳ.①F124

中国国家版本馆CIP数据核字（2023）第019942号

The Destiny of Civilization
by Michael Hudson
©2022 Michael Hudson

中文简体字版专有权属东方出版社
著作权合同登记号 图字：01-2022-2930号

文明的抉择
（WENMING DE JUEZE）

| 作　　者：[美]迈克尔·赫德森 |
| 译　　者：黄钰书　宋　玮 |
| 责任编辑：袁　园 |
| 出　　版：东方出版社 |
| 发　　行：人民东方出版传媒有限公司 |
| 地　　址：北京市东城区朝阳门内大街166号 |
| 邮　　编：100010 |
| 印　　刷：北京文昌阁彩色印刷有限责任公司 |
| 版　　次：2023年9月第1版 |
| 印　　次：2023年11月第6次印刷 |
| 开　　本：660毫米×960毫米　1/16 |
| 印　　张：23.75 |
| 字　　数：285千字 |
| 书　　号：ISBN 978-7-5207-3311-3 |
| 定　　价：78.00元 |
| 发行电话：（010）85924663　85924644　85924641 |

版权所有，违者必究

如有印装质量问题，我社负责调换，请拨打电话：（010）85924602　85924603

全球南方思想丛书
编辑委员会

主　编：温铁军　刘健芝
副主编：薛　翠　严晓辉

编译组成员（按姓氏笔画排序）：
口　皓　王　平　刘健青　许统一　李佳琳
李梦鸿　李翘志　李翠环　何志雄　宋　玮
张怡松　陈燕文　欧阳丽嫦　欧阳哲　赵天宇
高　阳　黄小媚　靳培云　潘婷婷

三生万物　不讳初心
——《全球南方思想丛书》总序

温铁军　刘健芝　薛　翠　严晓辉

> 明月松间照，清泉石上流。
>
> ——王维《山居秋暝》

初心如一

举头明月，夫复何求；涤手清泉，物去人留。

二十余年过去，弹指一挥间；几代无怨怼，唯初心如一耳。

吾辈初心之立，乃立于这个巨变的时代湍流之中。因为有幸亲历20世纪的复杂变局与21世纪的矛盾交织，我们在"胸怀世界放眼全球"的海内外调研交流之中，得到确立"新国际主义"理念的时空条件……

现如今，和平发展仍然是"中国式现代化"的五大特征[①]之一，美国主导的西方列强却明确把中国作为排在第一位的战略竞争对手，并且西方列强的军事组织"NATO"（北约）已经东扩到中国周边，各类嗜血成性的将军多次曝出对华战争时间表……

可见，无论我们是否提出"新国际主义"，西方已经实质性地打造了"列强国际"——从"友岸贸易"抱团的经济制裁，增强到"友岸军事"盟友的军事打击。

20年前的2003年，西方列强公然入侵主权国家伊拉克，举世瞩目的第二次海湾战争爆发；深谙"兵不厌诈"的上将出身的美国政治家在联合国众目睽睽之下用"一瓶洗衣粉"指鹿为马，美国军队使用极低成本的"贫铀弹"这种"准核武器"，摧枯拉朽般地在伊拉克留下了著名的"坦克坟场"。

这一仗的"成果"，一是推翻了尝试在石油计价与外汇储备上"去美元化"的萨达姆政府；二是彰显了美元霸权唯赖军事霸权之"不二神威"。事实上，全世界只有美国"独孤求败"。由此，本来足以在经济上挑战美元霸权地位的欧元资本集团迅疾明了"谁是老大"——全球的资本流动，只能受控于美国跨国金融资本。

这20年属于资本主义历史时期的"后冷战"向"新冷战"过渡的阶段。

由于美元与欧元的对抗性冲突本源于西方资本主义在金融资本阶段的矛盾，其盎格鲁-撒克逊模式与莱茵模式对立的实质具有西方思想体系难以化解的"魅惑"，因而，竟使没有被西方金融资本收割的后发国家难以形成参与全球话语竞争的软实力。同理，后发国家的社会运动面对

[①] 中国式现代化的五大特征可以被简化为：一是人口规模巨大，二是共同富裕，三是物质文明与精神文明相协调，四是人与自然和谐共生，五是和平发展。

多重矛盾交织也缺乏话语构建能力；20 世纪能够有效动员的革命意识形态，在 21 世纪明显失效……

其间，被拉入后冷战的欧元区与地中海周边经济危机和社会动乱频发、"币缘①政治"冲突迭起，但缺乏政治主权和军事主权的欧洲国家"打落牙齿往肚里咽"，意识形态化地"打左灯向右转"，强吞下国内通胀恶化压力下资本流向美国的恶果，唯唯诺诺地受制于美元资本集团的"币缘战略"主导下的地缘政治需求，寄希望于加入美国发起的"新冷战"，跟着北约东扩亚洲；只有打垮中国，才能再如"八国联军"利益均沾般地分一杯羹。

早在后冷战时期的 1999 年，当欧元正式进入流通之际，美国为了阻止国际资本流向欧洲而制造了巴尔干冲突，策动了科索沃战争，直接压住了欧元崛起的势头。此后，美国不断在欧盟周边制造冲突，彰显了美金美军之"双头鹰"般不可分割的"孪生霸权"的战无不胜。君不见，本来在巴尔干地区首屈一指的强国南斯拉夫，被分割压缩到仅剩下四百多万人口的塞尔维亚，还要面对被强行肢解的尴尬。诚然，这不过是凸显了美国的孪生霸权不放过"残羹冷炙"的贪婪。

倘再回望 20 世纪，则可清晰地看到中国逐渐融入全球化的经验过程。

在进入新世纪之前的 20 年里，中国渐进地加入新自由主义主导的全球化，就在"经济对外依存度"超过绝对比重之际，遭遇美国投机资本制造的 1997 年"东亚金融风暴"派生的外需下降，随之是中国进入工业化以来的第一次"生产过剩"②。同期，正是国内外汇、财政和金融三大赤字同步增加，导致国有大型金融机构不良率超过三分之一、国企大

---

① 若干经济体围绕核心货币形成的经济关系。
② 马克思主义把生产过剩危机定性为资本主义一般内生性矛盾。

量破产、职工大批"下岗"等"顺周期"调节的后果。虽然国内有些部门称之为把企业推向市场的"深改",但实际上与大多数遭遇危机的一般后发国家都遵从霸权国推行的"新自由主义"而必有萧条阶段、资产和资源价格暴跌被外资抄底的后果类似。幸得1998年1月中央决定"逆周期"调节,大规模增发国债以投资"救市"。遂有主要投向"铁公基"等大规模基本建设所体现的中国特色社会主义的举国体制。

中国这边以国家发债维持金融稳定,同时国债投资推动经济增长,构建了后发国家基础设施最好的条件;而美国那边则是"天不藏奸"——包括东亚在内的海外资本大规模回流促成了"IT泡沫"膨胀,演化为2001年的"新经济危机"。同年,美国"祸不单行"——叠加发生了以"9·11"事件为表征的政治危机。两大危机促使2002年美国产业资本的全球布局发生重大调整,由此造成外资大量进入中国。

到2003年,适逢中国在加入世界贸易组织（WTO）整一年之际成为"FDI"（外商直接投资）全球第一。遂有大批学者一厢情愿地把中国高增长归功于加入WTO……同年春季,香港、广州、北京等地暴发非典疫情。幸运的是"病毒不下乡"——内地乡村几乎没有疫情;各大城市幸得中医介入,半年扭转局面。

这个客观过程中,中国一方面靠举国体制做"逆周期"调节,打造了国企复苏的基础,也勉力保住了国家货币主权与市场控制权,在制度稳定的条件下,形成三种资本同时发力——国资与民资、外资都成为拉动经济增长的动能;另一方面,集中在沿海的"加工贸易外向型经济"拉动内陆农村劳动力和资金要素大量外流,也使"三农"形势趋于严峻——基础不牢地动山摇,于是中央把"三农"问题强调为全党全国工作的重中之重。

进入新世纪的中国,面对四大挑战——国外是双重危机、海湾战争,国内是"三农"凋敝、非典疫情……处于乱局旋涡里的中国民众，应该如何自处？

我们是民众当中自觉应对危机并维护稳定的行动者，也是行动中的思考者。从 2001 年组织大学生"支农调研"活动起步，我们一路践行乡建先贤们倡导的"启迪民智、开发民力"。2003 年 1 月 1 日，我们在北京小汤山举行中国乡村建设培训班，学员包括全国各地的农民、大学生以及青年知识分子，三结合编组交流，深化学习，被老同志说成是新世纪的讲习所。后来，我们在北京草场地培育乡建青年骨干，促成梁漱溟乡建中心等乡建组织的建立，大批各界参与者陆续投身到了当代乡村建设中。

这 20 年在后发国家交流和调研的经验告诉我们，若要了解世界大变局下的乡土中国，必先从全球资本主义格局和阶段性变化切入，才有思考乃至改出困境的可能性。培训班最初的读本包括英国经济学家 E.F. 舒马赫（E.F. Schumacher）的代表作《小的是美好的》（*Small is Beautiful*，1973 年），他以一辆快速奔向悬崖的列车比喻资本主义，列车前面明明白白写着终点站就是"大毁灭"，毁灭的不只是人类自己，包括所有物种甚至整个地球，人类明知道这趟列车最终必将掉进深渊，但即使头破血流也还是争着上车。如一百多年前德国革命家罗莎·卢森堡（Rosa Luxemburg）一针见血地指出：社会主义还是野蛮主义；也如鲁迅的"呐喊"试图喊醒铁屋子里即将窒息的沉睡者……

进入 2023 年，人类陷入美军支撑美金的"孪生霸权"裹挟西方列强造成的四重困境：金融暴政、核战恫吓、生态崩溃、瘟疫病毒。

身处险境的我们，耳边响起的只能是国际歌："起来……要为真理而斗争！"

2023 年 1 月，我们举办大乡建网络 2022 年度工作总结会，会议主题为"自觉学习,不断创新,积极构建乡村建设新格局"。会上宣布推出《全球南方思想丛书》,开宗要"以人民为中心",汇聚全球改出资本主义的思想清泉;明义则需从生态与庶民的视角,构建以南方国家经验为基础的知识生产体系。本丛书建基于我们几十年的海外调查研究行动,以及与全球进步学者的交流合作。

当前的乱局是金融资本不可挽救地病入膏肓造成的,症状越是猛烈,越显示"五内俱衰"。2018年,埃及思想家萨米尔·阿明(Samir Amin)[①]生前最后一次访问中国。5月6日,我们拜访了阿明。[②]他分析资本主义已然步入衰败中的"老年资本主义",而垄断资本已经达到了新阶段,可称为普遍化垄断资本。三大寡头(美国、欧洲、日本)已经合成"集团帝国主义"(Collective Imperialism)。集团帝国主义深知其不可能管控世界,除非使用更多的暴力,由此可见系统衰落的症状。阿明批判地指出普遍化垄断资本渗透到了各个层面:在经济上,生产的上中下游皆被掌握市场的集团所控制;在政治上,资产阶级民主被终结;在传播上,媒介沦为为垄断资本服务,俨如虔诚的神职人员;在文化上,消费者和电视观众沦为非政治性的群体。

金融集团帝国主义可见证于"新大西洋金融体系"。2013年10月31日,美联储、欧洲央行、英国央行、日本央行、加拿大央行和瑞士央行,全球主要金融资本集团控制的六家央行决定,把原有的临时双边流动性互换协议,转换成长期货币协议。根据美联储公告,这些互换协议在六国央行间建立"双边货币互换网络"(A Network of Bilateral Swap Lines),一旦签订双边互换协议的某两家央行认为当前市场状况可以保

[①] 阿明父亲是埃及人,母亲是法国人,他以作为埃及之子而自豪。
[②] 《老年资本主义危机——采访萨米尔·阿明》(Crisis of Senile Capitalism - Interview with Samir Amin),全球大学(Global University for Sustainability)2018年5月6日,见http://www.youtube.com/watch?v=q5gMaAPagwQ。

证互换发生,那么有流动性需求的央行就可以按照协议规定获得来自其他五家央行的货币流动性来补足自身临时性短缺。2023年3月,美国银行爆发危机,六大央行联合宣布通过常设美元流动性互换额度安排来加强流动性供应,进一步强化了以美元集团为首的金融资本集团新核心为维护自身利益而向其他边缘国家转嫁风险的能力。

如此一来,金融全球化时代的西方货币体系便形成新的"核心—半边缘—边缘"格局:美元处于最中心位置,是核心中的核心,与围绕美元的欧元、英镑、日元、加元、瑞士法郎组成核心货币体系;其余意识形态兼容的经济体由于可以和六方央行进行较大规模的货币互换,而具有了次中心属性;其他依附于核心国、可以和核心央行进行有限度货币互换的国家,例如墨西哥、巴西(依附于美国)和东盟(依附于日本)等,则成为半边缘;至于被排斥在外、未能和核心央行进行互换操作的其他经济体,如中国、俄罗斯、伊朗、委内瑞拉、朝鲜等被边缘化。这个体现金融资本核心内在排斥性的制度安排初步完成,即成为"新冷战""金融资本法西斯化"的核心内涵。

如"老冷战"的地缘战略边界在朝鲜战争和越南战争这两场大规模热战之后才稳定下来,"新冷战"也不可能和平地完成币缘战略分割。在美元与欧元两大金融资本集团在20年前恶斗并初步划分了各自的地盘之后,随着欧美金融资本野蛮生长、北约军事布局不断东扩,加之对普通民众的种族主义法西斯暴行,终于在美国政客发起"新冷战"之初,爆发了俄乌热战。这场代理人热战裹挟着人类资本主义的历史进程再度将其推至核战的悬崖之上。敌对双方实施恐怖平衡互相威胁。

核战阴霾笼罩下,日本于2011年3月11日爆发的福岛核灾贻害无穷,至今熔断燃料核芯无法清理,导致不间断产出核废水,日本政府计划将成千上万吨核废水倾倒于海洋。人类纵然拥有"高科技",可是在一堆堆核废料面前，一筹莫展。

联合国政府间气候变化专门委员会（IPCC）自1988年成立，发布六次评估报告，不断提醒人类："气候变化对人类福祉和地球健康产生威胁，现在必须采取行动以保障我们的未来"，"随着全球升温世界会面临不可避免的多重气候危害"。各种研究显示，南北极频繁出现高温，冰川和冻土层加速融化；亚马孙热带雨林已从碳元素的积存之地变成温室气体排放量最高的地方之一；喜马拉雅山冰川的冰融程度严峻，严重扰乱包括中国和印度在内的六个国家的河流流量，大规模洪水导致农作物损失，影响数十亿人口的生计。

从2003年至今，人类依然无法走出冠状病毒引发的瘟疫局面。前景委实叫人绝望，我们却在彷徨中呐喊"希望的政治"。鲁迅说"绝望之为虚妄，正与希望相同"，我们坚信，"希望的政治"并不是虚妄空洞的口号，而是建基于对时局的批判，寻找突围的裂缝，如阿明所说，在资本主义的内爆中，不懈为全人类的解放而斗争。

阿明将当代历史分为三个时期：（1）1955—1980年，万隆时代先蓬勃发展，后停滞不前；（2）1980—1995年，自由主义全球化的帝国主义新秩序复辟时期；（3）1995年至今，资本主义/帝国主义体系开始内爆，同时新一轮的全球南方为建立另一个更美好的世界的斗争开始。但阿明也清醒地批评：当前缺乏一个整体的抗衡金融资本主义的纲领，全球的反抗运动支离破碎，即没有将问题与资本主义的系统性危机结合起来。

如何前进？阿明指引道："从支离破碎的防守策略中走出来，迈向广泛团结的运动之进取战略。国际主义是根本。"

中华民族伟大复兴是需要"伟大斗争"的，在增强文化自信乃至培育抗衡资本的力量的斗争中，更要放眼世界，支持被帝国主义与殖民主义所压迫的南方民族国家的复兴，联合亚非拉人民，打造反帝反殖的国际主义联盟。

他山之石，可以攻玉

本丛书奠基于过去十年南南合作的成果。首先，我们2021年完成了新兴七国（中国、印度、巴西、南非、印度尼西亚、土耳其、委内瑞拉）比较研究报告（E7）。其次，我们已经组织了九届南南论坛（2011—2022年），2023年迎来第十届。

E7研究与南南论坛，两者相辅相成，意在建构南南精神，推动南南共识，以可持续实践与多样化的生态文明为理念，立足于发展中国家的经验与现实，促进世界另类实践广泛开展对话与交流，形成南南多元化合作方式，寻求全球化挑战下具有包容性的可持续实践的新途径。

南方国家在摆脱殖民主义束缚和争取独立的自主道路方面，已经形成了丰富的经验和教训，我们需要收集、诠释与比较这些多样化的国别经验，找出主流话语不能解释的、大量出现的困境与灾难，在开展南南合作的对话、交流中，探寻化解危机的途径，共同建设合理正义的新世界。

第一届南南论坛的中外参会者宣告，共同推动《南南共识》（*South South Consensus*，2011年），成为以后各届南南论坛贯彻"新国际主义"的指导纲要：

首先，我们要申明南方国家关于生态文明"3S"的基本主张：只有维护"资源环境主权"（Sovereignty）、加强南方国家的"社会团结"（Solidarity），才能促使世界回归以最基本的可持续的"人类安全"

（Security）为前提的生态文明。

其次，我们要明确南方国家构建不同于金融资本全球化的话语权和制度文化的基本要求，批判不利于加强"3S"的政治主张，并揭露其背后的跨国资本利益集团。

最后，南方国家应该与北方国家中认同生态文明的社会群体结成广泛的联盟，共同反对威胁生态文明与人类安全的恶劣制度。

我们致力于构建不同于金融资本帝国主义的"别样的世界"——人与自然和谐共生的、具有包容性的、以多样化为内涵的生态文明。

此外，从2020年开始，我们举办了多个南南大讲堂系列，了解和学习发展中国家底层人民进行社区动员、坚持不懈地反抗帝国主义与殖民主义的宝贵经验，其中包括美国经济学家迈克尔·赫德森主讲的《金融帝国的前世今生》、赫尔南·瓦格斯（Hernan Vargas）统筹的《委内瑞拉在战斗：殖民历史、革命传统、社区重建》、赫韦尔·瓦格斯·文道萨（Javier Vargas Mendoza）和凯瑟琳·思蓓·瓦格斯（Kathryn Seib Vargas）主讲的《与玛雅人同行：墨西哥恰帕斯州原住民宇宙观与可持续实践》、费罗兹·曼吉（Firoze Manji）统筹的《非洲人民解放征程》《非洲古今伟大思想家》、薛翠统筹的《雨林生智：巴西构建另类社会范式》、约翰·莱达其（John Restakis）统筹的《战火中的叙利亚罗贾瓦社区》等。

聆听亚非拉底层人民艰苦奋斗的故事，我们开始理解，复兴的不只是民族国家，而是在地庶民百姓的生态文化与社区。唯有虚心学习他者经验，认同劳动文化价值，才能体会汪晖所说的人民的逻辑，即失败再奋斗再失败再奋斗，累积持续突围的能量，践行"希望的政治"。

祛魅解惑，引重致远

阿明 1986 年提出"去依附"（De-linking），1989 年批判"欧洲中心主义"（Eurocentrism）。去依附与去欧洲中心主义的内涵：一是不屈从帝国主义垄断的排他性的秩序；二是自觉批判资本主义发展的最高阶段，即集团帝国主义。

国际形势是辩证的过程：在金融资本主导全球化的阶段，内生性孕育法西斯化的运动，必然因其对自然社会和实体经济的排斥性走向崩溃，同时又带来可持续的生态发展的希望。这个辩证的过程以及本丛书的诞生，就在于我们建设另一个世界的实践，特别是来源于乡村建设的实践，来源于大量的国际比较研究的思考与行动。

我们团队沿着阿明的思路守正创新。团队成员自筹经费、组织调研，除了到中国农村驻点，还到世界各地特别是亚非拉做田野调查，与当地专家学者交流访谈。比如印度喀拉拉民众科学运动（People's Science Movement of Kerala，KSSP）及人民计划（People's Plan）、泰国穷人议会（Assembly of the Poor）、日本-泰国-尼泊尔民间举行的二十一世纪人民计划（People's Plan for the 21st Century）、墨西哥恰帕斯州原住民萨帕塔社区（Zapatistas）、巴西无地农民运动（Landless Workers Movement）、委内瑞拉公社运动，等等。同时，自 2001 年开始，乡建骨干参加多届世界社会论坛（World Social Forum），与全球学术机构、民间组织、社会建设力量探讨世界局势与另类实践，还多番邀请国际专家学者与基层社区建设骨干到中国实地调研，以加深他们对中国乡土社会现状与发展情况的了解。

老子辩证法中有句名言："反者道之动。"2018 年，美国针对中国挑起贸易摩擦，到今天仍然在制裁和围堵中国，迫使很多年轻人打破陈旧思维，并且渴求重新认识南方国家。这个客观事务的辩证演化，促进了"新国际主义"思想理论的发展。例如，《全球化与国家竞争：新兴七国比较研究》（2021年）仅仅出版两年，便印刷了21万册。当下形势，有利于传播南方视野的研究成果。虽然互联网平台热衷于传播短平快信息，吸引了海量年轻人的眼球，但年轻人需要沉下心读书，因为当前局面，只有稳得住才能应对困境。书籍能够带领年轻读者进入阅读世界并启发深刻思考，是短视频无法取代的。

《全球南方思想丛书》汇聚全球南方思想理论与实践经验，梳理与检视资本主义的逐利逻辑，并逾越资本逻辑积累非资本主义的自主经验，开拓自力更生的空间。在整个社会开始出现"向钱看"、照搬西方教科书理论、把"个人利益最大化"当作天经地义的氛围时，关注底层、服务庶民的图书好像不合时宜，但当下，恰恰需要这些话语与行动。唯有颠覆性的思维，才能不断自我检验、自我提升，才能抵抗金融资本衍生的法西斯铁蹄。

本丛书在2023年打头阵的，是迈克尔·赫德森的专著《文明的抉择》（The Destiny of Civilization）及《金融帝国》（Super Imperialism）（第三版）。接下来，推出萨米尔·阿明专著《全球南方的漫长革命》（The Long Revolution of the Global South）、《只有人民创造历史》（Only People Make Their Own History），还有伊曼纽尔·沃勒斯坦（Immanuel Wallerstein）专著《沃勒斯坦500篇评论集》（Immanuel Wallerstein's 500 Commentaries）、墨西哥教育理论家古斯塔沃·埃斯特瓦（Gustavo Esteva）文集《如临深渊：对话古斯塔沃·埃斯特瓦》（Walking on the Edge of the Abyss—Conversations with Gustavo Esteva）、二十一世纪人民计划发起人武藤一羊（Muto Ichiyo）文集、印度科学家帕拉梅斯瓦兰（M. P. Parameswaran）文集、比利时解放神学教授弗朗索瓦·浩达

（Francois Houtart）传记等。

1918年，罗莎·卢森堡呼喊："要有耐心和勇气！我们还要活下去，我们还要经历惊天动地的事。现在我们首先觉察出来，整个旧世界如何在沉沦下去，每天有一块地方沉陷，每天有新的崩裂，每天有新的天翻地覆……最可笑的是，大多数人根本就没有觉察到，还以为他们是在坚实的土地上行走……"

身处今世，祛魅解惑，引重致远，以利天下。

初心如一，一泓清泉。

草于癸卯兔年新春

推荐序　跳出金融资本主义陷阱，人类将迈向生态文明

温铁军

美国金融霸权无疑是导致全球经济呈现疲态的根本性因素。

美国的单极霸权外交塑造了第二次世界大战以来被国际货币基金组织（International Monetary Fund，IMF）、世界银行（World Bank）等国际机构所执行的经济和贸易规则，而这些所谓的国际规则大都偏向美国。1991年，美国凭借金融资本虚拟化扩张的所谓"比较制度优势"，获得了对苏联"冷战"的胜利，其在世界的领导地位也达到了"单极化"的顶峰。其后20年间，美国通过铁腕的军事侵略巩固其霸权地位，2008年以后，美国铁腕外交配合其金融霸权变本加厉，以至走上了债务与货币相依为命双双扩张——"发钞买债"——的国家信用自我毁灭的道路，迫使看到美国"自毁"规律的其他国家寻求美元的替代方案。由此可知，处心积虑收割全球的美国越来越力不从心，其国际影响力正在逐渐下降。

当今世界的主要矛盾及其演化中的对抗性冲突，表现在美国和中国之间。

我们认为，中国属于被美国诱迫性地逼入主要矛盾的"非主要方面"……与我们的分析有异曲同工之妙，赫德森教授在本书中将中美冲

突解读为国际转型的过程，特别是在经济体系和政策方面。他解释了中美冲突为什么不能简单地被视为两个工业竞争对手的市场之争，而是两种不同政治经济体制之间的冲突——不仅是社会主义和资本主义的冲突，更是工业经济逻辑与金融化食租/食利经济逻辑的冲突。在当前美国本土经济萎缩之际，金融化食租/食利经济只能越来越倚靠国外补贴以及对外掠夺。

赫德森教授力图复兴古典政治经济学来推翻新古典主义的反革命。19世纪古典政治经济学的本质，是价值（Value）、价格（Price）和租（Rent）的理论框架。古典政治经济学中的"自由市场"是没有经济租（Economic Rent）的市场，是从食租/食利阶级手中解放的市场。但西方倒行逆施，特别是在20世纪80年代新自由主义政策全球化之后，"自由市场"变成了被食租/食利阶级自由剥削的市场。

历史上，工业国的富强之道是建立一个强大的政府，防止地主阶级掌权，并且能够全面压制食租部门。促进本国工业发展，应由政府提供公共服务以降低生活及商业成本。如果由私人部门提供公共基础设施，剥削性的价格垄断就会取代政府以补贴价格提供的基本服务。

在经济领域中，所有经济体顺利运行所需的最重要的服务是货币供应和银行信贷。银行和信贷一旦被私有化，就会成为榨取经济租的要害。这就是为什么19世纪的经济学家在探讨工业资本主义逻辑时一致认为，货币及银行业应该属于公共服务，这样才能最大程度地降低工业生产总成本中不必要的金融开销。

而当代的反古典经济学把金融收费视作提供"服务"而挣得的生产性收入，并将其归类为产出，因此被纳入了GDP。这种统计方法把金融利润与其他类型的经济租一起当成GDP的增长来源，而非作为间接成本负担，遂造成实体经济正在增长的假象。实际上，增长的是食租部门的收益，不创造真正的经济价值，只是把收入从债务人、租房者及消费者手上转移到了债权人、地主及垄断者手上。这种转移是通过把公共部门私有化，使公共服务成为垄断资本用来榨取租金的工具而达成的，而这些垄断资本主要是由金融部门组织的。这个金融化的演变在美苏对峙的冷战阶段发挥过制度效应，使美国和西方在与东欧社会主义国家的竞争中"不战而胜"。究其原因，在于金融部门虚拟化扩张虽然对外转嫁成本却不承担责任；而这又对 GDP 这种按照交易来计算增加值的统计指标形成了巨大贡献，遂造成比对手更为显著的经济增长。这极大地支撑了西方"软实力"的作战能力，苏东精英群体在自由资本主义经济制度优于社会主义的意识形态化浸淫中发生了制度解体。

赫德森教授的这一著作建基于他应全球大学（Global University for Sustainability）邀请录制的金融课程讲稿，该课程主要面向中国观众。赫德森教授认为，中国的混合型经济以及古典主义的产业政策，成功地避免了新自由主义的"美国病"。此外，他还在课程中解释了为什么以美国为代表的西方国家失去了往昔的经济发展动力：一小撮食利阶级夺取控制权，摇身变成中央决策者，运用权力占有深陷高债务及高成本危机的劳动阶级和实体产业的收入。去工业化的"美国病"根源在于经济租：金融垄断资本主义体系下的食租/食利阶级榨取的经济租，抬高了工业生产成本，遂导致去工业化。而这一体系目前在整个西方大行其道。

中国面临的现实问题在于：如何保持自身优势，避免跌入美国意识形态及外交施压的软实力陷阱？

对此，赫德森教授开具了"药方"。首先，国民经济统计方式应区分创造真实价值的生产性部门和转移收入自肥的金融食租/食利部门，收入转移并不是生产。其次，任何成功的经济制度都是混合经济，亦即，货币和信贷、土地、公共服务、自然资源等都应由政府掌握，并以成本价提供或者由政府给予补贴，以降低私人部门的生活成本和商业成本。再次，防止非生产性债务开销的方法，主要是对经济租征税。这样它就不会被金融化，不会被投机者和榨取租金的买家作为利息支付给银行。

赫德森教授分析的核心观点是，美国外交是食租／食利寡头支持的新自由主义意识形态的延伸；"美国例外论"即美国可以无视一切国际法规和原则，干涉他国内政，要求它们放弃对潜在的租金收益资产（如银行业、矿产资源开采权和高科技垄断）的控制，将其交给美国的跨国公司及其卫星国的公司。

自"二战"以来，亲债权人的国际法一直强行约束着所有在美国外交势力范围内的国家，南方国家在无法偿付以美元计价的债务时，会被迫实行紧缩计划，牺牲其国内经济和人民福祉来偿还外国债权人。但在2008年金融海啸爆发以来的"新冷战"阶段，正如我们的研究团队多次强调的，美国长期作为全球最大债务人，对本应由债权人要求债务人为了"欠债还钱"而调整自身经济行为的这类"基于规则的国际秩序"做了根本性的颠覆，反过来在债权人家门口耀武扬威！更为吊诡的是，美国作为当今世界上最大的债务国，反而把美元化支付体系变成了使其他国家为美国提供全球军事开支的方法：世界各国央行都要将本国外汇储备交给美国财政部，具体形式包括购买美国国库债券、将存款存入美国的银行以及购买其他以美元计价的资产。

世界要跳出美元陷阱，就要敢于推陈出新。

中国作为最大债权国之一，理应与其他独立国家一道，建立新的国际支付体系，并为贸易和投资关系制定新的国际法原则。这些原则需要按照本书所描述的思路建立一个整体的经济和政治学说。但令人讶异的是，即使多年来西方因奉行新自由主义的反古典意识形态，导致在经济、政治、社会、文化等方面明显流弊丛生，国内有些人竟然迷信西方专家学者和首脑，想要邀请他们来参与中国深化改革的"顶层设计"；还有人建议国内高校的课堂教学直接使用美国原版的英文教科书，似乎翻译失去了原著的真谛，似乎本国的制度、文明乃至种族都比不上别人。

赫德森教授身为美国学者，一生钻研美国金融，并曾在华尔街工作多年，却看出了中国体制的优胜之处。只要我们拥有不断自我检讨、自我纠正、自我完善的科学批判精神，就没有理由不相信中国的制度优势可以引领社会朝向更高的文明阶段迈进。关键在于坚持我们自身的制度优势，摒弃西方后工业食租/食利经济的缺陷，不跟从西方新自由主义路线，不陷入对美国霸权和意识形态的依附。

由此可见，当前金融资本主义危机的背后，其实是更深刻的文明危机。今天，世界正站在十字路口，面对未来，人类面临着共同的抉择：是野蛮还是生态文明？

癸卯兔年二月

推荐序 "经世济民"学家是如何炼成的：迈克尔·赫德森对人类未来的贡献

刘健芝

我这一代人爱不释手的书，有奥斯特洛夫斯基1933年的小说《钢铁是怎样炼成的》，这句名言刻骨铭心："人最宝贵的就是生命，生命对于每个人来说只有一次。人的一生应该这样度过：回首往事，他不会因为虚度年华而悔恨，也不会因为碌碌无为而羞愧；临终之际，他能够说：'我的整个生命和全部精力，都献给了世界上最壮丽的事业——为解放全人类而斗争。'"

年轻时，我把这句话抄在日记里，提醒自己时时刻刻应该为人类的解放而奋斗。与我同代的许多朋友都怀有类似的志向。

答应为迈克尔·赫德森的《文明的抉择》撰写序言时，我首先想到的就是上述名言。认识迈克尔之后，我们频繁交往，积极筹备讲座系列和出版项目，我发现他专一投入，心无旁骛，不会在琐碎的事情上浪费一分一秒。从我们密集交流的电子邮件中，我得知82岁的迈克尔经常每天连续写作15个小时。我相信，这种自律源于坚守大志，要将一生精力奉献给世界上最美好的事业。

经济学家谈经世济民

迈克尔是世界知名的经济学家。这里引述学界对他的评价：

大卫·格雷伯（David Graeber），《债：第一个 5000 年》（*Debt: The First 5,000 Years*）的作者，"占领华尔街"运动的组织者之一："我认为迈克尔·赫德森肯定是过去半个世纪最有创意的、最重要的经济史学家；当今活着的大师；像迈克尔·赫德森那样让我获益良多的，屈指可数。"

史蒂夫·基恩（Steve Keen），《驳斥经济学》（*Debunking Economics*）的作者："迈克尔·赫德森雄辩博学，一直精确地分析现代资本主义的强项和缺点。他有先见之明，预见今天永无止境的经济危机，像这样的学者，世上罕见。像他一样提出如何结束危机的、实际可行的建议的学者，世上寥寥可数。"

保罗·克雷格·罗伯茨（Paul Craig Roberts），美国财政部前助理部长，于 2016 年 2 月 3 日在《反击》（*Counter Punch*）上写道："迈克尔·赫德森是世界上首屈一指的经济学家。事实上，我几乎可以说，他是世界上唯一的经济学家。其余的人几乎都是新自由主义者，不是经济学家，而是金融利益的代言人。"

上述的评论并不夸张。我想补充：迈克尔是世界上首屈一指的经济学家，不仅就专业知识方面而言，而且还在于他为人类解放而奋斗的道德情操。我所说的"经济学家"是古汉语中"经济"一词的含义。当代汉语翻译"经济"，取自"经世济民"，意谓"治理天下，利泽万民"。以此古汉语的含义来描述迈克尔作为"经济学家"最恰当不过，因为他一直关注的不是狭窄的市场生产和消费现状，而是世界的治理方式，以及人类如何自治，乃至推己及人。他旁征博引，在本书中充分体现经世济民的情怀，所以说，《文明的抉择》正是恰当的书名。

推荐序 "经世济民"学家是如何炼成的：迈克尔·赫德森对人类未来的贡献

学识渊博的学者和作家

迈克尔担任长期经济趋势研究所（Institute for the Study of Long-term Economic Trends，ISLET）主席，他在20世纪90年代成立了该研究所，与哈佛大学皮博迪博物馆（Peabody Museum）开展合作研究项目，整理并编写了青铜时代中东经济史，并追溯了过去五千年政治和社会背景下的经济转型。正如他所有的工作一样，这不仅仅是为了解读世界，更是尝试创造一个更美好、更公平的世界。

可以想象，正直不阿的迈克尔提出的是改变现实的思想和实际可行的替代方案，为的是终结财富和权力的两极分化，尤为重要的是，迈克尔德才兼备，将会对企业和金融利益集团以及它们的国家代理人、主流媒体和学术界构成有力的威胁。然而，迈克尔的分析是如此务实，并且有统计数据支持，尽管他对主流经济学假设和理论的批判具有争议性，但他的十几本著作仍然受到广泛推崇。迈克尔的专栏文章曾在《金融时报》《纽约时报》《华盛顿邮报》和《法兰克福汇报》等欧洲主要报刊上发表。他为《哈珀》（Harper's）杂志撰写了大量封面文章，不仅在2006年预测了2007年的次贷危机和2008年的金融海啸，而且还系统描述了导致经济崩盘并在其后留下债务通缩的金融危机的图景。这些分析见于早些时候迈克尔与密苏里大学堪萨斯城分校（University of Missouri at Kansas City，UMKC）和巴德学院利维研究所（Levy Institute at Bard College）的同事共同出版的论文集中。迈克尔经常作为嘉宾出席各种电视和广播节目，包括美国公共广播电台《交易场》（Marketplace）、《立即民主》（Democracy Now!），他还是许多俄罗斯电视节目的常客。他是《拉普汉姆季刊》（Lapham's Quarterly）的编委会成员，《赤裸的资本主义》（Naked Capitalism）和《反击》的定期撰稿人。他建立了个人网站

（michael-hudson.com），上传了大量公开访谈的文字稿以及著作和文章。

迈克尔已经有多本著作被翻译成中文（陆续还将出版），在中国享有很高的知名度和声望。中国社会科学院发表了他的多篇文章。他曾经获聘为武汉华中科技大学的荣誉教授，以及北京大学马克思主义学院教授。早在我们认识之前，我就拜读过他的著作。直到2016年5月，我们才第一次见面，当时还有萨米尔·阿明。萨米尔和迈克尔当时正在参加在北京举行的第一届世界马克思主义大会。我向迈克尔介绍了全球大学的工作，萨米尔和我都是发起人。2018年5月，趁他、萨米尔和大卫·哈维（David Harvey）应邀担任北京第二届世界马克思主义大会发言人之际，我采访了他的生命故事与思想轨迹[①]。迈克尔为人和蔼可亲，思想极其敏锐，让我深深折服。在一小时的采访中，迈克尔讲述了家庭背景、成长故事、人生转折点等，侃侃而谈，引人入胜。迈克尔说，把他锤炼成为经济学家的是偶然的机缘和身处的时代环境。

在音符和数字之间

机缘和偶然塑造了我们的生命故事。如果迈克尔当初选择了另一条路，今天在我们面前的也许是一名指挥家和音乐理论家。这是他在芝加哥大学读本科时的志愿，他攻读的是德国文学与文化史。与此同时，他又成为奥斯瓦尔德·约纳斯（Oswald Jonas）的硕士研究生，约纳斯是德国音乐理论家海因里希·申克（Heinrich Schenker）的合作者，他们强调对位法是通过不和谐音的自我消解来推动结构性和声的进展的。对

[①] 见 https://our-global-u.org/oguorg/en/michael-hudson/。

迈克尔来说，音乐上通过调和到更高音调来展开的泛音系统，正可以模拟社会演变动态。

人生如戏剧，迈克尔决定转向经济学，也出乎他的意料。他搬到纽约，计划出版申克、乔治·卢卡奇（Georg Lukács）等人的作品。一天晚上，他与爱尔兰共产主义者、马克思《剩余价值理论》的译者特伦斯·麦卡锡（Terence McCarthy）共进晚餐。他们的谈话转向了水位的变化如何导致美国的作物歉收，从而导致股票和债券市场的资金在秋季流失，继而引发周期性金融危机。迈克尔说："对我来说，生产、金融和整体经济的系统关系之间的这些相互联系是如此美妙，徐徐展开是如此具有美感——就像音乐对位导致转到更高的泛音——所以我当场决定成为一名经济学家。"迈克尔说，从那时候开始，他就在经济著作中实现在音乐中无法创造的东西。

迈克尔接受的第一项训练是特伦斯·麦卡锡为指导他而设定的：阅读马克思《剩余价值理论》书目中的所有著作。因此，迈克尔在攻读研究生学位和为华尔街银行工作的同时，还在出版商奥古斯都·凯利（Augustus Kelley）那里兼职工作，负责为经济学经典著作的重印本撰写推荐和介绍文。在这个过程中，他获得了堪比图书馆的藏书，里面有大量"正统"经济思想史中所缺失的经济学家的著作。

童年和青少年经历——被左右夹攻

迈克尔的性情当然与成长时期的家庭和社会背景有很大关系。1939年3月迈克尔出生在明尼苏达州明尼阿波利斯市的一个工人活动家的家庭。在世界上所有的城市中，明尼阿波利斯受托洛茨基主义影响最大。迈克尔的父亲卡洛斯·赫德森（Carlos Hudson）曾在墨西哥与列昂·托洛茨基（Leon Trotsky）共事，并担任《西北组织者》（*Northwest Organizer*）的编辑，领导了1934年明尼阿波利斯大罢工。迈克尔的父亲喜欢《顽童历险记》的哈克贝利·芬（Huckleberry Finn），迈克尔被家人和朋友称为"顽童哈克"。但由于父亲的党名是杰克·兰杰（Jack Ranger），迈克尔小时候也被戏称为"独行侠之子"（The Son of the Lone Ranger）。

迈克尔三岁时，父亲卡洛斯·赫德森因为《史密斯法案》（*Smith Act*）而被判入狱，成为"明尼阿波利斯十七君子"（the Minneapolis 17）之一。卡洛斯说，在监狱里的一年是一生中最快乐的时光，他被分配到图书馆，在那里收集了大量谚语。迈克尔于2017年6月在博客上转载了这些谚语。阅读"爸爸收集的许多谚语"，人们可能不仅会看到迈克尔后来的著作《垃圾经济学》（*J is for Junk Economics*）的结构是如何形成的，而且还可以追溯迈克尔的非凡幽默感和风趣评论的源头。

当迈克尔在芝加哥长大时，他家的访客包括罗莎·卢森堡和卡尔·李卜克内西（Karl Liebknecht）的德国前同事，以及列宁健在并执政时期的第三国际的成员。在他家召开的会议上，几乎一直在讨论社会主义学说和策略。迈克尔十四岁时，在芝加哥大学附属中学念高中，被斯大林主义者称为法西斯分子，又被法西斯分子称为共产主义分子。他告诉我："我很高兴处于备受敌视的位置，我成为避开意识形态的理性声音。我喜欢被右翼攻击，这让我结交了很多朋友，我在芝加哥招募了很多成员加入社会主义青年团体。"

处于备受敌视的位置却变得更加自信和强大，这可能是他一生的过人之处。迈克尔从不接受世界现状，这是充满欺诈、虚伪、不公的世界。然而，要成为伟大的经济学家，需要的不仅仅是自信和坚强的脊梁。他卓越的才华，源于没有被大学里不切实际的经济学理论的学术训练洗脑，这些理论往往为现状辩护，而不是批判性地挑战现状。迈克尔通过在许多国家实际工作的经验，结合对经济思想史的深刻理解，形成了独特的分析和思想。

深入华尔街虎穴——对抗意识形态

迈克尔在纽约大学攻读经济学硕士及博士学位时，被华尔街银行聘为统计经济学家，因此他了解金融化经济是如何运作的。据他说，纽约大学硕士课程的大多数教师是兼职的。只有相对少数的全职学者，他们没有在银行或企业工作的经验，世界观来自教科书。幸运的是，迈克尔发现了银行是如何运作的，他先是在储蓄银行信托公司（Savings Bank Trust）做了三年的统计分析师，然后从1964年到1967年，担任大通曼哈顿银行（Chase Manhattan Bank）的国际收支经济学家。

最初，迈克尔的工作是追踪纽约储蓄银行如何将储蓄存款循环利用变成新的抵押贷款。他的研究表明，大多数存款的增长不是靠新的储蓄，而是靠复利的累积。这种指数级的增长被循环投入成为新的抵押贷款，借给房地产买家，以寻求更大的负债权益比率处置过剩的金融资本。他发现，商业银行并不向新的工业资本投资提供贷款，而是以现有的资产作为抵押发放贷款，将利润或租金转化为还贷利息回流银行。简而言之，租金是用来支付银行贷款利息的。今天，在越来越大程度上，工资也是如此，因为银行贷款、抵押贷款、学生债务和信用卡债务的支出，侵蚀了大多数家庭的可支配收入。这就是家庭每月支付给金融、保险和房地产（Finance, Insurance and Real Estate，FIRE）部门的主要"开销"。

后来，迈克尔在大通曼哈顿银行汇编统计数据以追踪外国的出口收入如何被用于偿还债务。他从数据上追踪到美国的石油公司如何通过"转移定价"获利。石油公司将原油廉价出售给使用美元作为通行货币的利比里亚或巴拿马等免税的"国不成国的国家"（Non-countries）。然后，这些石油以极高的价格被转售给欧洲和美国的炼油厂，以至于石油公司没有"利润"可以申报，因此在任何地方都不用为其国际和国内业务缴纳所得税。对于美国的政策制定者来说，这种剥削是成功的范例。1966年，石油企业将迈克尔的报告放到了每位参议员和众议员的办公桌上。石油业由于在越南战争期间对美国国际收支的巨大贡献而获得美国政府的特殊优惠。

1968年，现实与学术正统之间的冲突让他感到吃惊，迈克尔不得不重考博士答辩中有关货币和银行的部分，因为他的答案是基于现实世界的货币和金融经验，与已经成为学术规范的芝加哥学派货币主义和庸俗化的凯恩斯主义自由主义相冲突。那个时代，教科书还在教授直升机向经济撒钱，正统学术界不承认迈克尔此后在许多货币会议上提出的原则：中央银行的直升机只飞过华尔街，直升机上的钱被投放给了房地产、股票和债券的购买者（以及企业的恶意收购者），几乎没有钱被用于生产商品和服务。因此，结果是资产价格膨胀，正如迈克尔已经证明的，这将导致债务通缩，因为购房者需要借入越来越高的房贷来负担因债务膨胀而被抬高的住房成本，剩下来能用于商品和服务的支出相应减少。

这种如今显而易见的住房成本上升与债务通缩之间的联系，在20世纪60年代却被认为是异端邪说。主流经济学家认为，随着业主因房价上涨变得更富有，他们就会有更多的钱可以消费——这忽视了房屋是通过信贷购买的债务问题，贷款买房的成本被信贷稳步推高。FIRE部门的食租/食利收益被视为增加了经济的产出，而不是从中抽走收入。主流学说从以前到现在仍然没有改变。

经济历史学家——深入研究货币和债务的起源

迈克尔在华尔街的经历激发了他着手探讨货币起源的兴趣，用更切合现实、基于历史考古的分析来取代关于货币起源的个人主义理论。迈克尔的专题文章和专著现在被公认为以大量文献记录了货币的起源——货币不是源于个人之间的易物贸易，而是作为青铜时代美索不达米亚的宫廷会计手段出现的，最主要的是以谷物和白银作为计量单位来记录欠官廷、寺庙和其他债权人的债务，这些单位被设定为等价，可用于缴纳官廷的税收。

迈克尔还揭示了，利息并不是由借出牛或谷物的个人为了反映生产率（如奥地利学派理论所想象的那样）而发明的，而是由早期的官廷或其他市政当局为了方便会计统计而设定的，以当地的分数系统为基础——美索不达米亚和埃及基于六十进制，埃及和希腊用十进制，而罗马则基于十二进制。最后，迈克尔将这一历史分析应用于现代，表明在整个历史上，债务的复利增长速度都超过了经济的偿付能力。如果不取消债务，就会导致止赎和经济两极分化。事实上，由于这个原因，在苏美尔、巴比伦、埃及及其邻近地区，当新的统治者登基时，就会赦免个人债务，这与希腊和罗马的寡头反对取消债务、实施亲债权人的法律形成鲜明对比。

迈克尔对美国国内和全球的现代金融寻租经济运作有深刻的见解，多年来的研究不仅包括货币和会计的起源，而且还涉及了一系列问题，包括劳工的起源和工资支付方式、土地使用权和税收的起源，以及债务的起源和历史。迈克尔基于这些分析，提出了著名的命题，即"无法偿还的债务，就不用偿还"（Debts that can't be paid, won't be paid），并主张无法偿还的债务应该被取消，而且可以在不引起混乱的情况下被取消——事实上，如果不这样做，经济必将走向两极分化和崩溃。

在世界社会论坛上，我曾经与数以万计的参与者，包括萨米尔·阿明和伊曼纽尔·沃勒斯坦，一起举着"不欠债，不还钱"的标语游行，要求IMF和世界银行取消全球南方贫困国家的债务。然而，我有时会想，很多人喊出这个口号，却没有深刻理解债务是如何产生的。如果这个口号只是表达负债国家和人民的苦难的政治立场，而人们还是无法理解为什么要取消债务以及如何取消债务，那么就显得很苍白了。

迈克尔主张取消债务并不是来自一个简单的政治立场，尽管这个主张本身肯定具有深刻的政治意义。迈克尔的主张来自对银行、石油公司、政府，甚至军队运作的内幕的了解，多年打交道的经验，洞察美国国内与全球的政治，以及债务的金融态势和古代取消债务的悠久历史。迈克尔不受学术教条主义和左翼幼稚病的束缚，他的经济理论基于几十年来务实的统计和历史考古研究，并以早年的文化史训练以及熟读马克思的经典著作为后盾。

彻底批判美国金融帝国主义

在安达信（Arthur Anderson）会计师事务所工作时，迈克尔花了一年时间分析美国的国际收支。根据他的统计数据，美国的全部国际收支赤字是由越南战争和在其他地方的军事开支造成的。为了筹措军费赤字的资金，美国政府要求美国银行在离岸银行中心设立分支机构以吸纳世

XXIX | 推荐序 "经世济民"学家是如何炼成的：迈克尔·赫德森对人类未来的贡献

界各地的犯罪资本，从毒品交易到贪污腐败（世界新的"新自由主义"部门），从而改善美国日益恶化的国际收支赤字。这种做法衍生自石油工业的"方便旗"（Flag Of Convenience），使世界上的富人和企业得以避税和申报虚构的统计数据，导致今天全球的税收飞地危机。迈克尔在许多书籍的导言和纪录片采访中都揭露了这一点。

迈克尔对美国霸权下的全球经济运作的洞察，使他早在1968年《壁垒》（*Ramparts*）中就预测了美国将不得不让美元与黄金脱钩，这确实在1971年8月发生了。迈克尔第一本专著《金融帝国：美国金融霸权的来源和基础》（*Super Imperialism: The Economic Strategy of American Empire*，1972年）蜚声国际，被翻译成多种文字。迈克尔希望此书可以帮助各国抵抗美元化体系——这个体系使美国搭便车获得对外军事开支的资金并且接管其他经济体。但从一开始，美国政府就把这本书作为一本操作手册。迈克尔很快被赫尔曼·卡恩（Herman Kahn）的哈德逊研究所（Hudson Institute）聘用，专门向白宫和国防部解释新的国际金融秩序如何运作。

迈克尔著作既口碑载道，又畅销市场，许多华尔街和加拿大的金融机构争相聘请他出任顾问，负责预测利率和货币兑换率。加拿大政府曾邀请他出任财政顾问，协助发展现代货币理论（Modern Monetary Theory，MMT）[①]的国际收支政策，表明加拿大不需要外国贷款也可以为省级和其他国内开支提供资金。迈克尔在《新货币秩序中的加拿大》

[①] 译注：赫德森教授主张的MMT的政策目标是政府运行预算赤字，进行资本投资和公共基础设施建设，以实现充分就业。MMT的实施前提是：一、政府支出用于实体经济；二、政府通过税收回收发行的货币，且税基主要是经济租，而不是对生产和消费部门征税。MMT在诞生之初遭到金融部门的强烈反对，它们将政府实施积极的财政计划描述为对"自由市场"的"干预"。而在2008年后，MMT被金融部门俘获、扭曲和滥用，成为财政赤字货币化以进行金融救助并进一步抬高房地产和金融资产价格的理论，其政策目标与赫德森教授主张的MMT正好相反。见迈克尔·赫德森：《现代货币理论的应用和滥用》。

(*Canada in the New Monetary Order*，1978年）一书中解释了为什么加拿大不需要向外国借贷以供国内消费：当加拿大向外国借贷时，中央银行在任何情况下都必须创造本国货币以对冲外国货币的流入，以方便这些资金在当地消费。意料之中，这招来了加拿大银行的猛烈攻击，因为他们恰恰试图通过贷款承销使经济负债，从中谋取暴利。但这也促成了加拿大国务院和科学委员会与迈克尔的进一步合作。

20世纪70年代末，迈克尔应联合国训练研究所（United Nations Institute for Training and Research，UNITAR）的邀请，成为南北债务和贸易的经济顾问。迈克尔对即将出现的拉丁美洲债务违约发出了警告。果然，债务危机从1982年的墨西哥开始，席卷了拉美。随后，迈克尔担任了从拉脱维亚到希腊的许多政府、机构和政党的经济顾问。迈克尔主张实行国家保护主义和资本管控，以抵抗自由贸易帝国主义；主张创造本国货币为国内开支提供资金，这样做实际上比起外币借贷造成更低的通货膨胀；主张务必对房地产和金融业的食租/食利阶级收益征税并加以限制。

学术和理论贡献

迈克尔在学术界持续探索研究，在密苏里大学堪萨斯城分校经济学系工作多年，该校在21世纪初基于兰德尔·韦瑞（Randall Wray）、斯蒂芬妮·凯尔顿（Stephanie Kelton）和比尔·布莱克（Bill Black）的研究，成为现代货币理论的中心。迈克尔也曾经在拉脱维亚里加法律研究生学院（Riga Graduate School of Law）担任经济研究主任，兼任拉脱维亚复兴工作组（rtfl.lv）专家委员会主任。他以债务与货币历史研究享誉学术界，被哈佛大学皮博迪考古学与民族学博物馆聘为巴比伦经济研究员。从1994年起，每隔几年他就会参与组织专题研讨会。他与亚述学家合编了五卷座谈会议文集，改写了古代中东经济史与古典时代经济史。

这些讨论涉及私有化、土地使用权和房地产所有权（迈克尔的研究表明财产所有权源于获得王宫分配的土地后相应需要承担的纳税责任）、债务赦免和经济复苏、货币和会计的起源以及劳动服务的起源（因从事公共基础设施建设和偿还个人债务而出现）。这些座谈会及其成员的研究成果，驳斥了以前关于经济起源的自由主义个人主义理论，并且现在已经成为亚述学家、埃及学家和人类学家的最新的正统理论，最著名的是迈克尔的朋友大卫·格雷伯，他的《债：第一个5000年》一书弘扬了迈克尔的研究思路。

研讨会的主要焦点是货币、生息债务和土地使用权如何在古代中东的宫廷和神庙中被创造出来，以及货币和信贷的私有化如何导致土地和其他财富的所有权集中在私人寡头手中导致经济两极分化，从古代到今天的西方经济依然如此。

作为少数预测2008年全球经济崩盘的经济学家之一，早在2006年，迈克尔就发表了他最重要的一篇理论论文：《储蓄、资产价格通胀和债务引起的通货紧缩》（*Saving, Asset-Price Inflation, and Debt-Induced Deflation*），准确地揭示了信贷指数级扩张如何产生相应的债务，从而导致即将到来的金融危机及其后果。2009年9月8日，德克·贝泽梅尔（Dirk Bezemer）在《金融时报》发表了一篇文章《为什么经济学家能预见未来》。文章说："密苏里大学教授迈克尔·赫德森在2006年写到，债务通缩将使'实体'经济萎缩，促使实际工资下降，并将我们负债累累的经济推向日本式的停滞或更糟糕的状况。重要的是，这些分析师不仅预见到了信贷繁荣泡沫的破裂并指明了发生的时间，而且还认为这将不可避免地导致美国经济的衰退。"

那篇文章包括了一组使迈克尔闻名的图表——图 1 和图 2 解释了为什么金融危机会肆虐并且导致经济长期停滞。

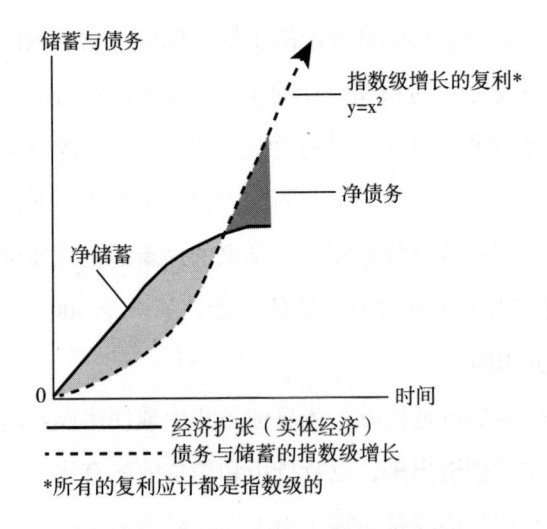

图 1　债务开销的增加如何减缓商业周期

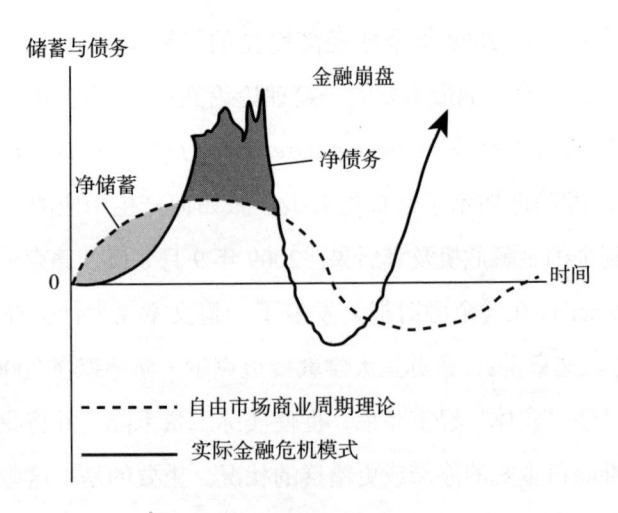

图 2　金融危机模式和商业周期理论

今天，随着世界深陷金融危机，迈克尔重申了他的主张，即无法偿还的债务或恶债应该被取消，而且必须被取消，以避免全球紧缩危机和长期债务通缩导致的经济两极分化。这里有一点需要澄清。美国已经成为世界上最大的债务国，这主要是大多数国际债务以美元计价这一事实的副产品。这就提出了一个基本问题：哪些债务应该被取消？

迈克尔敦促应该取消全球南方负债过重的家庭和贫困国家的债务，但有一项债务不应取消：美国政府的官方外债。美国积累了这笔官方外债——就像它的国内国债一样——但并不指望能真正还清。美国不打算像美国和 IMF 对其他债务国要求的那样对自己实行财政紧缩政策。这种不对称的双标，加上美国当前发动"新冷战"，导致中国和俄罗斯等主要美元持有国开始寻求去美元化，这预示着世界经济的分裂——迈克尔早在 1977 年出版的《全球分裂》(*Global Fracture*)一书中就已预言。现在，美国正迫使其他国家做出抉择：是接受美元化和军事化的亲食租/食利阶级的紧缩政策，还是通过发展公私混合的增长型经济来走自己的路。

除了社会主义，别无选择

我们全球大学团队能够得到迈克尔亲自面授的学习机会，是一种莫大的荣幸。2019 年 11 月，迈克尔应邀在中国的香港和澳门讲学，与温铁军就中国的经济和金融议题交流意见。在 2020 年和 2021 年的第七届和第八届南南论坛期间，迈克尔与温铁军进一步对话讨论。迈克尔特别关注中国的发展，他认为中国是以美国为首的新自由主义经济模式以外的特例，中国没有采纳国际货币基金组织和世界银行的破坏性建议。迈克尔指出，如果中国恰当地管理其房地产、债务和税收制度，避免滑进正在摧毁西方的食租／食利金融化的进程，那么中国的经济就会具备抵抗全球危机的弹性。

2020年9月，在网上聊天时，我提出了邀请迈克尔在全球大学进行系列讲座的想法，迈克尔爽快应允。我给他发了一封电邮建议10个主题，不到五个小时迈克尔就回复了一份详细的提纲。2020年9月至12月每周摄录讲座。之后，迈克尔又花了几个月重写讲座的讲稿，完成了本书。

我有时会想，如果迈克尔当时预知接受我的邀请将会耗费十个月的时间，因此耽误手上的写作计划，是否会有所犹豫。但幸运的是，对读者来说，这是一个很好的机会，借此理解迈克尔的理论核心，并以此作为引导，走进由十几本书和无数文章的研究成果奠基而成的思想殿堂。我们为讲座视频加上了中文字幕，分为70集，于2021年4月至8月在国内网络平台上播放。第一集至今有超过18.6万次点击观看，其余各集均有3万次点击。英文字幕版讲座可在网络（www.michael-hudson.com）上免费观看。读者现在手上的这本书是在这些讲座讲稿的基础上拓展而成的，介绍了迈克尔对当今迫切的全球问题的剖析。在书中，迈克尔解释了全球经济如何从马克思和其他古典经济学家在19世纪分析的工业资本主义转变成了基于债务和榨取租金的金融资本主义。这个金融化体系正在使西方经济两极分化，并可能在金融寡头掀起的新一轮止赎和私有化浪潮中走向崩溃。

最重要的是，迈克尔提出了去美元化的替代性方案，以避免全球债务通缩和"新冷战"帝国主义。事实上，如果文明要避免毁灭的命运，如果人类想拥有未来，社会主义是唯一的道路，这也是迈克尔在本书中慷慨陈词的命题。

癸卯兔年二月

序言

本书源于2020年10月开始的系列讲座，内容涉及全球化的政治经济学以及中国、俄罗斯和其他国家为了摆脱美元外交所需的逻辑和构建方式。讲座由全球大学主办，是南南对话大师系列之一。讨论由刘健芝主持，参与者包括黄钰书、薛翠和许统一等。他们是香港岭南大学文化研究与发展中心的教职员或伙伴。澳大利亚的阿什利·戴曼（Ashley Dayman）也参与其中，并在讨论、编辑和审订我的讲稿方面给予了极大的帮助。此外，国仁城乡（北京）科技发展中心以及亚洲学者交流中心（Asian Regional Exchange for New Alternatives，ARENA-香港）也给予了支持。

我们的讨论很快就聚焦在今天的金融资本主义和19世纪古典政治经济学家所描述的工业资本主义之间的区别上。工业资本主义以及古典政治经济学的历史任务，是将经济从世袭地主阶级和掠夺性高利贷金融中解放出来。从19世纪末到第一次世界大战爆发（1914年）前，情况似乎都在朝着这个方向发展。但之后，历史并没有继续朝着人们所期待的"现代"方向发展，食租/食利利益集团重新确立了自己的地位。它们的新自由主义意识形态颠倒了"自由市场"的经典理念，从一个没有经济租的市场变成了一个任由食租/食利阶级榨取租金并获得支配地位的市场。与古典政治经济学相反，他们的意识形态主张给予食租/食利者税收优惠，且放松管制，允许他们私有化、金融化。

美国的外交政策试图将新自由主义的食租/食利计划推广到全世界，主要是为了华尔街、伦敦金融城、法兰克福、巴黎泛欧交易所和其他金融中心的利益。这种筹谋正是今天全球分裂的核心所在。由此产生的金融化和债务通缩的态势将导致经济两极分化。由此可见，它与广大人民共享的工业繁荣背道而驰。

新自由主义意识形态的主要受益者是金融、保险和房地产（FIRE）部门。该部门以金融和房地产的共生为基础。FIRE部门榨取的经济租，加上从石油和采矿业榨取的自然资源租，以及公共企业私有化带来的垄断租，已经成为金融资本主义的核心动力。自第一次世界大战以来，金融资本主义业已膨胀到压倒了工业资本主义。住房抵押贷款所创造的债务在很大程度上是土地和房屋所有权通过信贷民主化的产物。虽然业主自住房屋已经取代了世袭的、靠地租过活的非自住房东阶层的出租房，但人们仍然在支付租金——只不过现在是支付给银行。银行的主要收入来源就是住房抵押贷款。

20世纪80年代的里根-撒切尔革命，伴随着私有化、企业的垃圾债券化，以及通过资产价格膨胀"创造财富"（资本利得）主导的金融战略，带来了急剧的阶段性变化。2000年，这一战略推动了投资银行与商业银行的合并，为接下来的金融狂潮打开了闸门：垃圾住房抵押贷款、商业银行欺诈、金融和保险衍生品的投机以及FIRE部门广泛俘获政府，解除政府监管，等等。

这些变化导致美国寻求金融收益，企业通过资产剥离，将收入用于股票回购和股息支付，而不是新的资本投资，并且企业把劳动力和生产向海外转移，试图在竞劣中赢得竞争，最终导致美国的去工业化。美国的金融化政策就是中国和其他国家需要避免的客观教训。

在讲座中我反复提及上述主题，望读者们见谅。我的目的是强调当今金融化的食租/食利型经济体的共同点，并说明两极分化的金融趋势如何成为普遍现象，威胁着中国，也威胁着美国和欧洲。

目录

导论   001

第一部 经济两极分化的趋势

第一章   工业资本主义的改革方案：将市场从食租/食利者手中解放出来   013

第二章   金融资本主义推动寻租和食租/食利者避税   028

第三章   金融资本的民主帝国主义   052

第四章   经济租：没有价值的价格   077

第五章   经济租的金融化与债务通缩   101

第六章   自由贸易帝国主义及其对劳工的金融化阶级斗争   126

第七章   粮食、石油、采矿与自然资源租   152

第二部　食租/食利阶级的反革命

  第八章　食租/食利阶级如何使政治偏离社会主义方向？　　181

  第九章　通往奴役的新食租/食利之路　　203

  第十章　美元霸权：创造"纸黄金"的特权　　220

  第十一章　对那些把货币和土地作为公用事业的国家发起战争　　242

第三部　替代性方案

  第十二章　复兴古典经济学的价值、租和虚拟资本概念　　277

  第十三章　遏制寡头的强大政府　　299

后记　　328

附录一　迈克尔·赫德森的知识贡献简述　　329

附录二　迈克尔·赫德森的主要著作　　335

导论

大多数对 GDP 和国民收入的预测都假设，现有的趋势将继续下去，经济产出和收入将按历史水平呈指数级增长，永无止境。但是，经济现实中只有一种永无止境的指数增长形式：以复利增长的债务。金融债权是根据数学原理扩张的，与经济的支付能力无关。随着生产者和消费者之间的收入循环流动，最终被债务开销耗尽，"实体"经济的增长将逐渐放缓。

这就是债务通缩的现象。债务和储蓄的增长速度快于基础经济的增长速度，这种趋势给劳动力和工业带来了紧缩，并使财富（房地产、股票和债券）的分配比收入的分配更加两极分化。在某个时候，金融财富将会自我政治化，阻止政府对债权人、大型房地产所有者和垄断者进行监管和征税。

今天的新自由主义经济学的任务，是提供意识形态化的封面故事以掩蔽事实，从而将对公共监管和累进税的反对合理化。乍一看，这似乎是提倡小政府的自由主义意识形态，但实际是越来越集中的金融利益集团意欲俘获政府。最终，1%的食租/食利阶级将获得本质上反民主的权力。

新自由主义意识形态转移了人们对经济两极分化的注意力

新自由主义的正统经济学理念旨在阻止政府进行公共监管。它认为经济的主要问题不在于支付给食租/食利部门的债务和租金开销，而在于政府过度干预了掠夺性的租金提取。今天的国民收入和GDP，将金融、保险和房地产（FIRE）部门以及从土地、自然资源、垄断业和银行业中提取的经济租描述为具有生产性的部分，而不是应该最小化的开销。

政府干预被认为是不必要的，因为新自由主义假定经济运行会自动达到稳定的平衡状态，财富和收入的分配在国际和国内都会趋向更公平和更平等。为宣扬"政府应该靠边站，避免'干预'自由市场"的主张，它们必须虚构出这种平衡状态。但现实情况是，新自由主义的"自由市场"和"自由贸易"理论将财富和收入集中在债权人和其他食租/食利者手中，新自由主义国家乃至国际经济都出现了越来越严重的两极分化。

财富成瘾是两极分化的动力

任何理论所能犯的最致命的错误就是搞错了事物变化的方向，这正是今天主流经济学的真实情况。主流经济学关于消费者选择的理论假设——边际效用递减：当消费者吃饱了，每多吃一口所获得的快乐（"效用"）就会减少一些。因此，"需求"自然会随着供应的增加而下降。

然后，他们摆弄巧妙的花招，将食物和其他消费品作为财富的代表——似乎获得财富的唯一目的就是购买消费品。他们不言而喻的意思是，最富有的人将满足于他们的既得财富，并且撒手让更多渴望财富的"饥饿"的后来者努力赚取更多金钱并赶上他们。

但柏拉图、亚里士多德以及大多数希腊古典哲学家、诗人和戏剧家都认识到，财富是令人上瘾的，债权人的索求可能会破坏社会平衡。在他们看来，一个人拥有的钱越多，他就越容易陷入对金钱的欲望中。金钱和权力并不像吃香蕉那样让人很快就能感到满足，一旦上瘾，你就永远不会感到满足。财富成瘾会导致人傲慢自恃地企图利用经济权力来控制政府，并以此来加强对附庸、债务人和租户的剥削和主导权。简言之，这就是古希腊、古罗马和现代寡头政治的真实情况。

利息的"节制"理论暗示，最富有的人并不贪婪，他们耐心地节制消费，将钱节省下来用于生产（或者为此提供资金），从而创造了财富。收取利息的人被说成在帮助经济增长方面发挥了生产性作用。但事实上，今天（历史上也是如此）的大多数贷款都不是用于生产性目的的，而且大多数财富都不是通过努力工作获得的，而是通过继承地位和资产所带来的食租/食利特权（如果不消费真的是财富的钥匙，那么忍饥挨饿者本应该成为最富有的人）。

主流理论忽略了大多数非富裕群体所面临的有限的选择范围，就假定他们能够自由选择消费支出：是现在消费还是为了未来而储蓄，从而赚取利息——主流理论认为利息是对延迟消费的奖励。他们不承认利息是一种通过继承或特权获得的经济租，也不承认穷人想要活下去就只能负债并支付利息或租金。在真实的世界中，穷人大多数的支出都面临"要钱还是要命"的选择，其中以住房、教育、医疗和其他应急开支为主。

边际主义和中间派政治忽视了不平等的结构性原因

边际主义着眼于特定经济和政治环境中发生的微小变化，关注的是短期收入、消费支出和投资，而不是财产和债务关系的发展方向。由于没有"财富成瘾"、"掠夺性贷款"和"复利"这些明确的概念，边际主义经济理论不承认，如果没有公共监管和制衡，经济将趋向两极分化，也不认为富有的精英利用权力使非食租/食利部门陷入了贫困。

与边际主义一样，中间派政治只承认那些不挑战现状和既得利益就能解决的问题。中间主义认为，无论经济如何发展，生活都可以继续下去，不需要进行系统性的制度变革。这种政策上的被动性忽视了经济在失衡加剧时的两极分化趋势——失衡主要表现在金融方面，FIRE 部门债务的指数级增长是主要原因。中间主义认为，自动稳定因素会在适当的时候使经济恢复正常。但事实上，随着越来越多的人负债累累，财富被垄断，任何边际因素都无法改变经济走向两极分化的态势。

中间主义假设所有的债务都可以而且应该偿还，反对改革，因为改革会阻止金融部门使经济负债，也就无法在债务违约者丧失房屋和企业赎回权的情况下垄断经济。当负债的城市和州由于债务通缩和经济两极分化出现税收下降和预算赤字时，它们被告知要削减公共开支、加大举债或出售公共财产和基础设施的权益。结果如何呢？金融部门的权力进一步膨胀。

"自由贸易帝国主义"和以美国为中心的金融资本

1969 年，笔者开始在纽约的新学院（New School）给经济学研究生讲授贸易、发展和外债理论。[①] 刚一开始，我就发现了一个严重的问题：标准教科书中的主流贸易理论是不符合现实的。如果讲授贸易和投资在现实中是如何运作的，会发现恰好与教科书上的模型相反。有一个可能是杜撰的故事反映了这个问题的讽刺性。有人嘲笑一个美国传教士是文盲，他反诘道："如果你知道的都是错的，那么知道得再多又有什么意义呢？"

主流理论认为，生产函数（Production Function）受到边际效益递减的制约。然而，由于工业、农业和商业的技术进步，现实中回报却是在增加的。这种认识是19世纪美国政治经济学派的精髓，也是约瑟夫·熊彼特（Joseph Schumpeter）的"创造性破坏"理论的精髓，即创新企业采用新技术来降低成本，从而以低于现有生产商的价格销售产品。这也是指导中国经济崛起的原则之一。

如果没有关税保护、生产补贴和相关的政策支持，许多国家将无法发展工业和农业，也无法通过投资推动技术现代化来实现必需品的自给自足，不得不依赖由领先国家主导的贸易模式和信贷供给。如果遵循主流贸易理论的正统观念，中国就会任由工业和农业被"市场力量"主宰，也就是由现有的生产力差距来驱动。这样的话，"市场"将加深中国对贸易的依赖性，不得不靠美国的银行和国际组织来提供美元。这就是美国和其他工业债权国希望所有国家都遵循的政策，它们根本不想看到发展中国家为本国工业提供资金来实现自给自足。

真实的情况是，国际生产力和收入差距不断扩大，规模回报率不断提高，债权国实力增强使领先国家受益。与这些国家的优势不断扩大相对应的是，那些没有跟上步伐提高生产力的经济体将被淘汰。"自由贸

[①] 参阅拙作《国际贸易与金融经济学：国际经济中有关分化与趋同问题的理论史》（*Trade, Development and Foreign Debt*），丁为民、张同龙等译，中央编译出版社2014年版。

易"是一套最有效的合理化国家间的差距以及由此产生的贸易和金融依赖的发展政策理论。但是，新自由主义的自由贸易意识形态并没有描述英国、美国和德国是如何在19世纪和20世纪初通过保护本国产业实现工业化并获得世界领先地位的，而是假设了一个"如果这样，就会怎样"的世界。从国外购买低价商品，这种所谓的"自由贸易收益"，实际上衡量的是由工资和生产力差距造成的贸易依赖程度。

企图向他国强加债务和贸易依赖，是今天美国积极的且往往也是暴力的外交所塑造的"新冷战"的本质。查利·威尔逊（Charley Wilson）的名言"对通用汽车公司有利的就是对美国有利的"，后来变成"对华尔街有利的就是对美国有利的"。当这句新名言与美国热衷传播的外交政策"对美国有利的就是对世界有利的"合二为一时，这个逻辑三段论就很清楚了："对华尔街有利的就是对世界有利的。"

应对金融两极分化需要系统性改革

社会系统与个人的行为不同。改变一个社会系统需要系统性的全面改革，而不仅仅是边缘性的变化。创建一个后食租/食利经济，需要债务减记、针对经济租的税制改革，以及公共基础设施投资。财产关系的变化必然是系统性的，需要配套的货币和法律改革才能维持长期稳定。这些系统性变化必须互相协调，不能在不同的时间逐一推出。这就是为什么真正的改革是"革命性"的。

主流经济学强烈反对真正的改革。它说结构性问题是"外生的"，也就是说，不在边际主义模型的范围之内。为了防止公众看出主流经济学家的愚昧，他们用晦涩难懂的数学来包装自己的理论，这些模型采取以管窥天的方式，避免全景式地呈现现实世界中债务和财产分布的态势。由于不承认导致两极分化的力量，这些模型妨碍了人们正确认识公共政策改革的必要性。

一个国家的经济道路不是预先确定的，而是取决于积极的政策。这就是为什么古典经济学家把他们的学科称为"政治经济学"。政治环境不仅由改革者塑造，也由食租/食利阶级塑造，因为结构性改革不会在没有既得利益者反击的情况下发生。在国际领域，美元在美国国库券本位制下被当作主要的世界货币，一旦任何依赖贸易的国家和美元债务国尝试建立一种不那么剥削和不那么两极分化的国际外交，就会受到美国的抵制。美国以煽动"颜色革命"和政权更迭来威胁改革者。美国的政策一直是扶植独裁政权和附庸寡头，只要它们支持新自由主义的"华盛顿共识"（Washington Consensus），美国就会称赞它们是"自由民主世界"和"基于规则的秩序"的成员。

要想拒绝美元本位制及背后的金融资本主义态势，各国需要建立一种替代性经济，以避免经济租的私有化和掠夺性金融。为此，首先必须承认劳动收入（工资和利润）和不劳而获的非劳动收入（经济租）之间的区别。其次，必须认识到金融资本主义是如何获得控制工业经济的权力的。这先在美国发生了，然后试图从美国向全球投射自己的力量。在金融化的美国经济的带领下，今天的"新冷战"是一场把基于食租/食利的金融资本主义强加于整个世界的战争。因此，进步性经济改革势必会受到阻挠。

本书第一章解释了，工业资本主义在19世纪的目标是将经济从寻租中解放出来，以及这一改革方案为何在第一次世界大战后未能实现，导致世界走向金融资本主义而不是社会主义。第二章描述了金融资本主义如何颠覆了支撑古典经济学及其自由市场概念的道德哲学。主流经济意识形态现在替食租/食利者辩护，而不是试图结束他们的经济和政治主导地位。第三章追溯了这场反革命是如何国际化的，图谋建立世界性金融寡头统治，其商业计划试图让地球上大多数国家沦为债务和贸易依赖国。

为了解释上述态势是如何形成的，第四章回顾了"经济租是不劳而获的收入和特权的结果"这一古典政治经济学概念。第五章描述了统治欧洲的后封建地主贵族如何蜕变成为今天的金融寡头，他们的收入和财富仍然基于从生息债务金融化的资产中提取租金，只不过租金变成了源源不断的利息。

第六章将这些动态机制放在国际背景下进行分析。自由贸易倡导者反对政府征收关税，反对政府扶持工业和提高劳工地位及福利。第七章揭露了既得利益集团阻挠政府保护其经济免受社会和环境破坏的最令人发指的企图。第八章回顾了这些不稳定、两极分化的经济态势是如何被政治化的。这一章还分析了当民主政治通过立法改革威胁到食租/食利阶级的时候，它们如何通过政党政治来反扑，从而阻止经济民主。

第九章阐述了食租/食利利益集团是如何在名义上的民主政治下巩固它们对政府的控制的，这在美国的两党寡头垄断中发挥得最为淋漓尽致。第十章描述了美国的外交政策，在多大程度上，成功使其他国家将中央银行的美元储备以贷款的形式转移给美国财政部，从而为美国的对外军事开支提供资金——军事开支仍然是造成美国国际收支和政府预算赤字的主要原因。第十一章探讨了美国的新自由主义如何引导苏联去工业化，以及新自由主义意识形态是如何将公共企业和公用事业变成产生租金的金融工具的。

然而，世界不一定要沿这条路走下去。第十二章回顾了古典经济学关于价值和租的概念。这些概念旨在指导政策制定者建立税收和监管体系，尽量减少混合经济中的非劳动收入——工业资本主义在19世纪和20世纪初似乎曾朝着这个方向发展。第十三章总结了为什么金融化和私有化的经济与让广大人民获益的经济增长和繁荣是不相容的。本章将工业资本主义的经济计划及其曾经似乎向社会主义的演变与金融资本主义的进程进行了对比，后者自20世纪80年代以来出现发展势头，顶层1%的人垄断了经济增长，而另外5%的人以啦啦队和助推者的角色，得到了比其余人更多的机会。

只有彻底的全面改革，才能扭转西方世界两极分化的趋势和依附关系。也就是说，今天"新冷战"的结果，将决定世界未来的演变进程，以及能否避免罗马帝国式的经济和人口崩溃。

第 一 部
经济两极分化的趋势

第一章　工业资本主义的改革方案：将市场从食租／食利者手中解放出来

任何经济理论都倾向于从某个特定的阶级或国家的角度来阐述观点。因此，经济学本质上是政治性的，其基本概念和语言旨在塑造人们对经济运作的看法，从而影响他们支持何种政策。

过去两个世纪以来，经济学争论的焦点是，地主、银行家和垄断者所得究竟应该被算作生产商品或提供服务的"收入"，还是算作"经济租"——即不劳而获或未提供内在价值的非劳动收入。①"没有价值的价格"这个概念是19世纪发展起来的古典经济学的精髓。构建这个概念的思想家们试图将支付给任何人的经济租（除了支付给税收部门的）降至最低。

但是到了19世纪末，替地主和垄断者辩护的人声称：没有经济租这回事。这一后古典学派变成了主导的经济意识形态，并且控制了国民收入和GDP的统计方法——这些统计数据，据说可以量度经济的增长或衰退。他们所谓的实证科学的衡量标准，实际上建基于高度政治化的议题：究竟最富裕的阶级有助于经济的增长，抑或只是寄生阶层？食租／食利阶级靠金融、房地产和垄断收益而致富，这些收益是否只推高了经济的

---

① 译注：原文"earn"有"通过努力挣得的"之意，因此本书中将"unearned income"译为不劳而获的非劳动收入。

价格水平（生活和营商成本），而没有产生真实的产出？

今天的学术主流已经被食租/食利阶级占领，人们也许还没发现，但如今所谓的现代经济学派跟19世纪古典经济学家发展出来的基本假设与逻辑截然对立，尤其是关于价值、价格和经济租的理论。古典经济学理论的目标是限制后封建食租阶级的侵入性权力，以便推动工业资本主义。亚当·斯密（Adam Smith）、大卫·李嘉图（David Richardo）、约翰·斯图亚特·穆勒（John Stuart Mill），甚至卡尔·马克思（Karl Marx）都被誉为经济学的奠基人，却鲜有人承认，他们的基本概念在今天已经被抛弃了，其原因就在于他们的共同目标是防止寻租与金融问题，而正是这些成就了今天的金融资本主义。

古典经济学家批评食租/食利者，今天的经济学家却歌颂他们是经济发展的主要动力，两者的对立解释了为什么现在的学术课程不再教授经济思想史。"如果一只眼睛冒犯了你，就把它挖出来。"对于享受经济免费午餐的食租/食利阶级，没有什么比他们不生产实际价值的观点更冒犯他们的了。因为这种思想自然会推导出古典经济学的政策：通过征收全部的经济租税收，并且将自然垄断、基础设施以及最重要的银行业和货币创造保留在公共领域。

古典经济学的这一政策不仅得到反对工业资本主义的人的支持，工业资本家阶级也给予了支持，起码在工业尚未金融化的那个时代是如此。尽管在今天看来令人惊讶，但古典政治经济学似乎朝着今天被称为社会主义的方向发展，因为两者的核心要素皆反映了早期工业资本主义的逻辑：征收土地税以终结地主阶级的食租特权，从而降低营商成本；在容易形成自然垄断的领域投资公共基础设施建设，工业经济体将因此而更具竞争力。

也就是说，工业资本主义欢迎一个强大的政府将营商成本降至最低并提供补贴，包括雇主在雇佣劳动力时必须支付的生活成本。到了 19 世纪末，大部分经济研究者根据这种逻辑都期待某种形式的社会主义的出现，尤其是考虑到民主改革所发挥的作用日益重要，这些改革正在结束世袭地主及相关房地产和金融利益集团的政治统治。当时有各式各样的社会主义：基督教社会主义、李嘉图社会主义（对地租及其他特权收益征税）、马克思主义社会主义，甚至还有自由派的无政府主义社会主义。

所有成功的经济体都是对金融部门加以监管的公私混合经济

英国在 18 世纪通过重商主义成为工业霸主。它保护本土工业，限制殖民地发展自己的制造业，并将英镑作为关键货币来控制殖民地的货币、信贷和银行体系。同样地，美国在 1865 年内战结束后也引入了保护性关税，再加上通过范围广泛的公共基建来补贴制造业，美国工业在第一次世界大战时超过了英国。

政府控制的最重要的部门是银行和信贷，以及其他基础服务。中国一直保持着银行和信贷的公共性质，并且通过建设以公共教育和医疗、交通和通信为首的庞大经济基础设施来补贴工业。可是，当中国学生去美国、英国或其他西方大学学习经济学时，教授们却告诉他们这条成功之路行不通，至少主流经济理论根本解释不了为什么中国能成功。

根据教科书理论，中国根本不可能成功。比较优势理论告诉学生，中国最好继续做一个农业国家，政府通过计划来补贴工业和农业的现代化纯属"浪费"，是"干扰""扭曲"自由市场。

这套新自由主义逻辑推论的必然结果是，美国因 20 世纪 80 年代以来的金融化及私有化而变得更富有。新自由主义政策的确大幅抬高了住房、股票和债券的市场价格。但是，这些形式的财产及金融证券并不是真实的生产资料，而是食租/食利者对于收益和产出的债权。无论美国普通家庭收入增加了多少，都不得不把钱花在住房开支上（租金或房贷），如贷款利息、管理费和滞纳金，还有私有化的医疗和教育开支。金融化的财富集中在经济金字塔的顶端，而底层90%的人却被债务枷锁束缚得越来越紧。

金融资本主义的"成功故事"，是在过去四十多年里美国经济债台高筑、普通人的生活水平停滞不前的情况下实现的。向"举债教育"的转变让学生和家长负债累累，而不断上涨的住房价格迫使新的买家要背负更多的债才能得到一套房子来组建自己的家庭。

这种食租/食利的态势导致西方经济现在并非处于"周期性衰退"，即目前的西方经济并没有遵循经济学假定的周期性规律，没法儿通过自我修正的自动稳定机制来摆脱衰退趋势。西方自1945年以来的繁荣已经到达金融的极限。经济收益改变了流向，转为更多地用来支付利息和租，这种情况阻碍着西方经济摆脱当前的停滞状态。

官方GDP统计数字显示的是经济增长而不是衰退，但是新自由主义经济学无法解释为何这种金融化使美国去工业化，使美国经济生产力下降并变成"后工业经济"。美国著名的投资银行高盛的主管劳埃德·布兰克费恩（Lloyd Blankfein）声称高盛的合伙人是美国生产力最高的人，因为他们赚了最高的薪酬和奖金。国民收入和生产账户（National Income and Product Accounts, NIPA）将这些算作因提供"金融服务"而增加的GDP。

这种统计GDP的方式认为，衡量生产力的标准是一个人获得多少收入，不管他的收入是通过雇佣劳工制造工业产品获得的，还是通过购买房地产收取租金获得的，就连大规模金融诈骗，其规模之大以至上面提及的高盛都不得不为其不当行为支付数十亿美元的罚款，也被计算在内。相关的法律诉讼费用也会作为"法律服务"费计入GDP。

美国经济依旧在债台高筑的金融化中苟延残喘，正是布兰克费恩吹嘘的这种金融化使他的公司合伙人具有如此惊人的"生产力"和财富——仿佛真的是他们的生产力让他们拥有了如此多的财富。登上《福布斯》500富豪排行榜的大部分富豪都不是实业大亨，而是在房地产金字塔顶端的垄断者。人们对于他们通过寄生和牺牲公众利益赚取金钱的方式嗤之以鼻，正如古代人们鄙视高利贷和商人巧取豪夺，又如19世纪亲工业的经济学家鄙视地主，视之为富贵懒人一样。但是，这些批判和理论所依据的价值、价格和经济租的概念在今天的经济学理论中早已不见踪影。

食租／食利收益是经济负担，是不劳而获

显然，我们需要一套能够解释中国和其他国家如何避免当前困扰美国及欧洲的经济两极分化和紧缩问题的经济理论。这一套理论体系需要解释为什么中国如此繁荣增长，美国经济却遭受以劳动者和工业陷入债务通缩为特征的长期衰退。这个理论能够解释金融资本主义的关键动力，并揭示为何它与马克思和19世纪的其他古典经济学家所研究的工业资本主义大相径庭。

显然，所有经济体都需要金融系统。现代国民需要信贷以获得房屋产权。问题是如何更好地避免"美国式金融病"——私人银行信贷使住房价格上涨，迫使新买家支付越来越多的本金和利息。与此同时，企业的财务管理者利用公司收益回购股票和派发股息来抬高股价，使1%的

人继续富得流油,而不是令整体经济和社会得益。

金融资本主义的显著特征并不是由生产和消费、工业利润和工资构成的经济"实体",而是收入和财富的金融化。金融化使经济紧缩,因为向金融、保险和房地产(FIRE)部门支付费用"挤占"了个人和企业的收入。这个现象是债务通缩和租金通缩的综合体现。

古典政治经济学的核心正是对这个问题的阐释:如何预防地主主宰社会,以及如何预防银行和债权人以牺牲其他经济部门的利益为代价而中饱私囊。要理解今天功能失调的经济体系,我们就需要研究经济是如何背离和颠倒英国政治经济学发展的工业资本主义逻辑的,并最终被新的金融逻辑取代。

要解释为什么在经济停滞的情况下,财富和收入变得越来越不公平,就需要先搞清楚财富是如何获得的;今天的亿万富豪是如何暴富的;为什么他们的金融和房地产财富的增长速度远远超过国民收入,尤其是那90%的人的收入。

客观来看,财富的规模远远大于当前的收入和GDP规模,而且分配得更不公平。今天的财富是金融化的,所以财富和债务是携手并进的。大部分财富,也就是那1%的人的财产,对应着资产负债表上"负债"一侧的债务,主要由99%的人欠1%的人的债务组成。换言之,大约1980年以来,那1%的人变得如此富有,是因为迫使99%的人欠了他们债。

债务和信贷、财产和地租是制度变量

人们所认为的实体经济,指的是工厂生产商品和服务,工人再利用挣得的工资来购买这些商品和服务。但是，今天的实体经济被包裹在一层复杂的产权法律体系里面，这些产权是在实体经济核心之外被创造出来的。这些权利之中，为首的是土地所有权、垄断专利权（专利持有者收取远远超过正常利润的价格，而不参照实际生产成本），以及各种官方特权，其中最重要的是银行创造信贷以及获得政府支持的特权。

这些权利制造了收取经济租的机会。"经济租"的定义是通过特权而获得的收益，不需要劳动或原材料这些形式的实质的生产成本，也不具有必需的或生产性的经济功能。比如，债券的定期收益、物业产生的租金和生息贷款的利息，这些收入靠其他人的劳动来支付，并不是食租／食利者的劳动所得。

今天，美国大多数年轻人不得不以债务人的身份开始职业生涯。教育是找工作的先决条件，所以他们不得不背负着学生贷款进入劳动力市场。不久之后，又要背负一辈子的房贷以获得住房来组建自己的家庭。只有少数幸运儿免于这种债务奴役的命运。这些幸运儿自诩为"功勋阶层"，其中大部分人作为食租／食利阶级的成员承继了信托基金和家宅。作为债权人和地主，这个阶级正逐渐演变为政治寡头，使大部分人欠下债务。他们拥有绝大多数的股票和债券，并利用金融权力把提供社会基本所需的自然垄断部门的产权攫为己有。与此同时，他们控制了金融化的政治体制，政客和法官实质上是由政治捐献阶级指定的，而不是通过民主选举产生的。

一种切合现实的国民经济统计方法和经济理论，理应解释为什么如此多的金融化的西方经济体一方面正在遭受经济紧缩，另一方面却出现那么多新晋亿万富豪；为什么经济收益被输送到金字塔的顶端，而不是"向下涓滴"。通过解释什么地方出了问题，以及为什么世界上大多数人越来越穷，我们才能扭转当前的局面。

然而，人们甚至并不认为有扭转现状的必要。妨碍他们认清现状的原因在于，所谓的经济学课程绝少提及我们这个时代的显著特征，其中最令人深恶痛绝的是将其视为"外部性"而被排除在外的——经济租——正如上文所说，这是源于政治和法律特权，以及通过废除公共监管和削减税收而产生的不劳而获的收入。

今天的主流经济学模型阻止人们讨论与金融化有关的问题。它们把金融仅仅看作一层面纱、一排排的出纳柜台，而不是控制了信贷进而控制了资源分配的主导经济计划的部门。财富、储蓄和债务的经济学——以房地产、银行、股票和债券为主，都集中在金融、保险及房地产（FIRE）部门。FIRE部门主宰了今天的金融化经济。

李嘉图和与他同时代的古典经济学家关注的焦点在于如何使英国的工业更具竞争力，通过比竞争对手更低的产品价格占领世界市场，占据全球工业垄断地位，从而取得全球霸权。在1815年以后的10年间，决定工资水平的主要变量是粮食价格。因此，英国的工业资本家们寻求从更为便宜的市场购买粮食，如美国以及拉丁美洲的农业国家，比起人口稠密的英国，这些农业国家的耕地更充沛，粮食价格更低。而强势的地主阶级要求制定《谷物法》以维持英国谷物的高价格，从而保护他们的地租收益。在这种情况下，英国的工业资本主义与自由贸易携手并进，反对英国地主阶级主导的农业保护主义。

19世纪末和20世纪初的工业经济学家认为，自然垄断部门提供的服务应该免费或者由政府提供补贴，如土地、公共设施、创造货币化信贷特权的银行，以及基础建设，如学校、道路、医疗和通信。地主阶级和FIRE部门通过私有化及榨取垄断租，推高了生活和营商的成本，而工业资本主义试图尽量降低这些成本，以便工业生产者能够以较低的产品价格胜过来自经济租沉重的经济体的竞争对手。全球市场的胜利者将是那些最能够摆脱食租/食利收益、地主制、垄断和掠夺性银行及金融业的国家。

今天的金融资本主义并不是通过降低国内价格结构，把价格降至实际所需的生产成本（即价值），来走一条通往工业占主导地位的道路。恰恰相反，私募基金的策略是利用信贷收购企业，然后变卖公司的资产，并且提高企业的虚假成本，如新增贷款，以此支付自己的股息。这种资产剥离策略正在被内化进今天的工业经济，仿佛这是一个自然而必要的组成部分，而不是与生产无直接关系的冗余部分。

美国经济正在去工业化。越来越多的工资和工业利润以利息、金融和保险费用以及私有化财产租的形式被支付给金融部门和沆瀣一气的保险及房地产部门。自从20世纪80年代寻租者大肆掠夺公共品以来，最基本的公共服务已经变成了私有化垄断行业。例如，公路变成收费道路，公共医疗卫生服务被私有化保险取代，互联网、有线电视、电力、饮用水及其他公共基础设施所属的自然垄断部门被转手给私人买家，变为垄断企业，并且它们在市场所能承受的范围内尽可能地提高价格，根本不用考虑这些服务的生产成本。

价值、价格和租——古典政治经济学的核心概念

古典政治经济学发展了价值和价格理论，区分出经济租的范畴——超过必要生产成本（包括正常利润）的价格。把经济租独立出来作为非劳动收入，为避免土地租、垄断租以及金融租提供了依据。可是，在今天的西方经济中，大部分财富都集中于榨取经济租的部门，大多数新晋亿万富豪都来自食租/食利部门，而且使自身的财富免于纳税。地租、

垄断租和金融租的概念为理解今天的两极分化提供了基础，人们可以据此分析工资收入、利润和税收如何被抽走，用来支付给房东、银行和其他债权人：FIRE 部门和与其共生的垄断者。

古典政治经济学理论中的"自由市场"是一个摆脱了经济租的市场，而不是纵容房东、垄断者和债权人不顾生产成本自由收费的市场。再强调一遍，19 世纪古典政治经济学的核心是价值、价格和经济租理论。"租"的定义是超过社会必要生产成本及合理利润的那一部分价格。古典政治经济学的理念是使经济租最小化，而不是最大化。

如今，这种思路几乎被学术课程删除。经济现状已经变得如此不公平，但凡经济学家以及国民收入核算方式能够揭示财富在多大程度上是通过寄生和掠夺的方式而获得的，人们就会要求改变现状。亿万富豪变成公众名人，但他们所拥有的被歌颂为"财富"的东西，其实是某种形式的经济开销，并不属于生产过程的一部分。古典政治经济学力图消除这些成本，或者至少尽量降低它。但经济学的研究已今非昔比，今天主流经济学的功能，是阻止任何可能威胁到食租/食利阶级财富的税制改革、反垄断监管以及去私有化。为了实现这场反古典政治经济学的反革命，经济学描述的"现实"已经变成不切实际的、管中窥天的漫画。

清除封建主义的食租/食利余孽

从古罗马到中世纪，"富贵闲人"一贯是通过动员政府和军事力量来榨取财富，自己却不用履行生产性职能。封建主义下的食租者心态源于中世纪征服欧洲的军阀集团。他们榨取的地租实际上就是缴纳给他们的税。军阀当然并非无所事事，但他们不事生产，并且具有破坏性和掠夺性。正是因为他们的继承人力图维持靠武力赢来的特权，阻碍了工业资本主义的发展。

古典政治经济学起源于18世纪，是一场由工业资本主义倡导者领导的税收改革运动，其目的是终结欧洲贵族靠继承权收取地租和逃避纳税的特权，因此具有革命性。法国重农学派、斯密、李嘉图、托马斯·马尔萨斯（Thomas Malthus）、穆勒、马克思以及他们的追随者认为，工业资本主义的历史使命，是把社会从地主、债权人和垄断者享有世袭食租特权的封建主义余孽中解放出来。劳动价值论旨在揭示地租、垄断价格和利息并不涉及真正的成本价值或者生产经营，因此这些费用在经济上是低效和不公平的。

到了19世纪末，古典政治经济学又发展出了第二个目标：除了终结地主对于立法和政治的控制，工业化倡导者强调需要更多的公共基础设施，以政府补贴价格提供低成本的医疗、教育、交通、邮政与通信，而不是容许私人垄断者收取高于正常利润的价格。政府对基建的公共投资将确保自然垄断部门和关键经济部门不会因为被私有化，而变成新贵族阶级的寻租工具。

在英国，当时领导这场经济改革的是亲工业的保守党；在美国，则是共和党。两党皆力图使国家成为世界工厂。英国的保守党首相本杰明·迪斯雷利（Benjamin Disraeli，1804—1881年）推动了1875年《公共卫生法》的颁布。他解释说："人民的健康是他们的全部幸福和所有力量的基础，而这是国家之所依。"①

迪斯雷利随后又颁布了《粮食及药物销售法》《教育法》，意味着保守党政府将提供这些基本公共服务。他们认识到，如果私人雇主或者雇

---

① 出自本杰明·迪斯雷利1877年6月24日的演讲。他用拉丁文说："Sanitas, Sanitatum."（卫生，悉在卫生。）对应一句名言："Vanitas, Vanitatum."（虚空，尽是虚空。）

员不得不支付昂贵的住房、医疗和其他基本需求的费用，那么工资或利润剩余可以花在商品和服务上的比例就会减少。这意味着工业制造商的利润将下降。

这种观念驱使工业资本主义朝着社会主义的方向发展。直至第一次世界大战前，工业资本主义的基本政治方针都是使经济摆脱因特权和寻租造成的昂贵的开销。只要比较今天欧洲社会化的医疗系统和美国私有化、金融化的医疗保险体制以及制药公司的垄断，金融化逻辑发挥了怎样的作用便一目了然。美国的医疗及药品开销占美国 GDP 的近 18%，在现代西方国家中价格是最高的，医疗效率却最低。美国的工业产品因此缺乏价格竞争力而被挤出了世界市场。除了医疗成本，推高工资水平的其他成本还包括被银行信贷抬高的高昂的住房成本、私人教育学费，以及私有化基础服务收取的垄断费用。

公共基础设施私有化导致金融化的食租/食利型经济成本过高，使美国及其他私有化、撒切尔化和金融化的经济体日益去工业化。在当今时代，贪婪被认为是好事，而且主流根据贪婪能让人赚多少钱来判断一个人具有多少生产力，进而要求政府废除对经济的调控政策，仿佛由此产生的经济两极分化及财富集中是一种社会进步。从金融资本主义的角度来看，这的确是一种进步，因为医疗保险和制药公司是股市的领头羊，而房地产是美国最大的银行信贷市场。

我们看到，经济意识形态在过去一个世纪发生了巨大转变。现在是替食租/食利特权辩护，并且主张将经济规划权转移到华尔街、伦敦金融城、巴黎泛欧交易所和法兰克福的金融中心。财政部已经从民选政府的手上被夺走，取而代之的是服务商业银行和债券持有者的中央银行。它们已经获得了对政府财政开支的控制权。银行总部如今矗立在世界主要国家的首都，占据着天际线，在现代城市中的位置宛如中世纪的教堂、寺庙和清真寺。

如今的经济意识形态与早期基督教禁止高利贷相比，发生了一场巨大的文化变革。反对高利贷的宗教改革和反对世袭地主的亲工业的古典政治经济改革，以及使经济合理化并使其更具生产力的逻辑被悉数抛弃。古典政治经济学家提出经济租的概念，他们认为后封建时代的剥削是社会的沉重负担。过去一个世纪的经济学的显著特征，就是否认不劳而获的收入的存在，否认任何剥削的存在。今天的主流经济学家与古典政治经济学反其道而行，为高利贷翻案，为经济租正名。

成功的错误

这场反古典经济学的反扑为什么会如此成功，以至于经济学不再教授经济思想史呢？它谎称古典政治经济学家支持自由主义式的自由市场，反对社会主义和有能力对食租／食利阶级监管并征税的强大政府。这种新自由主义式的篡改有助于巩固现存的权力关系，因为它暗示使经济两极分化的不平等只是一种短暂的反常状态，而不是食租／食利型经济固有的、普遍的趋势。

后古典食租／食利的反革命运动否认了古典政治经济学家所完善的价值和价格理论：并非所有收益都是劳动所得。所谓"劳动所得"，即通过对生产和分配过程的贡献而获得的生产性收入。经济租包括地租和与地租相关的自然资源租（李嘉图于1817年出版的《政治经济学及赋税原理》第二章的核心概念）、垄断租，以及利息和费用形式的金融租，它们都不是社会必要的生产成本，因此是不劳而获的收入。然而，后古典经济学却坚称所有收入都是因为发挥了生产性功能而应得的劳动收入，进而推断所有的财富都是应得的，是生产性收入的资本化价值。

后古典经济学的"产物"，表现为社会的转型：一座陡然上升的经济金字塔通过租金和利息将收入和财富吸到顶端。城市的天际线被最高最亮的建筑物盘踞着，它们是大银行和保险公司的办公大楼。资本的"运动规律"被金融和垄断所主导。房地产、股票和债券集中在少数人手里。其结果很像昔日封建社会的特权制度和以金融及财产债权的形式继承的财富。随着金融化的经济倒退回租贷经济，住房拥有率也在下降。财富分布随着世袭承继的系谱而日益层级化，类似今天的美国人口，不同种族所处的净资产层级也不同。我们将在第二章讨论这些发展趋势。

今天金融化和日益私有化的经济都是掠夺性寻租。寻租使收益和财富集中到金字塔顶端，造成经济两极分化。如果你是食租/食利者，那么这恰恰是你致富的原因。寻租并不关心为了大多数人的福祉而提高生产力、促进繁荣。相反，它使经济去工业化。因此，现在回头看，早期的工业资本主义哲学过于乐观了，甚至连它的批判者马克思也是如此。其后出现的镀金时代恰恰与人们期望的工业资本主义发展方向背道而驰。这是封建主义、私人财富利益集团的反扑。这是一场政治、意识形态和军事的斗争，而且充满了暴力。

古典经济租理论被反动势力排除在经济学科之外，尤其是20世纪80年代撒切尔和里根培养的"恶之花"盛开后，劳工工资就不再增长，可是1%的人的财富却在暴涨。新自由主义支撑住房和基础设施的成本大幅上涨以及债务大幅增加，造成了历史上最强劲的债券反弹和最漫长的股票牛市。但这是在实体经济长期疲软的情况下发生的。人们在债务负担增大和家庭预算受挤压的情况下，还要支付不断上涨的食租/食利费用。

反对对食租/食利收益征税的主张，被精心策划成一整套针对政府监管和财政权力的全面政治攻击。在反对中央"计划经济"的口号下，资源分配的职能从民选官员转移到了华尔街，使国会的权力屈从于一个由金融贵族组成的新贵族上议院。所有食租/食利型经济都是寡头体制，而它们的政治策略就是阻止民主体制拥有真正的立法、征税或监管权力。这颠覆了19世纪为平衡英国下议院和上议院而进行的长期斗争，世界各地民主选举政府的下议院的斗争亦然。

否认食租/食利阶级的收入是不劳而获的，坚持宣称它是根据一个人对GDP的贡献、提供等值的"服务"而应得的，这彻底迷惑了人们对GDP会计方式的理解：究竟什么是"产品"？什么是没有对应交换物的转移支付？根据一个人的收入来界定、衡量其生产力，却毫不考虑其收入究竟从何而来，这种观念导致今天的主流经济学陷入一个循环论证的泥潭。

反对区分劳动收入和非劳动收入的观点，仅仅通过将经济思想史从课程中删除就获得了成功。这种愚昧的做法使经济学科进入了一条特殊利益诉求的盲道，试图让选民相信：有利于1%的人的股票市场牛市等同于经济繁荣，哪怕负债累累的99%的人净资产并没有任何改变。

总而言之，19世纪工业资本主义起飞时的政策主旨是，不可或缺的基本经济服务应该由政府免费或者以补贴价格提供，不能由私有化的垄断寻租部门提供。由此得出一个必然的结论：由私人控制的银行应该改革并转型成为只为工业资本和基建提供生产性信贷的公有银行。在混合经济里，货币和信贷应该作为公用事业与其他基本服务一起发挥作用。

然而，正如第二章所描述的，这种情况并没有发生。

第二章 金融资本主义推动寻租和食租／食利者避税

房地产、股票和债券构成了当今经济中的大部分财富，因为大多数财富都是通过寻租获得的，如地租、垄断租以及源于特权的金融费用，而更多的财富来自将食租／食利收益资本化为金融化资产。所有这些寻租收益都得到了税收优惠的支持。与工业资本主义争取尽量降低食租／食利费用，创造一个负担更少的低成本经济相反，金融资本主义增加了这些负担。无论金融家和亿万富豪以什么方式发财致富，食租／食利者财富的上涨都会被算作 GDP 的增量，而不是作为剥削性转移支付而从 GDP 中扣减。[1]

就像 15—19 世纪的圈地运动中，英国的公有土地被武力、贪腐以及在法律上偷偷摸摸的方式私有化一样，1980 年以来的私有化浪潮旨在侵占公共基础设施，为收取垄断租创造机会。在这场浪潮中，银行为私有化者提供了贷款。于是，私有化和金融化以牺牲整体经济为代价携手并进。

食租／食利者之所以能够获得大众业主的支持反对土地税，是因为住房已经通过信贷实现了民主化。银行支持业主通过政治游说，使土地税维持在低水平，因为银行家意识到，没有被征税的租金收益会被业主

---

[1] 笔者在《垃圾经济学》中阐述了何为现代正统经济理论的修辞障眼法。

存起来作为贷款利息支付给银行。也就是说,昔日支付给世袭贵族的地租如今作为抵押贷款利息支付给银行。地租不过是换了收租者,它本质上仍然是一种类似纳贡的费用。

大多数银行贷款都需要以住房和商业地产等有租金收益的资产作为抵押。相应地,金融资本主义可以以 FIRE 部门为核心,通过收取抵押贷款利息和榨取自然资源租获益。作为"信托之母"的投资银行,组织企业并购并提供融资,使企业规模大到可以收取垄断租。

马克思在《资本论》第三卷以及他的遗作《剩余价值理论》中分析了金融的发展态势。他强调金融资本的目标是在生产过程的"外部"获取收益,与工业资本家雇佣的工薪劳动力无关。这个观点引领他的追随者成为金融资本主义的主要分析者。[1]

金融资本主义对劳动的剥削方式

工业资本主义和金融资本主义以不同的方式剥削雇佣劳动。工业资本试图尽量压低劳动力的工资来实现利润最大化。金融资本和其他食利资本寻求使劳动者最大限度地把工资用来偿还债务,以及购买被垄断以产生垄断租的基本服务。

两种剥削方式的差异,也说明了为什么工业资本试图尽量降低工薪劳动力的雇佣成本,从长远来说跟寻租剥削是互相矛盾的。劳动者被迫背负房贷、消费贷、学费及信用贷款,他们就不得不支付利息和滞纳

---

[1] 鲁道夫·希法亭(Rudolf Hilferding)的《金融资本:资本主义最新发展的研究》(1910年)和列宁的《帝国主义:资本主义的最高阶段》(1917年)强调,帝国主义的金融特性已成为"一战"前世界的特征,并将在 20 世纪 20 年代后变本加厉。

金。金融部门的政治影响力已经成功取消了反高利贷法律，同时也将医疗保健、其他社会保险以及基础服务成功地进行了私有化。纳税的责任也从房地产等 FIRE 部门转移给了其他部门。由于这种对利息和其他租金的榨取，金融部门已经成为劳动者的主要剥削者。直接的剥削方式是使劳动者负债，其中最主要的方式是让其利用信贷获得房屋所有权；而间接的方式是通过私有化和垄断抬高住房及基础设施服务的成本。

随着工业本身逐渐金融化，工业资本和食租／食利资本构建了和谐的利益关系。它们发现，使工薪劳动者负债也有助于间接地提升企业的利润；它们打造了一个就业市场，在这个市场中，员工一旦失去工作，就会落入岌岌可危的经济困境。如果无法挣得足够的收入支付每月的租金，他们的信用卡收费便会上升到 29% 左右的罚款率。此外，私有化的医疗和医疗保险已经成为把美国工人牢牢束缚在当前工作岗位上的重要方式。工人需要自己支付医疗保险费用（2014 年，平均每人医疗保险开销为 11 000 美元），一旦生病便很容易破产，除非他们能负担昂贵的高级保险计划。而背负房贷的员工一旦被解雇或者失业，便面临丧失房屋赎回权以及被驱逐出住房的危机。

结果是艾伦·格林斯潘（Alan Greenspan）所说的"受创伤员工综合征"：工薪族不再敢组织工会和罢工，甚至不敢投诉不安全或恶劣的工作条件，因为他们害怕失去工作。

更重要的是，退休基金的金融化使劳动者的退休收入依赖金融部门的蓬勃发展——即便金融寻利是以牺牲工业投资及就业为代价的。数十年以来，金融资本主义几乎没有留下什么繁荣来与劳工分享。食利者的原则是："要钱，还是要命。"最后，它要了整个经济的命。

金融资本以复利方式增长

任何经济范围内的债务总量连同银行储户和其他债权人的储蓄，都会以复利方式增长。而任何的利率皆意味着在一定时间内会使本金翻倍[1]，这一纯粹的数学原理与经济的偿付能力无关。因此，自 1945 年以来，债务的增长远高于个人及企业收入、政府财政收入和 GDP 的增长，这并不令人惊讶。

债务的膨胀就像庞氏骗局，需要以指数级增长的新增信贷不断流入来支撑。银行通常会借给债务人足够的新增信贷让他们支付利息费用，避免出现无清偿能力的情况。但是这种债务循环不能无限维持下去，通常情况下，会在丧失抵押品赎回权的浪潮中告终。

自 20 世纪 80 年代以来，大多数债权人通过形形色色的金融策略把经济收益占为己有。比尔·布莱克（Bill Black）称 20 世纪 80 年代美国的储蓄与贷款诈骗的商业模式是"破产谋利"（Bankruptcy for Profit）。储蓄与贷款协会的高管利用会员客户的存款给自己支付工资、奖金和红利。他们利用协会为自己控制的公司提供贷款，然后把钱转移到可以逃避监管的地方，留下破产的空壳和陷入不良贷款的储蓄与贷款协会。[2] 他们的经验为银行提供了范本，后来庞大的垃圾房贷骗局最终走向了 2008 年的金融崩盘。受到破产威胁的银行纷纷要求政府出手救助，如果政府不救助它们以及它们的债券持有人和大客户，它们就会把经济作为"人质"。

企业的财务经理们削减再投资规模，将公司的收益用于股票回购及

---

[1] 笔者在《杀死宿主》（德累斯顿：2015）第四章描述了"复利的魔法"。
[2] 威廉·K. 布莱克（William K. Black）：《抢劫银行的最好方法是自己拥有一家银行：企业高管和政客如何抢掠储蓄和贷款行业》（*The Best Way to Rob a Bank is to Own One: How Corporate Executives and Politicians Looted the S&L Industry*）第二版（奥斯丁：2014）。

派发股息，从而来支撑公司股价，为股东创造资本收益，也为自己创造奖金。他们认为长期的研发项目减少了可用于派发股息、回购股票和偿还债务的公司收入。在政府的税务优惠和政策的支持下，金融管理层替股票、债券和房地产的拥有者谋取利益，而中央银行则创造足够的信贷使新的信贷和债务不断扩张，避免金融崩盘。

金融规划是短视的：拿了钱就跑

金融策略并不着眼于促进经济繁荣、实体财富增长，乃至维持可持续生存，去工业化本身就是金融化的结果，以牺牲整体经济为代价为金融部门谋利。金融管理者不会埋首于工业工程来开发新产品和制订营销计划。相反，他们优先考虑的是如何才能提高公司股价。超过 90% 的美国企业的收入（包括利息、税收、折旧和摊销前的收益）被用于股票回购和派发股息以支撑公司的股价，从而维持金融高管和投机者持有的股权价值。

金融部门追求短线目标——这解释了为什么美国正在去工业化。如果美国的企业管理者们有更长远的规划，就会把企业收益投资于扩大生产和削减成本。但是，这条通往工业制霸的传统路径会使流进金融市场的收益减少，所以这并不是金融管理的目标。

金融部门需要中央银行的支持

传统情况下，资产价格由现行利率下的折现收益来决定。一项资产的价格（P_A）是由收益（E）除以利率（i）决定的，因此 $PA = E/i$。如果金融业仅仅反映了2008—2021年间工业经济的收益，那么股市和债市就必然会萎缩。然而这并没有发生。最近几十年，股票、债券和房地产价格的上涨速度远远超过了不断下降的利率，而利率的下降提高了市盈率的资本化率。

市盈率（P/E）上升的一个主要原因是，储蓄量往往以复利增长。利息和债务的指数级增长被循环用于购买新的股票、债券和房地产，以及新的贷款。这些信贷大多数以贷款的形式，用于购买已经存在的生租资产（房地产和公司）及金融证券。结果是经济越发聚焦于资本利得，而资本利得的税负比起工资和利润要优惠得多。

主要的问题在于金融开销以及金融食租改变了收入的流向，用于消费国内工业产品的收入越来越少。市场因此萎缩，侵蚀了企业的利润以及衍生的股票价格。金融管理者们于是转而要求中央银行通过信贷抬高股票、债券和房地产的价格（以此保持房地产抵押贷款的可行性）。自1980年开始，尤其是自2008年以来，中央银行不断降低利率来支撑资产价格，量化宽松政策所创造的货币被投入金融市场以及亲食利者的银行体系，而不是被投入实体经济增加就业或投资于生产资料。

降低利率，抬升房地产、股票和债券的价格，能够使一定的收入流以更高的价格被资本化。理论上讲，近年来近乎为零的利率会无限地推高股票市场的价格，但投机者仍然使用套利的方式来获取金融收益，他们通过低利率贷款购买股票、房地产和高收益的债券。

虽然美国房地产和金融市场在2008年崩盘，但量化宽松政策使资产价格再次膨胀。中央银行维护了股票及债券持有者的财富的货币估值。而在2021年3月，《冠状病毒援助、救济及经济安全法案》（*Corona-virus Aid, Relief, and Economic Security Act*，CARES）向美国公民共发放了2

万亿美元。但相对于计划发放的为了抬高股票和债券价格（包括公司债券和垃圾债券）并支持银行抵押贷款的 8 万亿美元信贷而言，这笔援助相形见绌。统计调查显示，CARES 法案向每人派发的 1200 美元大部分被受助人用来偿还长期以来累积的负债，而不是用来消费商品和服务。由此可见，CARES 法案原意是为了援助工薪族，但它间接且主要的效用是使银行和房东不会因为他们的客户和租客违约而蒙受损失，于是大规模违约的情况暂时被推延了。但是，只要经济中沉重的债务负担仍然存在，那么大规模债务违约终难避免。

金融资本主义转移了政府的经济规划权和职能

金融资本主义发动了针对政府监管和征税权的自由主义攻击。自美联储在 1913 年年底创立以来，金融资本主义的政治策略一直是俘获公共部门，并且把发行货币及经营银行的权力——也就是经济规划的权力——从华盛顿转移到华尔街、伦敦金融城、法兰克福、巴黎泛欧交易所和其他金融中心。[1]

金融部门俘获监管权力，将金融部门的经济权力转化为政治权力的最重要的一步是创立中央银行，将经济政策的制定权从公共部门的财政部手中剥离。今天，美联储和欧洲中央银行的主要作用是支撑金融资产（股票、债券及房地产抵押贷款债权）的价格，同时抑制工资和商品价格通胀。自 2008 年以来，这些机构的量化宽松政策甚至在实体经济萎缩的情况下补贴和抬高了资产价格。

---

[1] 笔者在《美国财政部如何通过向华尔街让渡货币控制权来避免长期通货紧缩》中介绍了有关的背景，见印度版《经济与政治周刊》(*Economic & Political Weekly*) 2016 年 5 月 7 日。

食利者试图把政府置于新自由主义的议题之下，最赤裸裸的例子是《跨太平洋伙伴关系协定》（Trans-Pacific Partnership，TPP）提议创立投资者—国家争端仲裁（Investor-State Dispute Settlement，ISDS）法庭。由企业任命的法官有权裁决企业对政府提出的诉讼——当政府为了防止环境污染、维护社会安定、保护消费者权益而制定的法律削减了企业利润时，企业可以对政府提出诉讼。进一步来说，企业甚至有权要求赔偿它们本应取得的利润。这个机构能够有效阻止符合国家利益的公共立法权，扭转19世纪民主政治改革的成果。

由于未能实现古典经济学所倡导的反食租/食利者的改革，工业资本主义所希望的民主命运，正处于被金融寡头统治的高级阶段。经济规划和监管的权力通过"公司化国家"（Corporate State）的金融中心和各国被俘获的中央银行转移至食租/食利阶级手中。

虽然没有具体预见到金融寡头的崛起，但乔治·奥威尔（George Orwell）在他的文章《对詹姆斯·伯纳姆的再思考》（Second Thoughts on James Burnham）中描述了一个类似金融资本主义下的寡头社会。

> 资本主义正在消失，但社会主义并没有取而代之。现在出现的是一种新的有计划的中央集权社会，它既不是资本主义，也不是任何公认意义上的民主。这个新社会的统治者将是那些有效控制生产资料的人：也就是商业主管、技术人员、官僚和士兵，他们被伯纳姆归为"管理者"。这些人将消灭旧的资本家阶级，粉碎工人阶级，用把所有的权力和经济特权掌握在他们自己手中的方式来组织社会。

这个阶层在一个世纪前被称为资产阶级。今天，它通常被称为"专业管理阶级"（Professional-Managerial Class，PMC），依附于并且渴望加入食租/食利阶级。这个专业管理阶级不通过雇佣劳动力生产商品和服务来创造财富，而是主要以19世纪公认的"虚拟资本"来获得金融收益，比如，通过信贷抬高房地产和金融资产的价格，通过债务杠杆并且在金融部门的指导下，将应该保留在公共领域的基础设施的垄断行业进行私有化获取垄断租。在今天，金融部门仍然是一个世纪前被指控的"托拉斯之母"。

金融资本力图避税

1913年，美国首次颁布了所得税法，同年 J. P. 摩根（John Pierpont Morgan）和他的银行同业们创立了美联储。所得税原意针对食租/食利者，只有约1%的人口需要缴纳。可是富人们一直试图避免缴税，而金融部门总是试图袒护食租/食利者以及全体富人。石油、采矿和房地产部门不久就找到了税收"漏洞"。它们的税前利润（扣除利息、税款、折旧和摊销前的利润）大部分被当作不用纳税的伪开支来处理，其中折旧虽然并未实际支付，但支付的利息主要是为了收购金融资产而不是用于当前的生产。企业的税务会计师不想申报任何应税利润。

人均GDP排在前12位的国家都不是工业经济体，而是避税天堂。企业的会计师利用虚假的转移定价，让人误以为他们的公司在全球的利润都是在税率最低的地方甚至是不收税的地方产生的。美国和英国的银行最先选取在巴拿马和利比里亚这两个使用美元作为本币的"准国家"（Quasi-States）设立分行，随后又在加勒比海和其他飞地建立了分支机构。这样一来，美国石油公司把它们的全球利润在账面上转移到这些离岸银行中心的贸易办事处时，便可以避免货币汇率波动的风险。并且，这些地方没有所得税。

　　这些飞地中，石油业主要选择巴拿马和利比里亚；而欧洲的避税者则选择卢森堡和摩纳哥；苹果公司的会计人员则假装它的全球利润都是在低税的爱尔兰实现的；后苏联国家多使用塞浦路斯；窃国者[①]和犯罪集团则多选择开曼群岛、百慕大和瑞士。[②] 这些避税天堂并不是投资生产资料的有形资本的"投资中心"。它们的名义 GDP 主要来源于为精心设计骗局的跨国公司提供金融及法律服务。

　　上述特殊税务优惠形式——虚假折旧、利息免税，以及通过避税天堂转移定价——一起扭转了 19 世纪通过征税没收土地租、自然资源租及金融租的目标。虚假折旧有时被称为"过度折旧"，即容许非自住房东[③]假定他们的楼房随着老化而失去价值（法律规定需要维修物业，使之保持良好状态，但这通常会花费约 10% 的租金收入）。这种折旧再加上利息作为"必要开支"使房地产投资免征所得税。[④] 而这种税务优惠的最终受惠者是银行和债券持有者，工业和资源开采欠他们的债已经越积越多。

[①] 译注：原文"kleptocrat"源于"kleptocracy"，一般译为"盗贼统治"。有别于一般的贪腐，指整个国家由寡头集团把持，肆意谋取私利。国家的体制本身方便他们中饱私囊。这里参考"窃国者诸侯"（庄子），分别译作窃国者及窃国统治。赫德森教授认为苏联解体后，在西方的支持下推行激进休克疗法的俄罗斯叶利钦政府是典型的窃国政体。见本书第十一章。

[②] 笔者在《金融资本主义及其缺憾：访谈和演讲》(Finance Capitalism and its Discontents: Interviews and Speeches)（德累斯顿：2012）的第 9 章讨论了这些避税中心。

[③] 译注：原文"absentee landlord"，一般译作"在外地主/业主"。直译恐怕难以让读者明白其内涵。在本书中，这一词语是指那些拥有物业却不用来自住而用来出租谋利的房东，有别于自住房主，故译作"非自住房东"。

[④] 笔者在《泡沫经济和全球危机》(The Bubble and Beyond)（德累斯顿：2012）第 8 章 215～246 页讨论了有关的技术细节。

资产价格通胀的后果是债务通缩

　　大多数银行贷款是用来购买房地产及其他已经存在的资产的。这意味着，受银行货币影响最大的是住房、股票和债券的价格。银行只需要把所得利息用于提供新贷款，银行信贷和储蓄就能获得指数级增长。这种利息叠利息的复利必须不断创造新增信贷，住房、股票和债券的价格随信贷扩张而同步上涨，因此，资产价格的涨幅越来越依赖债务杠杆。资产价格和债务一起呈指数级增长，但工资和产出（GDP）的增长速度远低于资产和债务。2008年以来，资产价格大幅飙升，而大部分非FIRE部门的生产和消费却陷入停滞状态。

　　资产价格的上涨通常会伴随更高的贷款费用，而人们又会利用这些贷款来竞标抬高资产价格。这个过程会在一段时间内变成自我推动。更多的银行贷款抬高了资产价格，拿被抬高了价格的资产抵押又可以让贷款人获得更大额的贷款，从而进一步抬升资产价格。限制这种债务无限扩张的，是劳动者和企业在满足基本支出后，是否还有偿还贷款的能力。

　　随着银行提高为客户创造的债务额度，资产价格会通过银行信贷而膨胀。与住房价格一样，教育价格也是由银行的贷款额度决定的。这种信贷迫使工人不得不背负更多的债务，才可以在当今世界中勉强维持生计。企业也同样受到商业房地产价格上涨的影响，因为它们需要支付给员工更多的工资以应付被债务抬升的住房价格。于是，住房、商业地产乃至被发行高息"垃圾债券"的公司掠夺者抵押的整个企业，不论是房地产资产还是未来的经济收益都被抵押给了债权人。

　　更高的债务杠杆在将来的某个时刻会导致大量债务拖欠违约的情况，资产价格将出现崩盘（至少是暂时性的）。大量抵押品将会从债务人手中转移到债权人或新买家手中，正如2008年垃圾房贷崩盘后一样。尽管破产和丧失抵押品赎回权的比率在上升，但是政府的保险计划，如负责住房贷款的联邦住宅管理局（Federal Housing Authority，FHA）以及负责学生贷款的其他机构，都能保证银行不受损失。因此银行根本不担心客户因为无力偿还贷款而给它们造成损失，因为这些损失都已经国有化了。尽管新自由主义教科书教导学生"利息是对承担风险的补偿"，然而银行却可以通过上述政府担保来回避风险。甚至在2008年垃圾房贷的欺诈行为败露后，银行通过对监管部门的俘获，得以免于刑事检控。

资产的价格以及房贷、学生贷款和信用卡贷款的不断上涨，使住房所有权和其他基本需求对广大民众来说越来越遥不可及。如前文所述，中央银行的量化宽松政策支持商业银行信贷，从而支撑房地产和证券价格。由于住房和其他基本需求的价格门槛儿被进一步推高，超出了工薪阶层的承受能力，由此产生的债务和相关的金融费用、滞纳金和管理费侵蚀了人们可用来消费非食租/食利部门提供的产品和服务的剩余收入。2008年的衰退，以及2020年新型冠状病毒危机出现以来，被经济学家称为"K形复苏"的全面两极分化，见证了FIRE部门和金融市场的繁荣，而实体经济却在债务和经济租的重担下步履维艰。

不断膨胀的信贷和债务迫使劳动人口、企业以及中央和地方政府支付更多的利息和金融费用，剩下的可以用来消费非金融商品与服务的个人收入、企业收入以及政府税收越来越少。其结果就是债务通缩：个人收入、企业收入和公共财政收入中越来越多的份额被债务吸纳，使经济陷入紧缩。从北美洲至欧洲，这已经成为今天萎靡不振的经济的显著特征。

债务通缩的现象，改变了工业经济中曾经流行的将货币和信贷（M）与工资和消费价格（P）联系起来的公式（P有时被计算为GDP平减指数，指的是当前的商品和服务价格）。$MV = PT$这一人们所熟识的公式意味着货币（M）增发将抬升价格（P）。所以，创造货币可以抬高房地产价格使住房的成本不断升高。美国联邦住房管理局承保的房贷占个人可支配收入的比例从 1945 年的 25% 上升至现在的 43%。也就是说，可用于商品和服务消费的个人收入减少了 18%。

金融化使得经济两极分化的示意图如图 2-1 所示。

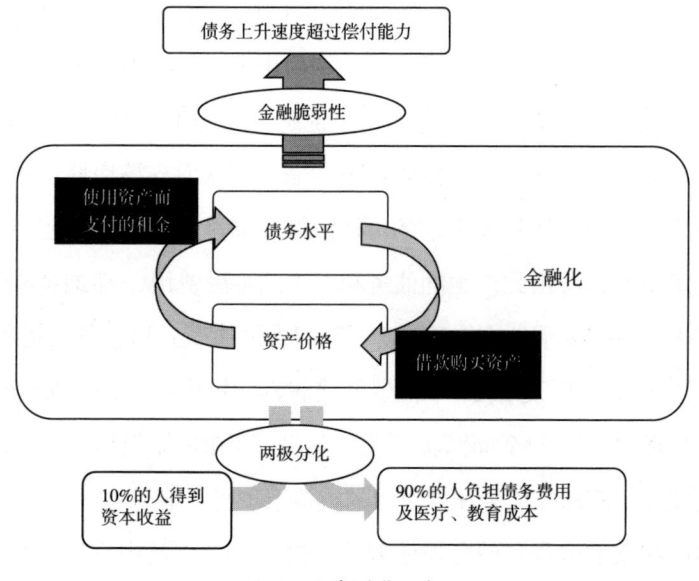

图 2-1 两极分化示意图

由此可见，以信贷方式抬高住房价格，使人们的收入中可用于消费商品及服务的部分下降，往往会使消费者减少支出，从而迫使商品和服务的价格下降。

资产价格通胀还以其他方式导致了债务通缩。比如，利用银行信贷购买股票和债券（包括企业恶意收购和股票回购），抬高了企业股价，这意味着企业收益率会下降。中央银行通过降低利率推波助澜。企业和公共部门的退休基金因此需要投入更多的钱购买固定收益的证券，从而让退休员工可以获得特定数额的退休金。这进一步削减了可用于非 FIRE 部门的消费能力。

尽管如此，促进通胀已经成为政府的政策，用于帮助金融部门保持偿付能力和赢利能力，而不是帮助 99% 的人安居乐业。正是为了维持负债的业主、房地产投机者以及商业银行的债务人的偿付能力，中央银行在 2008 年以后用新增信贷充斥资产市场，以帮助银行的客户"借新债还旧债"。

中央银行声称，信贷扩张是工业经济复苏的必要条件。似乎债务问题能够通过借更多的钱来解决，而不是通过债务减记来解决。这套逻辑的问题在于，金融化的经济只有变成庞氏骗局才能够保持偿付能力。为了不让债务崩溃，银行需要以指数级新增的信贷给人们支付债务费用（第五章将详细阐述）。

标榜食租／食利者具有生产力的统计方式

近年来，在金融部门的支持下，政府的首要目标变成了拯救银行及金融系统，而不是拯救非食租／食利经济，因为金融部门已经通过 GDP 的统计方式合理化了食租／食利行为。这些统计数字显示，FIRE 部门贡献了大部分的 GDP 增长，虽然除了食租／食利者对经济的债权以外，FIRE 部门实际上并没有生产过任何东西。今天看似经验性的国民收入和 GDP 的核算方式，把 FIRE 部门及与它沆瀣一气的寻租部门视作增加了国民收入，而不是扣减了国民收入。贡献了 GDP 增长的经济租又被重新划入"产品"的范畴，所有形式的收入都被算作了"劳动收入"。

这种意识形态摒弃了"租金是不劳而获的收入"这一古典经济学的理念，把所有收入都归为对生产做出了必要的经济贡献而赚取的所得。利息、租金和垄断价格都被算作"劳动收入"，仿佛所有的经济租都是工业资本主义的内在组成部分，而不是从生产和消费经济中抽走的零和转移支付。这样一来，食租/食利阶级的资产增长就真的成了通过劳动获得的财富一样。

金融部门被认为生产了某种产品，而不再像以前那样被当作零和转移支付。[①] 几十年来，政治说客一直争取修改国民收入的核算方法，将银行收取的滞纳金和 FIRE 部门的收费算作对 GDP 的贡献而不是成本。[②] 不仅房东的租金收入被计算进 GDP，甚至连业主自住的房子的预估市场租金都被算进了 GDP——仅这一项就占了美国当前 GDP 的 8% 左右。

同理，银行和信用卡公司在债务人拖欠债务时收取的罚款也被算作一种"产品"。这些收费一般会将年费推至 29% 甚至更高的水平。这些都算是"金融服务"，就好像这些被转移到 FIRE 部门的收入实际上真的创造了某种产品。

与金融和房地产为一丘之貉的还有保险公司，它们共同构成了金融资本主义经济的 FIRE 部门的核心。当人们在私有化的美国医疗保险系统中缴付更多的保费时，上升的医疗成本被算作增加了经济"产出"。同样，当保险公司拒付保险金时，投保人聘请律师的诉讼费也被算作经济

---

① 笔者在《寻租与资产价格通胀：美国经济两极化的总回报概况》（*Rent-seeking and Asset-Price Inflation: A Total-Returns Profile of Economic Polarization in America*）中对 GDP 估算方法和"虚构的生产"有详细的论述，并且绘制了图表。该文收于《凯恩斯经济学评论》（*Review of Keynesian Economics*，2021）第九卷，第 435~460 页。
② 参阅雅各布·阿萨（Jacob Assa）的《GDP 的金融化》（*The Financialization of GDP*, 2017）与雅各布·阿萨和英格丽特·哈沃德·克万格拉文（Ingrid Harvold Kvangraven）的《推倒梯子：GDP 计量方法的变化对趋同问题辩论和发展政治经济学的影响》（*Imputing Away the Ladder: Implications of Changes in GDP Measurement for Convergence Debates and the Political Economy of Development*），《新政治经济学》（*New Political Economy*）2021 年 1 月 11 日。

"产出"。金融部门恶意进行企业收购和政治游说所牵涉的巨额法律成本也被当作经济"产出"。

由于 NIPA 将利息和其他金融费用、保险及垄断租视作工业经济的固有组成部分，因此那些遵循 NIPA 这套会计方式但 FIRE 部门管理费用较低的国家的 GDP 也相对较低。今天的国民收入统计提供了看似经验性的"证据"，证明食租/食利型经济体因为增加了经济的成本而发展得更好，却掩盖了美国和其他金融化经济体已经走向去工业化的事实。

美国金融服务和业主自住房屋预估租金的情况见图 2-2。

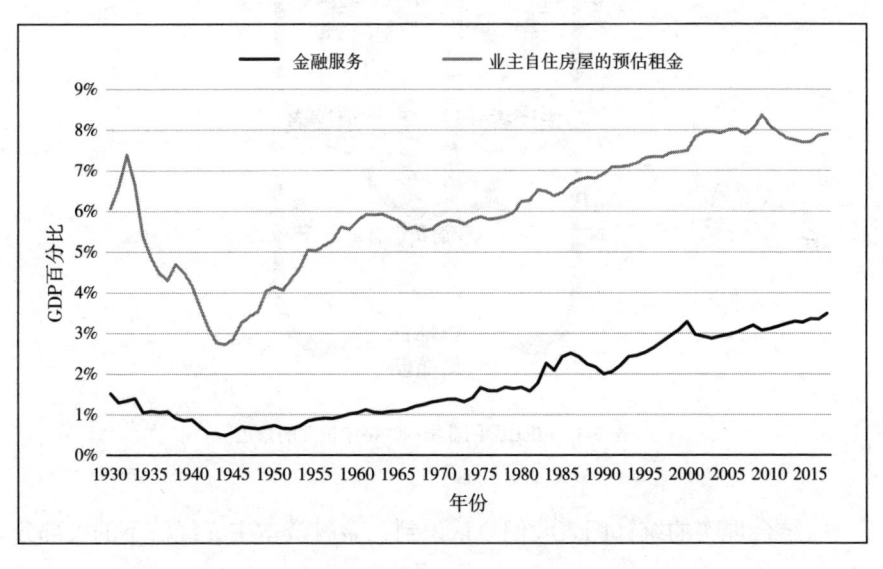

图 2-2　美国金融服务与自住房屋的预估租金占 GDP 比例

数据来源：国民收入和生产账户（National Income and Product Accounts，NIPA）。

金融资本主义的大部分财富来源于资本收益

金融资本主义的显著特征是将私人部门分为了两部分：内部是负责生产与消费，外部包裹着 FIRE 部门（以及与 FIRE 部门相关的基础设施及其他需求的垄断和私有化），如图 2-3 所示。

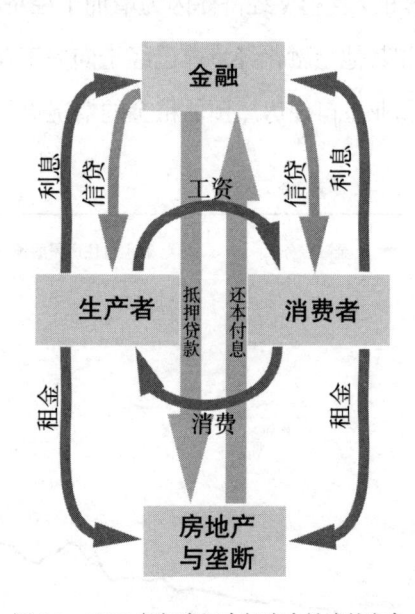

图 2-3　FIRE 部门在国内经济中扮演的角色

结合现实的统计图表我们会认识到，金融资本主义经济下的大部分财富是通过资本收益获得的，而不是通过投资生产资料来挣得的，甚至不是通过收取利息和其他经济租获得的。我更倾向用"金融资本收益"一词，因为这些收益源于债务杠杆所导致的资产价格膨胀。当前的趋势是金融部门吞噬了经济收入流越来越大的份额，同时提高了企业的股票的市场价值与其账面净值的比率（Q）。这远不只是一个泡沫现象，它是复利、内生性银行货币创造（Endogenous Bank-money Creation）[①]、税收转移及垄断权的结合，背后还有老式的腐败和欺诈。[②]

关于美国GDP、股票、债券、土地价格及折旧的回报情况见图2-4。

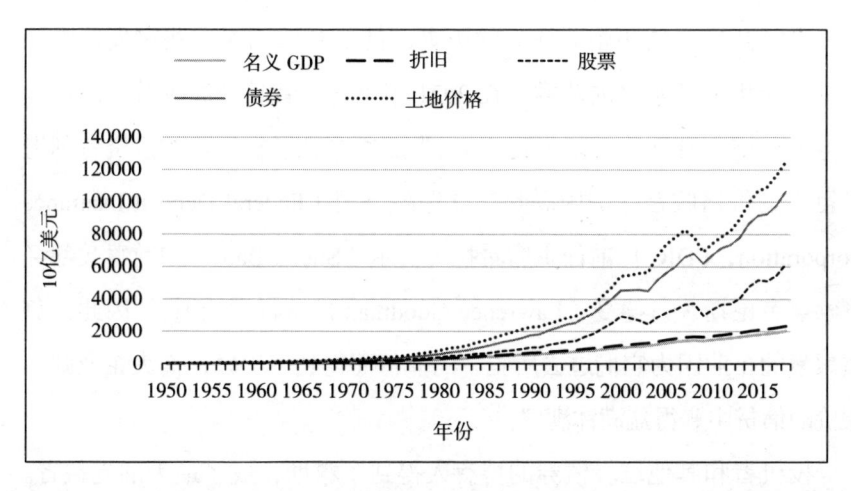

图2-4　累计总回报（名义）：1950—2018年美国GDP、股票、债券、土地价格及折旧
数据来源：美联储。

中央银行通过直接向商业银行和在公开市场上购买政府债券的方式，向商业银行提供流动性。美国的银行则把从美联储得到的资金存储起来。但自从2020年新冠病毒疫情以来，美联储的政策释放的流动性远远超出了维持偿付能力的范围。它向债券市场注入了3万亿美元，到2020年

[①] 译注：内生性银行货币创造理论认为经济活动由私人信贷驱动。这一理论的重要之处在于颠覆了传统的货币乘数模型所给出的信贷货币创造的因果机制。在货币乘数模型中，"存款创造贷款"（有时间滞后）；而内生性银行货币创造理论认为现实中的情况是"贷款（瞬时）创造存款"。史蒂夫·基恩（Steve Keen）提出了"内生性信贷创造和信贷紧缩的模型"。
[②] 人们通常很难将金融部门的超级利润定性为租。海曼·明斯基（Hyman Minsky）指出，"泡沫型"金融回报既不能用收益上涨的"基本面"来解释，也不能用垄断特权来解释，而只能用羊群效应的泡沫心态来解释。2000年破裂的互联网泡沫和2020—2021年间类似的垃圾债券大牛市，都是这种情况。

年底，其持有的债券增加到了 7.4 万亿美元，远远超过了一般工薪族从 CARES 法案中得到的人均 1 200 美元救济金的总值。美联储最终没有促进就业，也没有给失去工作的人们补偿，却拯救了最富裕的阶级，使他们手上价格暴涨的股票和债券不会有失去市场价值之虞。

央行开启了购买企业债券的历史，甚至开始购买那些在疫情中价格跌至垃圾债券水平的债券。在 2021 年年初，昔日"高收益"的垃圾债券的价格上升到收益率不到 4%，为那些愿意承担风险的投资者创造了巨大的价格收益。美国联邦存款保险公司（Federal Deposit Insurance Corporation，FDIC）前任主席希拉·贝尔（Sheila Bair）和前财政部经济学家劳伦斯·古德曼（Lawrence Goodman）这样评论道："因此，负债累累的企业因为它们过去所犯下的罪行而得到了奖励，而大企业则从廉价的信贷中赚得盆满钵满。"①

投机者和其他垃圾债券的持有人得到了救助，成了最大的受益者。美联储和其他监管机构都没有阻止企业通过借贷向股东派发股息和发放奖金——这样做仅仅是为了抬高股票价格，"尽管国会在给予企业这些金融支持措施时曾考虑过限制这样的做法"。随着美国经济陷入大萧条以来最严重的停滞，超过 1 000 万人失业，国会却没有责令受益于央行支持的企业设法维持就业。"众议院委员会的一份报告显示，受惠于这些金融政策的企业在 2021 年 3 月到 9 月期间解雇了 100 多万名员工。"更糟糕的是，贝尔和古德曼总结说，美联储的行动"进一步创造了不公平竞争的机会，大企业可以利用政府补贴的信贷收购竞争对手，从而变得更加强大"。

---

① 希拉·贝尔与劳伦斯·古德曼认为，"企业债务'救助'在经济上是无用之举"，他们注意到，跨国粮食分销商 Sysco 用救助金向股东支付股息，却裁减了 1/3 的员工。因此，他们总结道："没有证据能够表明美联储购买企业债有利于社会发展。"《华尔街日报》2021 年 1 月 7 日。

央行不是为州和地方政府，或者工业资本、基建和就业创造信贷，而是为了金融部门及其食租/食利客户。股票与房地产市场屡创历史新高，但是，对于需要工作谋生的人们而言，经济却一蹶不振，许多餐馆、小区的商店及其他本地中产的商店都倒闭了。实体经济在萎缩，债务在飙升。

贝尔和古德曼指出："金融货币当局的一连串救市行动——2008年救助银行系统，在疫情中救助整个商界"，改变了经济的政治形态，"这种情况比伯尼·桑德斯（Bernie Sanders）造成的威胁更大"。经济的控制权正逐渐集中到那些最容易获得近乎免费的银行信贷的企业手中。相对于小企业，美联储的"超低利率更有利于大企业的资产增值"，而小企业才是"创造就业和创新的主要源泉"。

低息信贷也拯救了即将债务违约的运用债务杠杆的投机者和债台高筑的企业，也因此拯救了银行，让它们不用减记债务。大型全国性企业也获得了收购小型地区性竞争者的良机。通过垄断债务和救市资金，这些巨型企业可以鲸吞较小型的企业，使金融和企业财富进一步集中到1%的人手中。

拉迪卡·德赛（Radhika Desai）称之为"信贷统治"（Creditocracy）[①]，即由控制信贷的机构来统治社会。[②] 它与以下的情况息息相关：中央银行从民选的政治机构和财政部手里接管了制定经济政策的权力，并且以此来支持巨型企业财团带头将整个经济控制权私有化。诺米·普林斯

[①] 译注：相对于"民主政治"（Democracy）而言。
[②] 拉迪卡·德赛认为，"资本主义的命运取决于国际力量的平衡"，《加拿大面面观》（*Canadian Dimension*），2020年10月12日，见 https://canadiandimension.com/articles/view/the-fate-of-capitalism-hangs-in-the-balance-of-international-power。另外参阅杰弗里·加迪纳（Geoffrey Gardiner）《朝向真正的货币主义》（*Towards True Monetarism*）（杜尔维治：1993）及《信贷结构及控制的演变》（*The Evolution of Creditary Structure and Controls*）（伦敦：2006）。后凯恩斯主义经济学派的八人组在20世纪90年代普及了"信贷经济学"（Creditary Economics）一词。

（Nomi Prins）总结了自2009年奥巴马政府救助银行以来长达十多年的经济轨迹：

在超级宽松的货币政策的帮助下，道琼斯工业平均指数从2009年3月5日的金融危机低位6 926点一直稳步上扬至2020年3月4日的27 090点。新冠病毒疫情短暂打断了道琼斯指数的涨势，2020年收盘时道琼斯指数达到了30 606.48点的历史新高。

与此同时，在2020年结束时，最富裕的10%的美国人拥有了超过88%的美国企业和共同基金的流通股权，顶层1%的美国人的净资产总和达到了34.2万亿美元（约占美国家庭总财富的1/3），而底层一半的人的净资产总和只有2.1万亿美元（占总财富的1.9%）。[①]

普林斯指出，自2010年以来，"顶层1%的美国人拥有的财富超过了整个中产阶级财富的总和"。鉴于以下事实，这首先成为一种金融现象："2018年，113万亿美元的美国家庭资产总额中有75%是金融资产。金融资产指股票、ETFs、401Ks、IRAs、共同基金等，而非金融资产的大部分是房地产。"

金融化参与战争

所谓的"资本主义"，是以不同的运动规律相互作用的不同层面的

---

① 诺米·普林斯：《(金融)世界之战：让市场疯狂，让人民遭殃》[War of the (Financial) Worlds: Or Let the Markets Go Wild While the People Go Down]，《汤姆快讯》2021年1月10日，见https://tomdispatch.com/war-of-the-financial-worlds/。

集合体。当生产率和就业率在 S 曲线上趋于下降时，复利会以指数形式增长。工业资本主义的明显特征是雇佣劳动力生产并销售产品以获取利润；而金融资本既剥削劳工，也剥削工业及政府。金融资本先收取利息，间接通过垄断租和自然资源租提高房地产和私有化基础设施的成本，然后把房地产及其他财产从违约的债务人手中转移给债权人，包括从负债的政府手中转移到债券持有者（通常是外国人）手里。

金融资本主义旨在阻止马克思和与他同时代的大多数人所期望的情况：工业资本主义将和平或不和平地向社会主义发展。金融资本主义的主要剥削来源是寻租，不仅通过土地和自然资源寻租，而且越来越多地从基础设施公共投资的私有化并创造新的垄断中寻租，因此金融资本主义使经济的成本变得高昂。这使得实业家很难以较低的价格与那些较少受到租及债务束缚的经济体中的对手进行竞争。

像中国这样的混合型经济体之所以可以在竞争中胜过那些没有高度民主的公共部门的国家，是因为混合型经济体可以补贴工业，并且将经济租作为税基，以防止地主、银行家和垄断者收取食租/食利费用。

基于此，在一个世纪前，工业资本主义似乎势将演变为社会主义。公共教育、医疗卫生、道路交通、基础设施和退休金都将由政府以补贴及受监管的价格提供，甚至免费提供。工业资本就可以尽量把"外部"成本转移到公共部门。

但是，实际上事态的发展并非如此。今天，以美国为中心、胜券在握的金融资本不断阻挠任何可能改变他们掌握工业经济的局面的行为。这意味着美国需要打压其他国家，阻止它们反抗金融资本接管国家经济。

这正是今天"新冷战"的本质，由美国及其在第二次世界大战结束时创建的以国际货币基金组织和世界银行为首的单极国际组织所挑起。华盛顿共识是金融资本的政治博弈计划，被强加给世界各国，美其名曰

"民主"和"自由市场"——甚至被美化为"和平",而不是战争。然而,正是这种罗马式的和平使受害的经济体沦为一片荒漠。①

工业资本主义和金融资本主义的目标相去甚远,如表2-1所示。

表 2-1 工业资本主义与金融资本主义的目标

工业资本主义	金融资本主义
通过生产产品挣得利润	榨取经济租及利息
尽量降低生活成本和物价	使价格包含地租和垄断租
亲工业和劳动者	给予FIRE部门特殊税收优惠
通过向地租及其他可产生地租收益的资产征税,以尽量降低地租及住房成本,而不是向工业或劳动力的工资征税	阻止对地租征税,以便让业主留下更多的钱向银行支付抵押贷款利息
以低成本提供公共基础设施	将基础设施私有化为垄断企业,以榨取垄断租
改革议会,阻止寻租	通过将控制权转移给非选举产生的官员,阻止民主改革
避免军事开支及战争,以免举借外债	利用国际组织(如国际货币基金组织或北约)来强制推行新自由主义政策
经济及社会规划集中在政治首都进行	将规划及资源分配权转移至金融中心
将货币政策的制定权集中在国家财政部	将货币政策的制定权转移至代表私人商业银行利益的中央银行
使价格与成本价值(Cost-Value)保持一致	通过土地所有权、信贷和垄断特权最大限度地增加寻租机会
银行应该服务于实体产业,为实体资本提供融资	银行以抵押品放贷,抬高了资产价格,特别是生租资产的价格
企业利润作为资本投入新的生产资料	企业利润通过股票回购计划和派发股息来抬高股价,而不是用于新的研发和实体投资
长线的开发产品与营销规划:M(货币)-C(商品)-M'(货币增值)	短线的金融投机,捞一票就跑:M(货币)-M'(货币增值)
工业工程通过研发及新的资本投资提升生产力	金融工程通过股票回购和派发更高的股息抬升资产价格

---

① 译注:源自塔西佗的一句名言:"他们制造了一片荒漠,并称之为和平。"

（续表）

工业资本主义	金融资本主义
专注于工业资本主义成为广泛的经济体系的长期发展	只着眼于靠低买高卖获得资产增值的短期目标
高薪经济，认识到衣足饭饱、受良好教育、有闲暇的劳动力比低廉的贫困劳动力更具生产力；鼓励长期的就业保障	竞劣内卷，榨干老员工，然后用新员工取而代之；劳动机械化使员工可以轻易被取代，所以可以用完即弃
M–C–M'：利润来自把资本投资于生产资料和雇佣劳动力以生产商品，再以高于雇佣成本的价格出售	M–M'：资本收益直接由资产价格上涨产生
银行业服务于工业化，信贷主要用于新的资本。增加的信贷往往会抬高商品价格，因此应提高工资	提供新的银行信贷让人们竞相抬高住房、股票和债券价格，因此提高了住房及退休金成本，人们用于消费商品及服务的钱更少
在支持民主的程度上，下议院支持工业资本对抗地主阶级及其他食租/食利者，因为他们的收入抬高了资产的价格却没有增加价值	金融资本与"晚期"工业资本主义联合起来反对亲劳工政策，试图控制政府特别是中央银行，支持股票、债券、房地产，以及变成坏账并且因无力偿付而威胁到银行的打包贷款的价格
工业资本主义本质上倾向民族主义，要求政府保护及补贴民族工业	金融资本是全球化的，反对资本管制，强制推行自由贸易及自由主义的反政府政策
支持混合经济，政府出资建设基本设施，补帖私营工业，政府与工业和银行业合作，制订长期的增长计划，促进经济繁荣	试图废除政府在所有领域的权力，从而将经济规划的重心转移到华尔街和其他金融中心，其目的是废除对劳工及工业的保护
银行及信贷工业化	工业金融化
保持银行和信贷的公共事业性质，并制定强有力的金融监管制度	将银行和信贷私有化，控制中央银行和金融监管机构

第三章　金融资本的民主帝国主义

2021年2月19日，拜登总统结束七国集团的视频会议后，在慕尼黑安全会议上发表了讲话，称世界已经到了一个"转折点"，各国必须在追随美国的领导地位和在追随"那些主张专制才是最佳的前进道路的人"之间做出选择。他承诺"共同为与中国进行长期战略竞争做好准备"，并承认当前美国面临的挑战是"证明民主仍然可以为我们的人民服务"。①

事实上，美国当前金融化的K形经济恰恰与真正的民主背道而驰——金融市场为1%的人创造财富，而劳动力市场和99%的人的财富却在减少。人力资源公司Zenefits发表的2021年各国有关医疗保健、失业保障、退休、育儿假、带薪休假和病假的政策排名中，美国居于末位。② 美国的人均预期寿命正在下降，尤其是少数族裔人口。相反，中国及东亚其他国家的经济及生活水平的增长速度远远快于西方国家。

中国将银行和基础设施作为公共事业，而不是将其私有化——这就是美国总统所说的"专制"。美国用这个词来谩骂他国时，一般是因为那些国家的政府并非由美国扶植，也不受亲美的私营部门的金融规划者

---

① 威廉·莫尔丁（William Mauldin）：《拜登在与欧洲盟友的峰会上捍卫民主，将中国视为"强劲"的竞争对手》，《华尔街日报》2021年2月19日。
② 仙拿蒙·简泽（Cinnamon Janzer）：《数据显示美国的劳动福利排名最后》，2021年2月1日，见 https://www.zenefits.com/workest/data-reveals-united-states-ranks-last-in-worker-benefits/。

控制。对于美国来说,"专制"用来形容那些经由民主选举上台,寻求摆脱美国控制并积极促进国家繁荣的政府。有些被美国推翻了,如1953—1954年在伊朗和危地马拉发生的事件。一直到今天,拉丁美洲的政变和苏联解体后诸国形形色色的"颜色革命",都是美国为了巩固自己的统治而怂恿发动的。

在美国的年轻人中,"社会主义"这个词相对于"资本主义",受到越来越多的认可。笔者认为,这是因为美国的经济阻挡了本可以通往繁荣的道路。大多数美国人希望联邦政府为教育和改善基础设施提供财政支持,经费可以更多地利用累进税。民意调查显示,大部分美国人希望享有佛蒙特州参议员桑德斯所提倡的公共医疗保健制度("社会化医疗")。可是拜登总统却支持由制药业和医疗保险垄断财团所赞助的奥巴马医改计划。在美国的两党垄断之下,几乎没有可能投票支持那些倡议得到大部分美国人赞同的领袖。最高法院对"联合公民"一案的裁决,巩固了私有化的寡头政治和立法,使选举权掌握在以华尔街为首的选举捐赠阶级和能够挑选主要政治候选人的垄断企业手中。

在上述七国集团慕尼黑会议中,拜登总统批评欧洲人没有为美国与俄罗斯和中国的军事对抗支付足够的费用。德国总理安格拉·默克尔(Angela Merkel)回应说,德国的利益在于与中国进行更多贸易。欧洲刚刚与中国签署了新的贸易与投资协议,德国的商界也在抵制美国为阻止俄罗斯通过"北溪-2"管道输送天然气而发动的制裁。法国总统马克龙呼吁"与俄罗斯对话",并且提出不论是对华贸易和投资方面,还是军事方面,欧洲都要摆脱美国实现"战略自主"。他还说,北约已经"脑死亡",自从华沙条约组织解体以来,北约就失去了任何真正有利于欧洲的功能。①

中国外交部发言人华春莹总结了这种日益坚定的态度："我们也一贯反对以多边主义为借口，将少数国家制定的规则强加给国际社会，或者将多边主义意识形态化，打造针对特定国家的价值观同盟。"

美国军事和金融帝国主义的战略是，扶植寡头及独裁政权，并且强迫盟友加入打击指定目标的战争。盟友们不仅要资助帝国发动对外战争（美国用"防御"指代战争行为），甚至还要承担帝国的国内支出。美国将美元化的自由世界附庸国体系的财富据为己有，导致美国与北约及其他盟友的关系日趋紧张。

历史学家发现了美国与古希腊和古罗马的相似之处，这并不令人意外，这些帝国都有相似的战略目标并都出现了内部矛盾。

美国与古希腊的相似之处——有些是正确的，有些是错误的

现在，把美国与中国及其他反抗美元外交的国家之间的矛盾描述为"修昔底德陷阱"已经成为一种时尚，似乎一个崛起的大国与旧霸权最终难免一战。② 但实际上，公元前 5 世纪斯巴达和雅典之间的主要矛盾在于希腊世界应该建立一个寡头政治体系还是民主的政治经济体系。

伯罗奔尼撒战争从公元前 431 年持续到了公元前 404 年，不仅战争的双方，所有的希腊城邦均被卷入其中。然而，这只是公元前 7 世纪至公元前 3 世纪漫长的冲突中的一幕。几百年间，整个希腊世界的民众一

---

① 大卫·E.桑格（David E. Sanger）、史蒂文·埃兰格（Steven Erlanger）、罗杰·科恩（Roger Cohen）：《拜登重申联盟对美国政策的价值》，《纽约时报》2021 年 2 月 20 日。
② 格雷厄姆·埃里森（Graham Allison）：《注定一战：中美能否避免修昔底德陷阱？》（Destined for War: Can America and China Escape Thucydides's Trap?）（波士顿：2017）。

再起义，要求减免债务和重新分配土地。斯巴达支持寡头，而雅典则支持民主。

斯巴达与雅典之间的冲突、寡头政治与民主政治之间的冲突，确实与今天的"新冷战"有相似之处。"新冷战"基本上是由以美国为中心的金融资本主义发动的，金融资本支持食租/食利寡头，反对那些寻求达致更广泛的自力更生与促进国内繁荣的国家。

寡头统治下施行军事化、非商业化（几乎没有货币化）管理的"平等"公民，在斯巴达中心并不拥有土地，而是过着艰苦的生活。斯巴达把邻近的麦西尼亚人变成农奴一样的黑劳士，强迫他们生产农作物。这就把斯巴达人从农业劳动中解放了出来，可以把时间花在军事训练上。富裕的斯巴达地主是特殊阶级，控制着城邦的政治。美国与斯巴达的相似点显而易见，美国现在也是依赖外国的工业劳动力来生产美国不再生产的东西。美国同样有一个富裕的食租/食利寡头阶级控制着政治，而美国的普通人则面临日益严重的经济紧缩、债务奴役（农奴制）和拥有住房（和土地）所有权的人口比例不断下降。

斯巴达反对的并不是雅典的繁荣（斯巴达本身不创造繁荣），而是反对雅典的民主改革，因为斯巴达担心它会扩散并影响周围地区。公元前594年，在梭伦（Solon）的改革下，雅典成为最后一批废除债务奴役的希腊城邦之一。不久之后，庇西特拉图（Peisistratus）父子发展了一个繁荣的公共部门。公元前5世纪，在伯里克里斯（Pericles）和厄菲阿尔特（Ephialtes）的领导下，雅典的经济进一步民主化。

"修昔底德陷阱"和"文明的冲突"理论都忽略了，雅典人通过以神圣提洛岛为核心的提洛同盟建立帝国，对抗斯巴达寡头政治与马其顿、特尔斐和波斯的伯罗奔尼撒联盟所造成的压力。修昔底德（Thucydides）写道："整个希腊世界都陷入了动荡"，因为"民主党人和寡头党人到处发生斗争，平民领袖们求援于雅典人，而寡头则求援于拉栖代梦（即斯巴达）人"。①

自第一次世界大战以来，美国政策的一个显著特征是，既能利用盟友，也能利用它击败的敌人。同样，在古代，所有提洛同盟的司库官都是雅典人，他们向同盟成员征收年贡（最初约为 400 塔兰同），资助了雅典城差不多 2/3 的财政经费。② 这些贡款以雅典的四德拉克马"猫头鹰银币"来支付——等同于那个时代的美元，是通行最广泛的银币，用雅典自己的劳里昂银矿的矿石铸造的。

正如美国将美元打造为"世界货币"来支付帝国的军事开支一样，雅典用白银建造了三列桨舰队，购买军需品及雇佣佣兵，并且给自己的士兵支付报酬，从而统治其他希腊城邦及岛屿。从盟友那里收取的贡款使雅典避免了对自己的公民征收新的税费。事实上，帕特农神庙就是靠公元前 447—公元前 432 年期间提洛同盟的贡款修建的。到了公元前 425 年，雅典把提洛同盟每年的贡款增加了两倍，达到 1 200 塔兰同。这些款项每年持续流向雅典，直至它在公元前 404 年被斯巴达打败。③

雅典的"民主帝国主义"为这场战争提供资金，结果导致类似于现代的财政紧张，较不富裕的城邦出现了债务危机。修昔底德记载了公元前 427 年在科基拉的屠杀：

欧里梅敦（支持"民主"派对抗寡头的雅典将军）带领 60 艘

---

① 修昔底德：《伯罗奔尼撒战争》（3.82.1）。
② 安德烈德斯（Andreades）：《希腊公共财政史》（*A History of Greek Public Finance*）（剑桥，马萨诸塞：1933），第 268 页。罗马对其行省（不是盟友，因为它们并非独立的）的剥削更加极端。安德烈德斯通过计算得出结论，公元前 1 世纪，罗马的财政超过 90% 是来自行省的进贡。到了奥古斯都时期埃及开始进贡时，意大利的税收只占罗马财政的不到 5%。
③ 修昔底德（1.96-99 与 2.9）及保萨尼亚斯（Pausanias）：《希腊志》（*Description of Greece*）（8.52）。

舰船停泊在科基拉的七天期间,科基拉人不断地屠杀那些他们认为是敌人的科基拉公民。被他们杀害的人虽都被控以阴谋推翻民主制的罪名,但事实上,有些人是因为私人仇恨而被杀的,而有些人则是因为债务关系被债务人杀害的。①

提洛同盟变成了一种"民主帝国主义"的剥削体系——雅典要求盟友城邦提供财政上的支持。它的所作所为就像今天的美国一样,通过北约和"自愿联盟"向盟友寻求军事支持,从而毁灭伊拉克和利比亚。与中国、俄罗斯、伊朗、委内瑞拉和其他抵制美国新自由主义推动的自然资源和公共基础设施私有化的国家相比,古希腊也发生了寡头与民主之间的激烈对抗。正如美国在智利扶植奥古斯托·皮诺切特(Augusto Pinochet)和在整个拉丁美洲扶植了类似的独裁政权一样,寡头统治的斯巴达在公元前404年击败雅典后,扶植了恶名昭彰的三十僭主。

亚里士多德指出,民主政体往往会演变成寡头政体,这个过程可以发展得非常顺畅,以至于很多看起来是民主的宪法实际上是寡头政治的。在今天国际外交的语言中,"民主"一词已经脱离了它的经典含义:由人民(Demos)来统治(Kratos),变成了由美国的代理人来统治。无论其政治形式如何,"民主"一词都可以随意用来指称附庸寡头。

公元前411年雅典在西西里战败,提洛同盟的盟友不再给予支持,雅典的民主制度就已经变成了寡头政治。雅典的富人发动了一场政变,扶植了四百人议会,把公民大会限制在5 000个大地主范围内。这些大家族为了反对落在他们头上的税收负担,中止了惠及底层民众的社会开支②。其实在历史上,富裕的精英阶级一直如此。

---

① 修昔底德:《伯罗奔尼撒战争》(3.81.4)。
② 《雅典政制》(*Athēnaion Politeia*)19。

现代美国实际上融合了雅典和斯巴达的特征。一方面，作为名义上民主（只要支持美国的外交政策，任何国家都可以被称为民主）集团的首脑，美国像雅典一样敲诈北约盟友，就像雅典在建立其公民体系时所做的那样，当时雅典的财政主要依靠外国进贡的军事保护费。另一方面，美国又像斯巴达，支持各国的独裁者和附庸寡头，迫害民主的土地改革者和亲劳工的领袖，而美国自身也越来越走向寡头制。

但是，对外国经济进行金融控制并扶植政治寡头，这不是竞争，也不是出于嫉妒，而是征服。今天的征服模式更多的是靠金融，而不是军事。苏联在1991年时没有明白这一点，接受美国顾问的建议，强行推动新自由主义的"休克疗法"，利用票券凭证私有化计划把国家资产送给了窃国政客。这些人把苏联解体后的国家资源据为己有，然后卖给西方金融资本家。

斯巴达打败雅典后，白银源源不绝地流入斯巴达并落入了精英地主家族的口袋。他们利用这些银子收购小农户的土地。到了公元前3世纪，许多斯巴达人失去了昔日的经济地位。于是，国王亚基思四世（Agis IV）和克里昂米尼三世（Cleomenes III）提出取消债务并且重新分配土地，以重建斯巴达的军事力量。邻近的寡头们向古罗马求助，斯巴达最终被古罗马摧毁了——接着雅典及整个希腊都沦陷了。它们的财富被剥夺一空，并且失去了独立地位。

中国和俄罗斯都没有出现与古希腊战争相似的历史。这两个国家既没有干预他国的政治，不论是民主的还是寡头的国家，也没有要求他国进贡或军事效忠。

美帝国结局的预演

值得我们参照的，是被征服的地区与古罗马的对抗。古罗马共和国（公元前509—公元前27年）的最后一个世纪，寡头的财富积累不是通过提高国内的生产力、促进经济繁荣，而是通过掠夺其他地区。历史学家萨勒斯特（Sallust，公元前86—公元前35年）引用了邦特国王米特拉达斯（Mithridates）写给帕提亚国王阿尔萨斯（Arsaces）的一封信：

> 古罗马人对所有国家、民族和国王发动战争有一个永恒的动机，那就是对统治权和财富根深蒂固的渴望。你难道不知道，除了偷来的东西——他们的家、他们的妻子、他们的土地、他们的帝国，罗马人自诞生之初就一无所有？没有任何法律，无论人的还是神的，能阻止他们掠夺与消灭盟友和朋友，无论远近，无论强弱，也不能阻止他们把任何不为他们服务的政府，特别是君主制国家，视为敌人。他们是靠厚颜无耻，靠欺骗，靠一场接一场的战争才变得强大起来的。按照他们一贯的做法，他们会摧毁一切，或在尝试摧毁一切中灭亡。

古罗马声称为帝国带来了秩序，可是金融阶级所造成的伤害促使历史学家李维（Livy）写道："凡有税吏之处便没有有效的公共法律，臣民也没有自由可言。"税吏"骑士"是拥有足够土地及财富的户主。他们有资格充当骑兵，是地位仅次于元老院的军事经济阶层。这一阶层迫使古罗马各省实行紧缩政策，就像今天国际货币基金组织代表美国金融部门及其盟友所做的一样。恩斯特·巴迪安（Ernst Badian）在总结他们的行为时指出，西塞罗将他们描述为"冷酷无情的剥削者，却因为他们的经济资源和政治力量而得到姑息"。①

一个世纪后,历史学家塔西佗(Tacitus)引用了公元87年前后古罗马的苏格兰对手卡尔加克斯(Calgacus)的话来描述古罗马的寡头政治:"如果他们的敌人富有,他们便贪婪;如果对方贫穷,他们便野心勃勃……抢掠、屠戮、偷窃——他们把这些东西误名为帝国。他们制造了一片荒芜,却称之为和平。"②

讽刺的是,赋予了税吏"骑士"更大权力的是改革者格拉古兄弟(Tiberius Gracchus、Gaius Gracchus)。他们授予了税吏作为陪审团阶层的权力,希望以此控制腐败的总督。他们以为金融管理者会为了公共利益而诚实地工作。这明显是错误的想法。金融阶级的本性(如亚里士多德所说)是利用权力来侵害社会的整体利益。历史上,作为征税代理人的金融阶级一直是帝国的主要受益者。税吏代表古罗马承包了征税和收取贡品的职权。他们与放债人向古罗马行省放贷,使其借钱缴纳税负,并且非法没收公共财产和经营实体。刺杀凯撒的布鲁图(Brutus)曾收取高达42%的利息。甚至他们还操纵法院,防止自己的盗窃行为被检控。最臭名昭著的案例是,公元前92年,当斯喀埃沃拉(Mucius Scaevola)总督和他的助手卢弗斯(Rutilius Rufus)试图阻止税吏的不当行为时,税吏们设法将他们撤职了。

正如美国指责不结盟运动领袖为"共产主义者"或"社会主义者"一样,古罗马也有一套类似的词汇。他们用"谋求王权"指责改革者试图建立一个足够强大的政府以制约债权精英阶层垄断土地并使大部分国民沦为债务奴隶。只有少数统治阶级通过金融从古罗马帝国得益,而

---

① 恩斯特·巴迪安:《税吏与罪人》(Publicans and Sinners)(伊萨卡:1972),第12页。引述李维的《罗马史》(45.18.4)和西塞罗的言论。
② 塔西佗:《阿格里科拉传》(30)。

国内的债务负担导致内战不断，土地所有权集中在大庄园手中，普林尼（Pliny）将其称为"罗马的毁灭"。

古罗马崩溃后欧洲进入了黑暗时代，生产水平只能维持基本生存。这是古代帝国兴亡与今天最息息相关的历史教训。古罗马可谓今天美帝国的前世：帝国核心内高度负债、贫富两极分化、盟友被敲诈放血。古罗马最终崩坍并陷入农奴制，这对文明提出警示：我们应该避免类似的金融与寡头制下社会两极分化的内在的危险。

"二战"后建立的美帝国主义体系

如第十章将讲述的，美国外交官在1944—1945年间构建"二战"后世界的首要目标，是把英国的殖民帝国和英镑区纳入美元体系。美国达成这一目标是通过向陷入绝境的英国提供37.5亿美元贷款实现的，贷款条件是英国开放英镑区，容许自由贸易和投资。英镑区国家因此必须开放经济，主要是向美国出口商和投资者开放。同时，英国被迫同意在1949年之前不会通过货币贬值来重新获得市场。1949年英镑兑美元骤贬三成，但为时已晚，英国已经无法挽回被美国生产商夺走的出口市场。

英国还屈服于美国的另一项要求：同意成立国际货币基金组织和世界银行，作为替美国出口商打开贸易和金融市场的工具，并方便美国投资者购买外国自然资源和工业的控制权。英国的屈服为欧洲及其他地区定下了其后加入这两个组织的规则，使得组织世界贸易和投资不再有其他可行的方式。世界银行的政策包括反对土地改革。它提供的贷款主要用于在南方国家建造方便出口的基础设施，而不是帮助这些国家实现自给自足。它的目的是加强各国对向美国出口农产品和其他必需品的依赖。

美国主要通过金融影响他国经济。IMF向美国盟友提供资金，并且拒绝向不愿跟从美国政策的国家提供信贷。美元信贷被当作一种杠杆，通过让各国对美国负债，强迫它们实施符合美国利益的"自由市场"政策。IMF的"稳定货币"贷款通常发放给那些因为外债压力而导致本币即将贬值的国家。

这种使其他国家低度发展的策略，最重要的步骤是利用IMF的压力，强迫这些国家出卖公共资产来筹集资金，以解决贸易和国际收支赤字。为了阻挠20世纪的亲劳工改革，IMF臭名昭著的贷款条件是，反对工会和保护消费者的政策，因为它们会威胁到美国及其他外国投资者的利益。IMF谎称低劳动力工资将使债务国以更低的成本生产出口产品，"通过赚取外汇来摆脱债务"。但现实情况是，这种紧缩政策使债务国经济萎缩，反而更难摆脱对外依赖。

然后，IMF介入，协助附庸寡头的资本外逃。它会向外国中央银行提供贷款，从而在足够长的时间内支撑其货币汇率，直至企业把资金都兑换成美元或其他硬通货。最后，任由当地货币崩盘，再告诉债务国需要进一步实施经济紧缩和反劳工政策，以"恢复竞争力"，并出售更多的国土、自然资源和公共事业，以偿还IMF为了协助资本外逃而提供的贷款。

全球有大约750个美军基地为这一使其他国家低度发展的金融政策保驾护航。北约和东南亚条约组织（Southeast Asia Treaty Organization，SEATO）是美国为了打压那些寻求独立于美国金融及军事控制并试图掌控本国经济的国家而成立的军事分支机构。自世界银行成立以来，被任命为行长的美国国防部官员有陆军助理部长约翰·麦克洛伊（John McCloy，1947—1949年任世界银行行长）、国防部部长罗伯特·麦克纳马拉（Robert McNamara，1968—1981年任世界银行行长）以及国防部副部长保罗·沃尔福威茨（Paul Wolfowitz，2005—2007年任世界银行行长）。

沃尔福威茨出任乔治·H. W. 布什（George H.W. Bush）的国防部副部长时，曾经在1992年4月和刘易斯·利比（Lewis Libby）提交了一份关于《国防规划指南：1994—1999》的备忘录。他们声称："我们必须维持威慑潜在竞争者的机制，以阻止他们妄想扮演更强大的地区性和全球性角色。"美国官员宣称，如果无法控制其他国家的政治和经济政策，美国的安全将受到威胁。迈克尔·莱德恩（Michael Ledeen），一个在美国企业研究院（American Enterprise Institute）任职的新保守主义者阐述了美国的威慑策略："每隔10年左右，美国就需要挑一个碍眼的小国，把它狠狠教训一顿，让世界知道我们是认真的。"[①]

支持附庸寡头控制石油贸易

美国最初的政策是反殖民主义的，目的是把英镑区和法郎区纳入美元势力范围。1953年，在艾森豪威尔政府（1953—1960年）的领导下，美国对外的军事和政治干预不断升级，该政府由约翰·杜勒斯（John Dulles）担任国务卿，他的兄弟艾伦·杜勒斯（Allen Dulles）担任中央情报局局长。

美国阻止其他国家自决的首次重大行动发生在伊朗，这是有原因的。第一次世界大战后，美国政府"鼓励石油业向其他国家拓展业务，并在

---

① 约纳·戈德堡（Jonah Goldberg）：《必须毁灭巴格达》（Baghdad Delenda Est）第二部，《国家评论》2002年4月23日。文中引述了莱德恩在20世纪90年代初的一次演说，见https://historynewsnetwork.org/blog/6772。西蒙·马尔斯（Simon Mars）在访问诺姆·乔姆斯基（Noam Chomsky）时（2005年4月2日）也有讨论，见https://chomsky.info/20040402/。

必要时给予积极支持。从那时起，美国以外的巨大石油储量中，一半以上是美国企业发现的"。[1] 穆罕默德·摩萨台（Mohammad Mosaddegh）在 1951 年当选为伊朗首相，他承诺推行土地改革和征收土地税，并且从英波石油公司（Anglo-Persian Oil Company）手上夺回了国家石油资源的控制权。英波石油公司通过会计手段将石油低价出售给它的海外贸易子公司，从而把账面利润降到最低。通过这种转移定价的方式，便无须向伊朗政府缴税，只缴付不到利润的 20% 的特许权使用费。于是伊朗国会以英波石油公司未履行 1933 年作出的提高员工工资并在伊朗兴建学校和医院的承诺为由，投票表决将该公司收归国有。

温斯顿·丘吉尔（Winston Churchill）和克莱门特·艾德礼（Clement Attlee）敦促时任美国总统杜鲁门（Harry S. Truman）推翻摩萨台，但是杜鲁门和国务院视他为民族主义堡垒，可以防止信仰共产主义的伊朗人民党上台。然而，其后上台的艾森豪威尔政府认为，民族主义者实质上就是共产主义者，因为他们都主张控制本国的自然资源。当时美国（包括英国及荷兰）的基本外交政策是控制外国的石油及矿产资源，直至今天也是一样。因此，美国中央情报局（CIA）和英国军情六处（Military Intelligence, Section 6, MI6）在 1953 年组织发动了一场政变，美国方面的负责人是小克米特·罗斯福（Kermit Roosevelt Jr），扶

---

[1] 笔者在《石油业的国际收支》(*The Balance of Payments of the Petroleum Industry*)（大通曼哈顿银行，1966）报告中汇编的统计数据显示："到 1964 年，自由世界的石油投资总额超过了 1 360 亿美元，其中美国石油业在国内投资总值为 710 亿美元，在海外投资总值为 230 亿美元。"

植伊朗国王穆罕默德·巴列维（Mohammad Pahlavi）成为独裁者。[1]

政变后的摩萨台被软禁在家中，去世后也被埋在那里。当局禁止向公众开放葬礼，避免激发伊朗人民对外国控制的反抗。美国宣称政变为伊朗带来了民主——在美国的国际外交辞令中，"民主"的意思就是"反共产主义"。这种状况仿佛在说，伊朗的自然资源及经济租被外国掌握，以及美国扶植新殖民主义总督为国家元首，是真正的"民主"。

扶植它支持的独裁政权是美国一贯政策的一部分，无论是在伊朗还是在委内瑞拉、伊拉克、利比亚这些遭受"石油诅咒"的国家。但是，美国不会推翻像沙特阿拉伯和科威特这些同样蕴藏着丰富石油资源的王室专制国家的政府，只要它们保持亲美，并且把石油收益回流至美国。

几十年来，美国只通过自己的跨国公司进口石油——1947年只有8家公司，到1964年增加至32家。这些公司在海外的石油生产，在法律上属于美国经济的一部分——它们是不具有独立法人资格的子公司，与东道国的经济无关。它们只是美国总公司的分支机构，其经营数据会一并反映在总公司的资产负债表中。美国这些总公司进口石油的名义价格里只有一小部分真的以外汇支付，大部分的资金从来没有离开过美国。

购买美国资本品及设备约占美国石油业每年平均新投资流出量的45%，因此"略多于一半的石油业新投资'流出'实际上只是以账面形式离开了美国……如果把这些进款加到资本品出口里……那么美国石油业的国际收支的年回报率将增至34%以上，这意味着石油业国际收支的

---

[1] 埃尔万·亚伯拉罕（Ervand Abrahamian）：《政变、中情局与现代美国与伊朗关系的根源》(The Coup, the CIA, and the Roots of Modern U.S.-Iranian Relations)（纽约：2013）；詹姆斯·里森（James Risen）：《战争状态：中情局与布什政府秘史》(State of War: The Secret History of the CIA and the Bush Administration)（纽约：2006）；斯蒂芬·金泽（Stephen Kinzer）：《沙阿的人：美国策动的政变与中东恐怖的根源》(All the Shah's Men: An American Coup and the Roots of Middle East Terror)（纽约：2003）。英波石油公司在1954年改名为英国石油公司（British Petroleum）。

回本期不用3年"。其余大部分投资流出会成为母公司的利润（通过离岸避税中心洗钱），用于支付美国银行的利息、支付美国雇员的工资及管理费。事实上，"如果适当地考虑到对外国投资的间接效果，回本期比3年还短。美国石油企业分部所在的东道国，通常会把美国投资资金的很大一部分用于购买美国出口的产品，并且在美国积存美元存款"。①

美国在海外的资源开采与一系列离岸银行中心和避税天堂相辅相成。美国总公司在石油生产国的分支机构将石油以低价卖给在利比亚或巴拿马注册的贸易子公司。这些国家的"方便旗"是一种财务欺诈手段，使企业不用向美国缴纳所得税。而且利比亚和巴拿马也不征收所得税，它们甚至没有本国的货币，而是使用美元，因此利用这些避税中心的企业也不用承担货币贬值的风险。②

避税的具体手段是，石油企业在避税天堂的贸易子公司低价从生产商那里购买石油，然后以极高的价格卖给它们在北美和欧洲的炼油厂和分销商，于是这些下游的分支机构就没有多少利润需要申报和征缴了。这种"转移定价"策略现在被不同经济领域的公司广泛采用，不仅仅是矿业集团，还有苹果这样的跨国企业，看起来它们的全球利润都是在低税率的爱尔兰赚取的。

---

① 笔者相信前文提到的《石油业的国际收支》至今仍然是唯一一份以统计数据详细分析此现象的报告。这份报告揭示了石油业对美国的国际收支的巨大贡献，于是它被送到了每一位美国参议员及众议员的办公桌上。石油业也因此被豁免于执行林登·约翰逊（Lyndon Johnson）的"自愿"国际收支计划，理由是美国石油业在海外投资的每一美元在短短18个月内便会回流至美国。

② 笔者为奈勒（R. T. Naylor）的《热钱与债务的政治》（*Hot Money and the Politics of Debt*）（第三版）（蒙特利尔：2004）所写的导言，追溯了这些避税中心的演变。此文后来收入笔者的《金融资本主义及其缺憾》。

危地马拉与美国的农业帝国主义

继伊朗之后，下一场恶名昭著的阻止民主国家掌握自己命运的政变发生在1954年的危地马拉。在此之前的1944年，一场革命推翻了独裁者并建立了民主政权。雅各布·阿本斯（Jacobo Arbenz）总统推行土地改革向农民分配土地时，艾森豪威尔和杜勒斯兄弟坚信这在本质上是反美的，很可能是共产主义。

危地马拉希望通过本地农场生产粮食，实现国家自给自足，这一目标威胁到了美国联合水果公司的大种植园农场。长期以来，美国的外交政策一直试图让拉丁美洲成为美国公司的大种植园，而出口种植园作物的收益都归美国公司所有。这种开发土地的方式需要镇压原住民，如玛雅人，因为他们试图利用这片土地来生产自己的粮食。美国的对策是扶植以卡洛斯·卡斯蒂略·阿玛斯（Carlos Castillo Armas）为首的地主军事独裁政权。

为生产本国粮食而进行的土地改革，违背了美国提倡的外国需要依赖美国粮食出口的外交政策。1957年，欧洲经济共同体（European Economic Community，EEC）成立，美国外交官却一直反对欧洲实行美国式价格支持和补贴的"共同农业政策"（The Common Agricultural Policy，CAP）。欧洲始终坚持立场，多年后美国才不得不放弃。对美国粮食的依赖有利于美国控制各国的经济，粮食也可以成为武器。例如，美国政府在20世纪50年代对中国实施粮食禁运，企图迫使毛泽东领导的新中国因为缺粮而失败。

"民主帝国主义"扶植寡头镇压各国民主独立

1961 年,不结盟运动(Non-Aligned Movement)对美国的全球战略构成了威胁。5 个国家的开国领袖发起的第一次不结盟首脑会议在贝尔格莱德召开,并通过了不结盟宣言。这 5 位领袖是,印度尼西亚的苏加诺(Bung Sukarno)、南斯拉夫的铁托(Josip Broz Tito)、埃及的纳赛尔(Gamal Abdel Nasser)、加纳的恩克鲁玛(Kwame Nkrumah)和印度的尼赫鲁(Jawaharlal Nehru)。美国并不"嫉妒"这些国家,就像它并不嫉妒石油资源丰富的伊朗和其他中东石油生产国,也不嫉妒农业资源丰富的危地马拉一样。美国只是想让外国经济从属于美国,为美国的企业和金融繁荣服务。而不结盟运动意味着将建立一种不再受美国控制的贸易和金融外交。

于是,美国试图孤立并推翻不结盟运动的领袖,典型的做法是利用民族分歧制造民族或种族战争,也就是美国中央情报局行话所说的"颜色革命"。例如,在印度尼西亚,苏加诺在 1945 年领导了反抗荷兰帝国的运动。苏加诺认识到印度尼西亚的庞大华人人口在商业和金融领域特别活跃,所以他在 20 世纪 50 年代中期加强了与中国的联系,并且在 1955 年 4 月组织召开了有 29 位亚非领导人参加的万隆会议。在他的领导下,印度尼西亚也成为苏联军事援助的最大受援国。因此,中情局在 1965 年发起了一场大规模的反华屠杀,并且暗杀进步领袖,最终将印度尼西亚置于苏哈托将军(General Suharto)的残暴军事统治之下。[1]

---

[1] 文森特·贝文斯(Vincent Bevins):《雅加达方法:华盛顿的反共十字军和塑造我们世界的大屠杀计划》(The Jakarta Method: Washington's Anticommunist Crusade and the Mass Murder Program that Shaped Our World)(纽约:2020)。该书揭露了中情局特工"向杀手提供了真实和假想的共产主义者名单。美国官员提出军事援助的条件是,保护美国的石油利益并且消灭印度尼西亚共产党(Partai Komunis Indonesia, PKI)"。据估计,被杀害的人数有 50 万到 300 万。

1973年，中情局又在智利策划了一场类似的政变，推翻了民选总统萨尔瓦多·阿连德（Salvador Allende）。亨利·基辛格（Henry Kissinger）调侃道："我不明白为什么我们要袖手旁观，看着一个国家由于人民不负责任而走向共产主义。这些问题对智利选民来说太重要了，不能让他们自己决定。"

在安纳康达（Anaconda）和肯尼科特（Kennecott）铜业公司的建议下，智利所有开采的铜矿都要通过这两家公司出售，确保它们能以较低的"生产价"稳定供应长期客户。但是阿连德总统上任后违背了这一承诺，并声称智利可以把自己的铜卖给任何人。

这既不是自由市场，也不是美国外交所支持的"民主"。美国使用的颠覆手段是芝加哥学派的"自由市场"。之后，在皮诺切特将军的统治下，除了天主教大学，智利所有的大学都废除了经济系。企业和它们的养老金计划被私有化和金融化，组建了由银行经营的集团化企业。它们侵吞公司的收入，利用金融伎俩掏空养老金，只剩下破产的空壳公司。这种做法把人们的养老金权益榨干殆尽。直到2020—2021年，智利的选民开始抗争寻求恢复民主宪法。他们抗议总统皮涅拉（Sebastián Piñera）的新自由主义芝加哥学派式的领导，反对皮涅拉侵害劳工的养老金权益。

智利在枪口的胁迫下推行的私有化与金融化，掀起了席卷拉美的恐怖浪潮。1975年，美国国务院组织秃鹰行动（Operation Condor），暗杀了劳工领袖、进步学者、土地改革者和解放神学天主教徒超过6万名，扶植了拉美新一轮的独裁政府。2009年，美国国务卿希拉里·克林顿（Hillary Clinton）支持推翻推行温和土地改革的洪都拉斯总统曼努埃尔·塞拉亚（Manuel Zelaya）（洪都拉斯1963年的那次政变，是为了防止民主政权通过选举上台执政）。

美国外交政策的目标是侵占拉美和其他大陆的土地、自然资源及基础设施的所有权。为此美国必须阻止这些地方推行土地改革，实现农业的自给自足，也不允许当地将基础设施保留在公共领域而不推行私有化。对于美国而言，权力意味着干预其他国家政治的特权，从而阻止它们在金融、贸易和军事上脱离对美国的依赖。其结果是实现这样的全球化：一旦任何国家尝试在美国的控制之外采取行动，保护其工农业的自给自足和增长，美国就必须使这些国家屈服。

1991年苏联解体后建立的新自由主义寡头政权

冷战以苏联在1991年解体、美国取得胜利而告终。1990年12月19日，世界银行和国际货币基金组织的专家在休斯顿会议上为俄罗斯领导人绘制了一份"休克疗法"的蓝图，要求俄罗斯强力推行经济紧缩政策，把国家资产赠送给私人——不管送给谁——然后所谓的自由企业的魔法就会创造出一个人人自由的新自由主义世界。[1] 但实际结果是，俄罗斯任由窃国政客们把公共资产转移到自己或自己公司的名下，然后通过把股权卖给外国买家来攫取这些资产的价值。

对于美国投资者来说，这是一个金融方面的成功故事。当时俄罗斯股市成为全球表现最好的市场，尽管与此同时（实际上恰恰是因为）苏联所有的工业都被拆散肢解。这些国家陷入经济萧条，人口下降，其破坏程度不亚于第二次世界大战。其中实行新自由主义的波罗的海国家，

---

[1] 《苏联经济：应休斯顿峰会的研究》(*The Economy of the USSR: A study undertaken to a request by the Houston Summit*)（华盛顿：1990）。报告由IMF、世界银行、经济合作与发展组织以及欧洲重建与开发银行共同发表。详见第十一章。

人口锐减尤为严重，势头一直延续至今。自1991年独立，该地区人口已经下降了超过20%。

当普京总统试图阻止俄罗斯的崩溃和外国投资者的金融征服时，美国人怒不可遏。美国指责俄罗斯是独裁统治，针对的其实是叶利钦之后的俄罗斯领导人试图遏制米哈伊尔·霍多尔科夫斯基（Mikhail Khodorkovsky）等窃国者的政策。这些窃国者侵吞俄罗斯的尤科斯石油公司（Yukos Oil）的石油资源，将公司出售给美国买家，并且逃税。普京是通过民主选举上台执政的这一事实并不重要，"民主"的定义是亲美国，而"独裁"的意思是拒绝美国接管，这些词与政治制度或民众选举投票没什么关系。

针对苏联的冷战结束后，美国并没有减少军事开支。尽管华沙集团已经解体，而且老布什政府时期的国务卿詹姆斯·贝克（James Baker）曾经承诺北约不会向东扩张，北约却仍然在继续扩张。美国官员继续坚持首先使用核武器的权利，以及单方面使用武力的权利。正如克林顿政府在1997年5月每四年一度的国防评估报告［主要撰写者是鹰派国防部副部长助理米歇尔·弗卢诺伊（Michele Flournoy）］中解释的那样，美国不再认为它有必要受到禁止以武力进行威胁或使用武力的《联合国宪章》的约束。该报告将美国在世界各地单边使用武力的做法定义为"捍卫重要利益"，其中包括"防止任何地方出现敌对的地区性联盟"，以及"确保不受限制地进入任何关键市场和获得能源供应及战略资源"。该报告补充说："一旦牵涉重大利益……我们应该采取一切努力捍卫它们，包括在必要时单方面使用军事力量。"[1] 根据国际法的规定，这是侵略。纽

---

[1] 梅迪亚·本杰明（Media Benjamin）、尼古拉斯·J. S. 戴维斯（Nicolas J. S. Davies）：《米歇尔·弗卢诺伊将会是美帝国的死亡天使吗？》(*Will Michele Flournoy Be the Angel of Death for the American Empire*)，《反击》2020年9月24日。

伦堡的法官们将这种行为定义为"最高等级的国际罪行"。

以美国为中心的金融资本主义发动"新冷战"

美国并非通过军事冲突而在冷战中胜出，对于最成功的帝国来说，理想状态是除了基层的警察行动，无须动用武力。它控制世界的关键是使他国依附于美国的金融和贸易。就像公然军事占领一样，美元外交的目标是控制他国经济的制高点——它们的金融和银行业、土地和自然资源、运输和电力设施、信息和互联网。任何反抗这种经济吞并的国家都会变成美国的敌人，成为美国认定的对手。

现在，美国及其北约卫星国已经发动了"新冷战"。它不仅针对中国和俄罗斯，还包括所有反抗在美国资助下私有化与金融化的国家。俄罗斯外交部部长谢尔盖·拉夫罗夫（Sergey Lavrov）在 2020 年 10 月的一次演讲中指出："当今时代最显著的特征是，所有人都明白全球权力正在重新分配，而这恰恰是西方政客们坚决反对的。他们死守着多个世纪以来的统治地位。"①

由于美国的军事和金融外交的严重剥削，它的盟友、受害者乃至那些成功抵抗美国的经济鲸吞的国家，都不得不设法挣脱美国的控制，其中最明显的是拥有核武器的中国和俄罗斯。拥有核武器的国家不太会受到美国的军事攻击，更不用说占领了。如果这些国家拒绝新自由主义

---

① 2020 年 10 月 13 日，拉夫罗夫在瓦尔代（Valdai）俱乐部就现代国际政治动荡的原因发表演讲，说道："形成更加民主的、多极化的世界秩序的客观过程是当今时代的主要内涵，但这一过程是困难且漫长的，也许需要整整一个时代……如果欧盟傲慢到带着这种无条件的优越感宣布，俄罗斯必须明白欧洲不会照旧那样与之来往，那么俄罗斯想知道，在这样的条件下，是否还能与欧盟做生意……所以我们可能应该暂时停止和他们交流。"

化，并且不受"颜色革命"影响，那么实际上美国能做的最多只是设法孤立。

这场"新冷战"争夺的焦点在于，世界经济是朝着金融资本主义与榨取经济租的方向发展，还是由工业资本主义向社会主义演进。正如罗莎·卢森堡在一个世纪前所说的那样，世界面临的选择是，要么向社会主义迈进，要么退回到野蛮状态。美国的金融资本主义有可能使世界经济重回"黑暗时代"（Dark Age），财富将集中在每一个国家经济顶端的1%或10%的食租/食利者手里。他们利用金融及相关的食租/食利特权扼住经济的咽喉，使社会上其余的人陷入贫困。

财富让人上瘾，激发贪欲，使人巧取豪夺，牺牲他人以自利。金融资本主义没有极限，因为它嗜财成性，企图吞噬每一分收入。自然资源私有化者和基础设施垄断者声称，他们的寻租行为具有生产性功能，而不是在破坏社会。可是，寻租榨干了劳工的收入，也榨干了工业利润。这最终会带来毁灭性的后果，就像当年的古罗马一样。古罗马掏空了它的行省，奴役它的国民，结果堕入了经济的黑暗时代。今天，从希腊到拉脱维亚，甚至从美国的铁锈地带到得克萨斯州，负债累累的穷人因为饥饿、疫病和财务压力而过早死亡。他们明明是华盛顿共识支持的私有化和金融化体系的受害者，却被告诫责任在于他们自身。

创造一个多极世界

反抗以美国为中心的金融资本主义态势，已经成为21世纪余下时间里迫在眉睫的重大经济斗争。与美元外交脱钩需要动员广泛的国家实现必需品的自给自足，这样各国经济才不会因为美国的孤立而瘫痪。1945

年，美国的金融外交利用其货币力量控制了英国、法国及欧洲其他国家，当时这些国家就缺乏足够的实力达到群聚效应。同样，1955年万隆会议在印度尼西亚召开时，以及1961年不结盟运动尝试开展时，参与的成员国都缺乏足够的经济纵深以及军事防御力量，来打破美国的封锁和制裁。不过，由中国、俄罗斯和其他欧亚国家（不久还将包括伊朗）组成的上海合作组织和"一带一路"倡议，有望取得更大成功。

正如后面各章将阐述的那样，要有效取代美元外交，各国需要创造一个独立于美元的多极货币体系，同时建立一个抑制通过垄断特权和债务杠杆榨取财富的税收体系。这个多极货币体系应该有一项指导性法律原则，即任何国家都不应该因为偿还外债而被迫丧失自然资源和资本投资的赎回权，又或者降低劳工的生活水平。而这些要求正是美国金融统治的根本。

要避免金融和贸易依赖，各国就必须取消那些会降低国民生活水平否则就无法偿还的债务。这不是什么新鲜的观点。过去的2500多年里，从古希腊、古罗马到现代的债务人起义，取消债务和再分配土地一直是人们的共同诉求。

本书第十三章将详述为什么民主政体比起中东的君主制更容易走向寡头政治。从公元前3000年的苏美尔到公元前2000年汉谟拉比时代的巴比伦，再到公元前1000年的新亚述、新巴比伦和波斯帝国，统治者为了获得人民的拥护，都会宣布债务"大赦"，释放奴仆，并把被债权人没收的自耕田还给负债者。

古希腊城邦的债务减免往往是由改革派的"僭主"宣布的。而且根据记载，早期的古罗马国王也会这样做。古希腊的寡头们谴责主张取消债务和重新分配土地的领袖为"僭主"（又称"暴君"）。这些"僭主"改革者于公元前17世纪—公元前6世纪，在科林斯及其他主要城邦推翻了垄断土地和信贷的黑手党式独裁者，为古希腊城邦的崛起开辟了道路。寡头统治的古罗马对王权感到恐惧，因为这种权力可以取消债务。从尤里乌斯·恺撒（Julius Caesar）到之后强势的民众领袖，往往都因为"谋求王权"的指控而遭到暗杀。寡头害怕他们通过取消债务和重新分配土地获得民众的支持。这种限制"大政府"的精神内核在今天依然存在。

华盛顿共识将各国对以美国为中心的金融化世界经济的依附描述得理所应当，说这就是自由市场的一部分，甚至给人一种民主选择的假象，只是选择的范围仅限于接受新自由派金融资本主义逻辑的政治领导人。国家寻求自力更生、维持经济韧性的政策被定义为经济上的浪费，指责它违背了"自由市场"的原则而注定会失败，并且使国家在达尔文主义的追求经济效率的竞争中处于劣势。而所谓的经济效率，就是削减劳动力成本和政府的社会开支。

但是，这种为了保持经济韧性而对长期的社会和经济投资进行削减的做法，其实有别于古典经济学中削减成本的观点。19世纪古典经济学家的政治斗争为的是削减食租/食利成本。今天的新自由主义却试图通过消除社会的自我保护能力，使这种成本最大化。对于现代人来说要摆脱这种反政府的狭隘观点，首先要认识到"市场"现在是由金融巨头和掠夺性寻租者联合控制的。

美国金融帝国主义的核心是鼓吹一套"自由主义"的新自由主义经济意识形态，控制受害者感知世界的方式，从而剥夺他们的利益。我们需要一套政治经济学的替代性方案，以抗衡现在学校里教授的、被世界各地的大众媒体宣传的新自由主义经济教条。而学校和媒体都是中情局前分析员雷·麦戈文（Ray McGovern）所谓的 MICIMATT 复合体的组成部分：军事—工业—国会—情报机关—媒体—学术界—智囊（Military-

Industrial-Congressional-Intelligence-Media-Academia-Think Tank）。

显然，要寻求替代性的经济及政治计划，我们首先要认识到应该避免什么状况，以及金融化和私有化的道路将通向何方。这正是古典政治经济学的核心——区分"劳动收入"（Earned）和"非劳动收入"（Unearned）的不同，并将后者界定为"经济租"（Economic Rent）。以下几章将概述过去两个世纪发展起来的古典政治经济学对抗寡头政治的完善的理论逻辑。寡头政治会使社会趋向两极分化和贫困化，而今天的"自由市场"和"华盛顿共识"试图引领世界走上这条道路。

第四章　经济租：没有价值的价格

在过去的二三十年间，中国之所以能够如此迅速地繁荣发展，主要是因为把银行业、货币创造、教育、医疗卫生等作为公共服务。这维持了较低的生活成本，让中国的劳动力和工业相对于其他由私有化的FIRE部门主导的经济体更具成本优势。

但是，任何经济体都要面对一个巨大的问题：如何把住房和商业房地产价格控制在人们的负担能力之内，而不至于抬高生活和营商的成本？这关系到中国如何才能避免"美国病"——住房价格上涨，迫使购房者深陷债务泥潭，导致完成房贷后，剩下的收入已经不足以购买足够的商品与服务，也就无法保持经济增长和生活水平的提高。

美国的私有化医疗支出占GDP的18%；很多学生为了取得大学学位，每年需要借贷多达4万美元；在所有开销中，最高昂的是住房费用，租金或房贷通常占一个美国家庭收入的40%以上。总的来说，金融、保险、房地产部门的成本主导了美国GDP的增长。

GDP统计没有把住房和债务费用、利息甚至垄断租的增加视作开销。尽管看起来很荒谬，但这些开销竟然被伪装成推动GDP增长的动力，仿佛支付给食租/食利部门的费用反映了生产增长的情况。这种幻象妨碍了人们采取行动扭转美国去工业化和债务通缩加深的态势。

西方大学教授的主流经济理论既无法解释美国工业的衰败，也不能解释中国的成功。为了避开西方新自由主义经济学的盲点，我们需要更广阔的视野。新自由主义经济学认为，地租、银行信贷和货币创造、医疗卫生、教育和其他基本需求的私有化是经济致富之途。然而，私有化的结果是创造了一个促成公共企业被收购的贷款市场。这些公共企业被私有化后，会强行收取垄断租，迫使用户负债才能获得这些基本服务。面对被信贷抬高的住房价格和教育成本，人们需要更多的收入来偿还不断增长的房贷和教育贷款。车贷与信用卡消费贷等又进一步消耗了他们的收入。人们不得不把越来越高比例的个人收入支付给债权人和与其狼狈为奸的食租/食利部门。

在整个西方，这些费用的增长速率远远超过工资和工业资本投资。但主流经济学谎称，这些食租/食利费用推动了 GDP 增长，使人们误以为，对比那些摆脱了经济租、负债较少、基本服务由公共部门提供的国家，负债累累、租金沉重的经济体增长速度更快。但是，实际上增长最快的，是那些食租/食利部门收益占 GDP 比例最低且私有化程度最低的经济体。

上述观念是 19 世纪政治经济学的精髓。任何研究工业资本主义的古典经济学家都无法想象，新兴中产阶级致富的方式是借钱购买房地产，而房地产的价格上涨靠的是银行信贷。斯密、穆勒和他的"李嘉图社会主义"追随者主张，地租应该成为政府税收的基础。

英国、法国和其他西方国家在 19 世纪的大部分时间里，都在为打破世袭地主阶级的权力而斗争。英国的上议院以及其他国家的贵族议院是征服英国及其他欧洲土地的维京—法兰克军阀的历史遗留物。到第一次世界大战前，这个食租阶级对各国议会政治权力的掌控宣告结束，他们的世袭地租也随之终结。住房和土地所有权开始民主化，但是这个民主化的过程建基于信贷。政府没有对大部分的土地租征税，而是留下它们作为贷款利息支付给银行，银行利润因此而飙升。在美国和英国，大约 80% 的银行贷款是房地产抵押贷款。

随着金额更大、债务杠杆比率更高的房贷推高房地产价格，金融和房地产部门异军突起。房屋的租金价值仍然存在，但是已经被当作按揭利息支付给了银行——按揭贷款使土地、住房和商业房地产得以民主化。

起初这似乎是一件好事。"二战"结束后，在美国和其他西方国家，购买一套房产成为晋身中产阶级的标准。对于大多数家庭来说，住房变成了最主要的资产。随着总体经济的繁荣和城市设施的改善，以及银行不断提高信贷额度和"贷款价值比"（贷款额度/贷款抵押物的价值），房地产价格不断上涨。由于信贷越来越容易，非自住房东利用自己少量的资金便可以借款购买产生租金收益的物业。用穆勒的话来说，他们"躺着"便能发财。随着房地产债务杠杆率的逐渐升高，家庭的净资产也水涨船高。

到 21 世纪初，美国的住房拥有率上升至超过总人口的 2/3，欧洲大部分地区的住房拥有率甚至超过八成。在 20 世纪四五十年代，几乎所有人都可以通过 30 年的按揭贷款来买房。银行贷款的额度被限制在房贷开支不超过债务人收入的 25%。30 年之后，房贷被还清，业主的房屋不再有任何债务。

当然，在美国，受惠者主要是白人中产阶级。黑人小区受到歧视，无法享有公共服务和良好的学校教育，而美国其他地区的土地和住房价格却因此大涨。而且，黑人即便住在优质的住宅区，银行也不会向其提供抵押贷款。联邦住房管理局（Federal Housing Authority，FHA）不会替他们的贷款提供担保。纽约市因为中心城区衰败，白人"外逃"至市郊，市政府在 1974 年濒临破产。但自 20 世纪 80 年代开始，内城区和贫民窟被拆除建成富人区，推动了新一轮的房价通胀，以及随之上涨的抵押贷款债务。

结果是，不到30年的时间，曾经看似中产阶级的美梦，变成了一场金融噩梦。1980年以来，支撑住房价格不断上涨的是银行贷款。银行愿意提供贷款的额度，决定了相应的物业值多少钱。FHA及其抵押贷款融资机构［以联邦国民抵押贷款协会为首，俗称房利美（Fannie Mae）］为抵押贷款担保，现在允许的债务水平已经上升至贷款者收入的43%，这有助于银行抬高"业主的财富"。房地产价格被竞相哄抬，因为银行的贷款条件令家庭背负了越来越多的债务，但贷款人会认为这是值得的。

银行通过为购买各种资产提供融资而获利丰厚，这些资产从住房、办公大楼到收购企业，还有日益私有化的公共领域。经济体系中唯一没有享受到这种财富增长带来的好处的是州和地方政府的财政。政府不征收土地税的做法挤压了美国各州和市的财政预算，最触目惊心的是纽约市在1974年濒临破产。为了偿还债券持有者和其他债权人，纽约和其他城市与州提高了此前补贴的公共服务的价格，并将公共财产出售给私人买家，结果出现了新一轮的圈地运动。

私营部门正逐渐蜕变为一个巨大的庞氏骗局。它需要新的买家和新增信贷来持续哄抬资产价格，才够支付按揭利息费用。新的买家在土地价格预期会持续上涨的情况下贷款。近20年来，他们的信心得到了回报。

但是，人们不得不承担不断上涨的住房成本，以及房屋保险（为了保障银行的抵押品不会有意外损失）、其他债务、养老金和社会保障费用、私人医疗保险和联邦医疗保险。结果只剩下越来越少的收入可以花费在工业部门的商品和服务上。所以，经济才会不断萎缩。但那1%的人除外，他们的财富源于银行、债券、股票和其他金融资产——这些资产来自从99%的人身上榨取的债务费用和其他食租/食利收益。

这种财富的两极分化是金融资本主义的内在固有特征，金融资本主义的核心是金融、保险和房地产部门的共生关系。人们不得不向FIRE部门付款才能满足基本需求（住房、教育和医疗保健），金融化食租/食利型经济的劳动力和工业因此在世界市场失去了竞争力。这就是美国去工业化的根本原因。但我们的主流贸易理论却坚持认为，国际价格反映了劳动力成本，不需要区分不必要的食租/食利开销与更必要的基本生活成本。

本章及下一章将分析今天的两极分化和去工业化的风险，主要讨论食租/食利收入金融化、没有作为税基被公共部门征税的问题。

中国如何避免美国的"因房致穷"？

随着经济的增长和繁荣，收入在社会上更广泛地分配，城市兴建了更多的交通、公园、学校等设施，中国的住房租金和交易价格也趋于上升，这是自然规律。房地产的价格在理想情况下应该只反映建筑物和改善其他固定资本的内在成本价值。如果和美国一样，容许房地产价格通过中央银行操纵利率或信贷而被抬高，就会损害经济中真正的生产者和消费者。

美国式的租金和债务通缩，以及与之相关的去工业化是一个警告：住房价格和租金的不断上涨，为非自住房东和提供贷款的银行带来了财富，却牺牲了广大民众及他们的消费力。美国和英国乃至欧洲大陆的大部分国家所发生的，并不是人口增长推高房地产价格的自然结果，而是房地产金融化的产物。与此同时，政府却拒绝对土地租金征税，让地租资本化成为银行信贷，变成支付利息的资金流。这种房价上涨反映的不是经济繁荣，而是阻碍人民共享繁荣。

对不断上涨的土地租赁价值征税，可以避免这些增值被抵押给银行贷款并作为利息支付给银行。让房主支付更高的土地税有两个巨大的好处：一方面，防止债务推动房价通胀；另一方面，给政府带来的税收将抵销业主目前必须缴纳的所得税和销售税。

古典经济学家试图阻止食租阶级将土地的区位价值占为己有。他们提出的解决方法是使这种租金估值成为自然税基，这是因为为公众利益而征收土地税，总胜过让这些价值留在地主和银行家手中。最好的税收制度应该避免劳动者和工业因所得税、商品和服务的销售税和消费税而负担过重。这些税收会增加基本生活成本，从而迫使工业雇主需要支付雇员更多的工资才能维持他们的生活。对土地租、自然资源租和垄断租征税足以支付政府的开支，不会提升生活或营商的成本，因为被征税的租金并不是生产成本。地主不提供任何生产性服务，只不过是扼制住了经济的主要环节。不管人们付出（或没有付出）多少钱，土地都"在那里"。

避免债务驱动的房价上涨是中国经济继续保持低成本的先决条件，因为背后没有掠夺性的地主阶级和金融阶级。征收土地税的最大好处，是不会把良好位置带来的租金价值作为抵押债务支付给银行家，这样可以保持住房的市场价格不会上升。扣税后的位置租应该只会剩下足够的租金来支付贷款人的建筑物成本。这样一来，房地产价格就不会因为债务杠杆信贷而膨胀。

依据纳税能力（即财政租金）创造和分配土地所有权

既得利益集团的政治权力是最大的问题。非自住房东与私人债权人总是企图把地租从公共机构手中夺出来。五千年来，人类文明一直贯穿着关于土地的斗争：究竟是由政府还是由私人"免费"获得土地的地租。为了说明这场斗争如何随着时间推动了土地所有权的演变，笔者将首先解释土地所有权是如何产生的。

公元前4000年，美索不达米亚和古埃及已经开始规划如果进行公共建设需要投入多少劳动力，如建造城墙、神庙、宫殿，挖掘灌溉系统等。为了组织这些工程，基于履行的徭役和兵役，社会成员可以获得一块标准化的土地。[①] 土地的价值根据养活的劳动力数量或生产的谷物量来计算。

古代的徭役和兵役是一种实物税。纳税的多少决定了分配给社会成员的土地所有权的大小，以便养活和支持人们履行这些职责。在古代，利用这种劳动来建设公共工程是非常伟大的社会化进程。参与者在服役期间每逢节庆都能享用大量的啤酒和肉。

在某些情况下，耕种者可以支付谷物或其他商品来代替劳动义务。这些谷物和商品的货币价值由朝廷颁布或者根据习俗厘定，与他们所欠的劳动或谷物的价值相等。中世纪的欧洲也有类似的折算方式。

在所有早期社会里，劳动力都是稀缺资源，包括在一个不断受到攻

[①] 详见拙文《组织劳动如何塑造文明的腾飞》（*How the Organization of Labor Shaped Civilization's Takeoff*），收于笔者与皮奥特·斯坦凯勒（Piotr Steinkeller）合编的《古代世界的劳动》（*Labor in the Ancient World*）（德累斯顿：2015），第649～664页。任何古代社会如果容许某些人夺取和垄断土地，并且要求耕种者向地主交付地租，那么王宫就会失去劳动力和谷物租，社区也会流失成员。货币最初被创造出来，是作为向王官和神庙支付与土地所有权相关的义务的一种计价手段。奥地利学派或其他个人主义者妄自猜测货币的起源，却完全忽略了这些大型机构在货币创造中扮演的角色，因此他们无法阐明土地及地租最初是如何成为公共事业的。

击的世界中服兵役。可是到了公元前 3000 年,随着人们欠宫廷官僚和商人的有息债务逐渐增多,个人的自由开始受到侵蚀。当耕种者在农忙时需要购买农资,或者由于仪式(如成年礼)和其他个人原因需要钱来应付基本开支时,他们就会向放贷者借钱支付欠王官的税收。债权人通常会要求他们以劳动的形式支付利息。如果债务人无法偿还,债权人就会没收他们抵押的赖以为生的土地。

过去 5000 年来,债权人和统治机构在谁应该优先获得地租的问题上一直冲突不断。在公元前 3000 年至公元前 1000 年的中东地区,公共机构而非债权人拥有获得地租的优先权。新统治者登基时,通常会取消耕种者的个人负债,释放奴仆,并将之前抵押给债权人的土地或沦为债权人奴隶的人归还给债务人家庭。①

这些君王的法令重新确立了统治者获得徭役、兵役和征收谷物税的权力。负债者的损失和抵押品被没收只是暂时的,因为君王迟早会恢复"正常"的土地分配和个人自由。然而,尽管在古希腊早期发生了许多反抗,在古罗马时期也有大量民众要求取消债务,但古典时代并没有承继中东这种几乎定期宣布债务大赦的做法。此后,一直到现代社会,地租已经从支付给统治者的税负转变为支付给私人债权人的利息。

凡是保留了君主制的地方,如早期的古罗马,国王都被拥有土地的军阀寡头推翻了。这些军阀通过放贷和取消抵押品赎回权兼并了小农户的土地,或者干脆使用武力。古罗马元老院的主要成员家族制定了有利于债权人的法律来巩固他们的权力。这套法律精神在古罗马帝国崩溃后延续了下来,成为西方法律哲学的基本元素。

---

① 这类大赦被记录了下来,一直到公元前 1000 年的早期。笔者在《……免除他们的债务》(... and forgive them their debts)(德累斯顿:2018)一书中收录了这些文献。此外可参阅笔者与马克·范·德·米罗普(Marc Van De Mieroop)合编的《古代中东的债务和经济复兴》(Debt and Economic Renewal in the Ancient Near East)(贝塞斯达:2002)。

欧洲封建主义的主要历史遗留物是世袭地主阶级。诺曼人在1066年入侵英格兰后，征服者威廉下令编制了被称为"末日审判书"的土地调查清册，计算英格兰土地能收取多少租金，并任命他的伙伴为地方军阀来管理土地。一个世纪后，英格兰国王约翰（1199—1216年）滥用权力，身为征服者威廉后裔的诸侯们发动了一场起义，在1215年迫使国王签署了《大宪章》。这对军阀贵族将地租私有化起到了很大的助推作用。类似的私有化在整个欧洲都曾发生，使世袭的食租阶级获得了征收贡赋的特权。他们和国王一起榨干了经济的大部分剩余，许多贵族也沦为圣殿骑士团和意大利银行家的债务人。

国王们把大部分税收用于向教皇进贡，以及向银行家支付债务利息，因为他们向银行家借贷发动战争征服其他国家，从而可以占领更多有租金收益的土地。这样一来，国家收入中剩下的可作为工业资本的资金就更少了。例如，西班牙和葡萄牙从新大陆掠夺的金银和战利品直接流入了欧洲其他国家，用于购买奢侈品和战争物资，而不是用于国内的生产性投资。

古典价值和价格理论的焦点：对地租征收"亚当·斯密税"

在18世纪的法国，租金和税负极高，导致法国的工业无法与英国及欧洲其他国家竞争。于是，一群改革者聚集在皇家外科医生弗朗索瓦·魁奈（François Quesnay）博士身边，他们创制了第一个统计会计格式《经济表》（1758年），追踪法国经济中收入循环的情况。他们自称重农主义者或者经济学家，追踪地主阶级和王室如何以地租的形式占有了法国经济中几乎所有的剩余，即净收入。重农学派认为，为了使法国工业化并变得更富裕，必须摆脱食租开支。

亚当·斯密是造访法国的人之一。回到苏格兰后，他采纳了重农学派的主要改革倡议：税收应该落在土地上，而不应该落在劳动力或工业资本头上。土地私有制是地主扼制经济的关键，他们可以据此从耕种者身上榨取剩余谷物的价值（扣除生活成本及生产谷物所需的开支之后的谷物剩余）。斯密在《国富论》（1776年）中写道："地主们爱在他们没有播种的地方收割"，"甚至对土地的自然产出也要收取租金"。为了阐明这一点，他补充道："伦敦的房租上涨……主要是因为地租昂贵。每个地主都扮演着垄断者的角色。"①

李嘉图的级差地租理论

征收地租在政治上是一件难事，因为地主阶级控制着整个欧洲的上议院。然而，自1789年法国大革命之后，包括银行家和其他工业化倡导者在内的各种既得利益集团都开始批判地主，指责他们提高租金。这导致拿破仑通过发动战争来传播自由主义改革。他与英国的战争从1798年一直持续至1815年，法国在欧洲大陆树立了一道屏障，扰乱了英国的海上贸易。

由于无法进口像往常一样多的粮食，英国不得不依赖国内的农业部门。谷物价格上涨，反映了供应受限并且成本高昂的情况。1815年恢复和平后，地主们试图维持在战时英国受孤立的情况下所享有的高农业租。

---

① 亚当·斯密：《国富论》第一卷第六章第八节和第十章第五十五节。斯密补充说，土地所有权特权"建立在最荒谬的假设之上，即每一代人都没有平等的土地权利……这一代人的财产应该……根据500年前死去的人的想法来管理"，也就是那些诺曼征服者。详见第三卷第二章第六节。

他们说服国会征收粮食进口关税，颁布了《谷物法》(Corn Laws)，人为地把国内谷物的价格维持在高位。

随后30年针对《谷物法》的斗争（该法案最终在1846年被废除）促成了一场具有里程碑意义的辩论：一方是代表英国地主阶级的托马斯·马尔萨斯，另一方是银行家阶级在国会的代言人大卫·李嘉图。尽管当时工业还不是银行的主要客户，但是银行的主要市场是外贸融资。因此，促进工业发展，提倡国际分工，使英国成为"世界工厂"，出口制成品以换取外国原材料和手工艺品[①]更符合银行家们的利益。

这场贸易辩论的中心是李嘉图提炼的经济租概念，这是他反对保护性关税的论证的一部分。他在解释如何把英国从保护性农业关税所支持的高谷物价格和高地租价格中解放出来，从而实现工业成本优势的过程中提炼了这一概念。英国制造商要想保持成本优势，就必须尽量减少必须支付的基本工资，而基本工资由工人的生活成本决定，当时主要是由食物的价格决定。

为了最大限度地降低工薪阶级的生活成本，英国必须从外国进口低价粮食。这就需要废除保护主义的《谷物法》，以便从美国、拉丁美洲及其他工业化程度较低的国家购买价格低得多的谷物。废除这些法律意味着地租会下降。这套对对外贸易具有优势的逻辑，解释清楚了工业资本主义反对英国食租贵族的需求及政治动力。

由此引发的争议促使李嘉图在1815年，也就是英美签订《根特条约》(Treaty of Ghent)、欧洲恢复和平后不久，写道："地主的利益总是

[①] 当西方经济在12世纪开始复苏时（主要得益于十字军洗劫君士坦丁堡时搜刮的钱财），基督教法律禁止了高利贷，但留有一个漏洞让银行可以收取外汇兑换差价，作为汇款或兑换货币的服务费用。因此，银行阶级的利益有赖于加强工业化的英国与提供工业原材料的国家之间的国际贸易及国际分工。

与社会中的所有其他阶级的利益对立。"① 当然，对李嘉图而言，"社会"主要是指他所属的银行家阶级，以及他期望生产出口产品的工业家阶级。至于工薪阶级，李嘉图希望他们的工资在任何情况下都维持在仅能糊口的水平。

李嘉图在接下来的两年里写了《政治经济学及赋税原理》(1817年)，书中第二章用古典经济学的价值和价格理论界定了经济租。他的论述（以及马尔萨斯的回应）奠定了19世纪古典经济学的价值和经济租理论。价值根据必要的生产成本来界定，最终可以化约为劳动成本。② 然而，许多产品以远高于价值的价格售出，尤其是农业产品。李嘉图认为，为了养活不断增长的人口，需要开辟边缘土地来耕种。随着这些土壤肥力不断下降，谷物的价格将会上升。收益递减将导致作物价格由成本最高的生产者决定。于是拥有更肥沃土地的人将坐享更多地租，因为他们的生产成本更低。这些低成本生产者获得的超过其成本的额外市场价格称为"级差地租"。

但是李嘉图忽视了农业化学的作用。他认为土地的肥力差别是永久性的，即使土地经改良后差别仍旧持续存在。③ 每块土地根据其固有肥力的不同获得不同的租金收入，最贫瘠和最边缘的土地不产生任何租金收益。对他来说，只存在级差租，并没有绝对垄断租。相比之下，詹姆

---

① 李嘉图：《论谷物低价对股票利润的影响》(*Essay on the Influence of a Low Price of Corn on the Profits of Stock*)(伦敦：1815)，第21页。当然，城市商人通常希望把财富投资在地产上（正如罗马商人那样），而李嘉图自己在1814年买下了盖特康姆公园。
② 在他之前很多作家已经论述过这个理论的基本要素。马克思在《剩余价值理论》（共三卷）第二卷中评述了这些著作。该书由卡尔·考茨基（Karl Kautsky）根据马克思生前的笔记编撰结集而成。这三卷书揭示了马克思如何将他的劳动价值理论作为古典经济学的地租和剥削理论的衍生内容提炼出来，因此可以作为三卷《资本论》的补充。
③ 李嘉图：《政治经济学及赋税原理》第三版（伦敦 1821: 67），第412～413页。他说："农业的进步……增加了从每一片土地上获得的原始农产品的数量，可是大概不能干扰之前存在于土壤上的原有的和不可破坏的肥力之间的相对比例。"

斯·安德森（James Andersen）和大卫·布坎南（David Buchanan）认为级差租之上还有"绝对垄断租"，尽管布坎南认为主要的成本差别源于资本生产率和运输成本。①

海恩里希·冯·杜能（Heinrich von Thünen）更强调运输成本。他用"区位租"的概念取代了李嘉图的"肥力差别"。在《孤立国同农业和国民经济的关系》（The Isolated State with Respect to Agriculture and Political Economy，1826年）中，他创造了 $R = Y(p-c) - Yfm$ 公式。地租（R）是每单位土地的产出（Y）乘以市场价格（p）和生产成本（c）之差，再减去总运输成本（Yfm）。运输成本（fm）等于每英里的谷物运输费（f）乘以将谷物运输至市场的距离（m）。

不过，斯密早已认识到了区位租："生长在城镇 1 英里内的谷物，与从 20 英里以外运来的谷物售价一样"，但是后者必须承担运送谷物到位于市区的市场的费用。② 因此区位租源自地理环境，并随着经济整体繁荣程度的提高而增加。如果谷物必须从更远的地方运送过来，那么它们的供应成本就会上升，而"没有租的土地"就在最偏远的地方。

到了 19 世纪末，人们认识到区位租不仅来自交通成本，还来自公共设施（公园、学校和博物馆）、市区改善以及某些住宅区具有的特殊吸引力或声誉。但是区位租主要还是源于便利的交通，因为土地的租金价值往往足以支付基础设施的公共开支。举例来说，伦敦耗费了 34 亿英镑

---

① 李嘉图：《原理》第三版，第 71 页。亚当·斯密曾把土地视为一种垄断，大卫·布坎南也一样，见《论斯密博士的国富论》（Observations on the Subjects Treated of in Dr. Smith's Wealth of Nations）（爱丁堡 1817: 34, 37）。琼·罗宾逊（Joan Robinson）在《资本的积累》（The Accumulation of Capital）（伦敦 1956: 289-293）一书中强调，租是一种垄断"利益"，反映了所有土地都是稀缺的事实。托马斯·佩罗内·汤普森（Thomas Perronet Thompson）也在《真实的租金理论：反对李嘉图先生》（The True Theory of Rent, in Opposition to Mr. Ricardo）（伦敦 1826: 6）一书中提出了这一观点。
② 亚当·斯密：《国富论》第三卷第一章。

把地铁 Jubilee 线延伸至金丝雀码头金融区，地铁沿线的土地估值因为资本改进而提高了 100 多亿英镑。因为区位租是不劳而获的免费午餐，这项公共设施的建设总成本本来可以通过沿线土地上涨的区位租来支付。可是，伦敦却对劳工工资和工业利润征税。结果是，纳税人承担了建设成本，而"土地所有者的资产价值上涨，却无须做出任何贡献"。①

纽约市耗费约 30 亿美元建造第二大道地铁时，类似的区位租大赠送也发生了。据报道，因为人们不用再步行一英里去拥挤的列克星敦地铁站，地铁新线路沿线的租金和物业价格上涨了 60 亿美元。租金估值增加的部分远远超过了兴建成本。纽约本来可以通过对市场价格上涨的土地征收"租金回收"税来支付成本。但是，它选择了借款，向债券持有者支付利息，并且提高了劳工和企业的所得税。结果纽约的生活及营商成本上升，与此同时，房东们不用努力工作，甚至不需要花费自己的资金就能获得一笔天降横财。

托斯丹·凡勃伦（Thorstein Veblen）也注意到了公共汽车、地铁、街道和其他公共基础设施会提升房地产的区域价值。他指出，美国的城市政治主要聚焦于市政改善项目推动房地产发展，从而满足土地投机者的利益。他在《近代的非自住所有权和商业企业》（*Absentee Ownership and Business Enterprise in Recent Times*，1923 年）中指出，大多数城市都应该被视为房地产所有者的房地产开发项目，他们试图抬高其物业的

---

① 弗雷德·哈里森（Fred Harrison）：《李嘉图法则》（*Ricardo's Law*）（伦敦 2006: 83）；唐·莱利（Don Riley）：《塔便车：火车、纳税人与财政部》（*Taken for a Ride: Trains, Taxpayers and the Treasury*）（伦敦：2001）。

价格，再出售谋利。① 美国公共基础设施的财政支出，实际上就是为了抬高土地价格。房地产开发商试图独占所有土地价格收益，却要公众支付提高区位租的成本。

约瑟夫·E. 斯蒂格利茨（Joseph E. Stiglitz）在1977年提出了所谓的"亨利·乔治（Henry George）定理"，在某些方面混淆了人们的认知。他指出，在某些条件下，有益的公共服务（尤其是交通、公园和其他改善设施）投资，所带来的总地租增值不低于投资成本。② 但是乔治的地租理论与古典经济学的价值和价格理论无关。他强调的是农村土地，主要针对的是爱尔兰的英国非自住地主阶级，而不是城市土地。有关租金和公共基础设施改善的"定理"实际上是凡勃伦提出的，他还非常关注政治和财政融资的作用。

公共基础设施投资使某些社区更受欢迎，于是区位租提升了地价。那么谁会从这些改善中受益呢？市政当局应该如何支付改善交通工具和其他社区设施的成本呢？最公平的方式应该是对土地增加的租赁价值征税，为市政改善工程提供资金。否则，房东便免费获得了租赁价值，成本却由公众负担了。正如李嘉图的分析所阐明的，不对上涨的租金征税，结果就是越来越大比例的国民收入会流向地主，并最终流向以牺牲劳工工资和工业利润为代价的金融部门。

---

① 托斯丹·凡勃伦：《近代的非自住业权和商业企业》（纽约：1923），第142页。笔者在《凡勃伦对租理论的制度主义阐述》(*Veblen's Institutionalist Elaboration of Rent Theory*)中讨论了有关问题，收于笔者和艾哈迈德·温库（Ahmet Öncü）合编的《非自住业权与其不满》(*Absentee Ownership and its Discontents*)（德累斯顿：2016）。凡勃伦的观点是，城市改善的成本由公共开支支付，却使在大多城市和州的地方政治中占主导地位的房地产开发商获益。

② 约瑟夫·E. 斯蒂格利茨：《地方公共品理论》(*The Theory of Local Public Goods*)，《公共服务经济学》(*The Economics of Public Services*)（伦敦 1977: 274～333）。

租金通缩是工业资本主义的末日

李嘉图警告说，不断上涨的地租是对工业资本主义的巨大威胁。它将抬高生活成本，通过挤出利润来增加工业劳动力的就业。这一现象可称为租金通缩。"利润有下降的自然趋势，因为随着社会的进步和财富的增长，为了生产额外数量的食物，就必须花费越来越多的劳动"[①]，李嘉图得出这一结论的前提是他（错误地）假设了新开垦的土地的回报会递减。马克思总结了李嘉图的理论："当食物价格（以及相关的工资水平）高到雇佣工业劳动力无法再为资本家提供工业利润时，用于投入并产生利润的资本就达到了极限。这时经济和人口将达到上限，新的投资和雇佣将会终止。"

李嘉图承认，这个过程可以暂时延缓：

由于生产必需品所使用的机器的改良以及农业科学上的发现，使我们能够减少一部分以前所需的劳动量，因而能降低工人必需品的价格。可是，必需品价格的下降和工资的上涨是有限度的；因为一旦工资等于……租地农场主的全部收入，积累就一定会停止，因为那时任何资本都不可能提供利润，对追加劳动也不可能有任何需求，人口也将达到最高点。事实上，远在此之前，极低的利润率就会使一切积累停止，一个国家的全部产品在支付了工人的工资以后，

[①] 李嘉图：《原理》第三版第 6 章《论利润》，第 120 页。转引自马克思：《剩余价值理论》第二卷，第 544 页。

剩下的几乎都将属于地主以及征收什一税和其他税的人。①

"在李嘉图看来，"马克思总结道，"这是资产阶级的'诸神的黄昏'，是世界的末日。"虽然科技生产力进步，财富有所增加，但是房地产与其他自然资源（以及隐含的自然垄断）将会使越来越大比例的收益集中在食租/食利者手里——他们的租（R）是不劳而获的。这是古典经济学价值和地租理论的核心信息。

租（R）是超过价值（V）的价格（P）溢额，所以$R=P-V$。作为市场价格（P）超过内在成本价值（V）的部分，租没有对应的必要生产成本。收租者在提供地主身份或垄断"服务"时，并没有实际付出任何成本。他们的所得基本上是转移支付，也就是不用付出任何社会必需交换物而得到的收益。因此，根据定义，由于并不基于必要生产成本，所有经济租都是不劳而获的。土地没有生产成本，就像地面上的空气，或者埋在地下产生自然资源租的矿物，又或者像市场上特权产生的垄断租。

当今世界的农业已经走向工业化，并大量使用化肥，李嘉图的级差地租理论已经成为寻租最不重要的理论之一。可以肯定的是，大型的粮食贸易垄断企业，如嘉吉（Cargill）和阿彻丹尼尔斯米德兰（Archer Daniels Midland，ADM），以及种子生物工程企业孟山都-拜耳（Monsanto-Bayer）等，都坐享可观的垄断租。现在的农业领域里，区位租是最微不足道的。罐头工厂和畜牧场已经迁移到离生产基地更近的地方，运输

---

① 在《原理》（第三版）第123页，李嘉图补充说："早在这种价格状态变成永久之前，人们已经失去了积累的动机。因为人们进行积累只是期望这些积累具有生产力……因此，这种价格状态永远不可能发生。农民和制造商没有利润就不能生存，正如劳动者不能没有工资一样。随着利润的下降，他们的积累动机也会减退。一旦利润降低到他们所费的工夫以及利用资本生产时必须面对的风险得不到恰当的补偿时，人们将完全停止积累。"

成本也降低了。目前，大部分地租都集中在城市，其中大部分价值体现在公共基础设施和便利设施的投资上。然而，经济租的概念仍然存在，从土地延伸至了 FIRE 部门、自然资源，以及通信、广播媒体、交通及其他基础设施、专利药物、生物科技和信息技术等垄断领域。

征收土地税的政治斗争：从穆勒到后来的土地税倡议者

李嘉图认为，一个国家的制造商要想在争夺外国市场的竞争中获胜，就必须削减成本，首先要削减雇主必须支付给工人的生活必需品费用，其中最主要的是食物开支。而将劳工成本尽量降低的方法是减少土地租。对李嘉图来说，这意味着自由贸易。他的级差地租理论的目标并不像19世纪经济学家所主张的那样，旨在把地主的租金收益或者土地上涨的价格以税的方式征收掉。然而，随着《谷物法》在1846年被废除，贸易问题得到解决后，英国的改革者寻求将经济从私人地租中进一步解放出来，而且循此逻辑，还需要防止其他寻租者掠夺性地垄断定价。

在那些地主和垄断者享有特权的国家，削减食租收益是工业资本主义的内在动力，就像在英国，代表工业资产阶级利益的下议院会提出改革。在这些国家，早在公元前3000年的文字记载中，政府就已经分为两院。苏美尔史诗《吉尔伽美什》描述了已到战士年龄的男人[①]投票决定是否开战。而当时的法令似乎由长老院[②]制定。这种两院制国会一直延续到现代。古典时代以来，广大民众就一直在与上议院的食租利益进行斗争。

[①] 希腊语为"demos"，即民主（democracy）的词根。
[②] 相当于古罗马的元老院（Senate），即长辈。

在古代社会，大多数人只有一个终极反抗手段：逃离国土，拒绝为他们认为压迫性的政权而战，正如在古罗马，寻求取消债务和重新分配土地的平民逃离古罗马的情况反复发生。可是在古罗马帝国，食租/食利寡头的权力并没有因此受到制约，中世纪之后也没有受限，因为富裕的世袭地主继续统治着欧洲政府的上议院。地主阶级伙同银行家，利用他们的财富控制政府，并把税负转移给劳工和工业。就像理查德·科布登（Richard Cobden）在1842年总结的：

> 可以肯定的是，只有当国家权力落入地主寡头手里时，人们才要承担税负，从而免除地主的税责。自诺曼人征服英国，其后的150年间，土地贡献的税收占王国全部财政收入的二十分之十九。从那时开始直至理查三世统治时期，土地税收的贡献变成了十分之九；到玛丽皇后时代，占比是四分之三；到了英联邦的末期，变成了二分之一；到了安妮女王时期，四分之一；乔治一世时期是五分之一；乔治二世时期是六分之一；乔治三世在位头30年，是七分之一；从1793到1816年，是九分之一；其后至现在，只有廿五分之一。
>
> 土地税退化成一种诈欺性避税，因为事实上它替代了封建土地所有权。以前持有土地是基于封建义务的权利。那位尊敬的先生引述了布莱克斯通的一段话，其中提到以土地税方式支付的封建义务，减少为实际1英镑的地租只缴纳4先令的土地税。有人会认为现在土地的估值跟1692年一样吗？然而，现在的土地税却是根据当时的估值来征收的。①

---

① 理查德·科布登：《谷物法，土地的负担》（*Corn Bill, Burdens on Land*）（1842年3月14日下议院辩论，第六十一卷）。

在整个欧洲，贵族上议院保护地主利益，反对民主改革。因此，为了挑战地主阶级，议会就必须进行民主政治改革，使下议院不受制于上议院的否决权。在英国，这场斗争在1909—1910年的宪政危机中达到高潮——上议院否决了下议院通过的土地税法案。最终，危机通过一项裁决得以化解：上议院再也不能否决下议院通过的税收法案。

当时土地税改革运动的全球化程度也反映在山东省的青岛。1897年，德国殖民统治者——土地改革者单威廉（Wilhelm Schrameier）在青岛征收6%的土地税。孙中山在1912年访问青岛时，称赞这种土地税可以作为中国未来的范本。他的"三民主义"反对向地主支付地租，并且把这一原则扩展至了公共基础设施："铁路、公共事业、运河与森林应该收归国有，所有土地和矿山的收入也应该收归国有。有了这些钱在手，国家就可以为社会福利项目提供资金。"①

《谷物法》在1846年被废除后，穆勒和其他"李嘉图社会主义者"试图将土地全面国有化或社会化，因为与征收土地税相比，国有化更具革命性。为了证明对土地价格收益征税的合理性，并使租金成为国家税收的基础，改革者进一步阐释了地租理论，超越了李嘉图主张的范围。此时社会主义者的目标是恢复土地的公共领域属性，正如矿产和其他自然资源以及基础设施，长期以来一直属于公共部门一样。一场关于政府是否应该收购地主财产的争论逐渐展开，就像美国内战时人们反对因解

---

① 卡尔·威廉斯（Karl Williams）：《孙逸仙与乔治主义》（Sun Yat Sen and Georgism），见 https://www.prosper.org.au/geoists-in-history/sun-yat-sen-and-georgism/，及卿斯美的《从盟友到敌人：现代性观念、身份认同与中美外交》（From Allies to Enemies: Visions of Modernity, Identity and U.S.-China Diplomacy）（马萨诸塞州剑桥：2007），第19页。另见迈克尔·西拉吉（Michael Silagi）：《中国胶州的土地改革：1898至1914年间，税制避免了灾难性的土地投机的危险》（Land Reform in Kiaochow, China: From 1898 to 1914 the Menace of Disastrous Land Speculation was Averted by Taxation），《美国经济学和社会学期刊》（American Journal of Economics and Sociology）1984年第43期，第167～177页。现在的青岛因青岛啤酒厂引进的德国啤酒酿制技术而闻名。

放奴隶而补偿南方的奴隶主一样，有人认为，原本是为了公众利益而授予私人的土地所有权，如果是为了公共用途而被收回，就应该被视为不用赔偿的财产。收购地主阶级的土地只会把他们转变为主导经济的金融阶级。事实也是如此，随着房地产开始被征税，许多地主确实卖掉了土地，转而投资金融市场。

租理论扩展到工业中的垄断租

到了19世纪末，地租是不劳而获的非劳动收入，是超过必需生产成本（即价值）的溢价的概念扩展到了垄断租，主要是为了将基础设施保留在公共领域而不是私有化，如公路和铁路、医疗保健、邮政和通信。在工业领域，阿尔弗雷德·马歇尔（Alfred Marshall）的《经济学原理》（1890年）认为，在价格由较高成本的旧生产者决定的市场条件下，低成本生产者享有的"超级利润"为准租金。从技术上讲，这就是李嘉图所说的"级差租金"。但是除此之外，还有垄断定价——控制某种产品，不考虑生产成本，收取市场所能承受的最高价格。

马克思将垄断租作为一种剥削费用的观点，阐述为对雇佣劳动力所获得的工业利润的批判。然而，就工业资本家在组织企业方面发挥的生产性作用而言，利润属于生产性范畴的收益，因为它创造了剩余价值。[①]而租金和利息，以及垄断租，没有这样的生产性作用，对于生产并不是必要的成本。这种食租/食利收入应该从政治和历史的角度解释为早期

---

① 马克思在《资本论》第一卷中提出了有关分析。第二卷和第三卷则讨论了前人早已研究分析过的经济租和复利的概念。他关注的重点是这些前工业社会的制度如何在工业资本主义中被保存下来，并且从属于资本主义降低成本和经济合理化的指导逻辑。

生产方式的遗留物。同样，在美国，制度学派认为租是谋取特权的一种社会和法律现象。[①]

生产要素创造价值，反映了生产成本最终可以归为劳动成本。但是大自然免费提供土地和阳光，占用和垄断它们也许有法律成本，却没有初始的劳动生产成本或者其他支付成本。它们的经济租是没有成本的收费，是不劳而获的收益，是没有内在价值的价格要素。这种租金是交给享有特权的收费者的转移支付，没有对应的交换物，也不是通过对经济增长和繁荣有所贡献而挣得的。

榨取租金的特权需要国家赋予的所有权。这就是为什么寻租者总是设法控制政府以获得这种所有权，并且千方百计防止它被褫夺。地租是这一特权设立的收费站。土地可以被栅栏围起来，并收取使用费。这样做的"权力"是由法律和政治赋予的，但这些特权与技术上必要的生产成本截然不同。

到目前为止，空气还没有被收费，因为还没有人能够垄断它。从某种意义上说，无线电频谱就像土地，因为无线电波的频率就在那里，是大自然提供的。但是，电台节目和广播离不开它们，寻租的机会便由此而生，出现了视听费和牌照费。饮用水可以被占有和出售，而不是任由人们随意取用，就像土地可以在法律上和物理上被围封起来一样。地主、银行家和其他被授权的人可以设置障碍或收费站（公路收费站、土地的合法产权、发明专利，或创造银行信贷并收取利息的特权），禁止人们获得本来是免费的资源。

[①] 见拙文《西蒙·派顿论公共基础设施投资与经济租俘获》(*Simon Patten on Public Infrastructure and Economic Rent Capture*)，《美国经济学与社会学期刊》2011年10月第70期，第873～903页。

租的去私有化：古典政治经济学的自由市场改革

今天反古典政治经济学的理论已经抹去了"租是不劳而获的非劳动收入，是没有成本和价值的市场价格"的观念，所有收益都被说成是劳动所得。不仅土地是应该收取租金的生产要素，连提供信贷也被当作一种生产要素。正是基于这种逻辑，金融费用（包括滞纳金和罚款）也被算作 GDP 的一部分。它的逻辑是，为了给产品的生产、分配和销售以及生产这些产品的资产提供资金，债务（信贷）的累积是必需的。

这种逻辑暗示了，在不断攀升的债务／价值比下，提供更多的银行信贷来抬高房价，会让经济变得更加富裕。诚然，美国中产阶级的大部分净资产都由房地产构成。在这方面，美国房价上涨的确赋予了中产阶级家庭财富。但是，整个社会都试图通过购买被债务不断抬高价格的房产来追求财富，到了某个时刻——这个时刻已经到来——经济将会走上自我毁灭之路。在地租应该成为税基支付给政府还是作为抵押贷款利息被支付给银行的问题上，银行在与税收部门的斗争中赢得了胜利。

不对地租征税，而是把它变成抵押贷款利息支付给银行，抬高了住房成本，增加了债务负担。防止房价因为债务杠杆而上涨的方法是对地租征税，从而防止它被资本化成为银行贷款。对地租征税并尽量减少其他形式的租金，将使工资和利润从提高生活和营商成本的税收（如所得税）中解放出来。

今天的中国已经成为世界工厂，这主要是因为到目前为止，中国抑制了导致美国和其他西方经济体去工业化的食租／食利经济。政府是这片土地名义上的所有者。但是，如果政府不对全部的土地价值征税，那么不断上涨的区位租最终将会作为利息支付给银行，就像在美国发生的情况一样。

第五章将阐述在当今世界，银行如何取代地主成为地租的最终获得者。对于粮食成本和农业地租的上涨，李嘉图认为只是自然的物质原因——土壤肥力下降。他不承认利息和金融费用以牺牲工业竞争力、利润和投资为代价增加了生活成本。在他的设想中，地主垄断了社会的收入。然而，今天的情况是，以 FIRE 部门为中心的食租/食利寡头政治已经取代了封建地主贵族制度，导致工薪阶层生活成本上涨的地租，很大程度上是债务支撑的房价通胀的结果。这带来的结果是债务通缩，它扮演了李嘉图的分析中的租金通缩的角色。

第五章　经济租的金融化与债务通缩

19世纪征收地租税的斗争功败垂成，在第一次世界大战后就失去了动力。最明显的原因是政治方面的：土地所有权已经民主化，不再被依靠世袭地租为生的军阀贵族的继承人所垄断。可是，受益者却并不是政府，政府只能征收古典经济学家希望作为税基的地租的一小部分。私营部门也不能免于地租。地租仍然在被支付，但现在主要是作为抵押贷款利息支付给银行家。

住房所有权及其他房地产的民主化，使房屋抵押贷款成为银行的主要市场，房地产贷款在美国和英国约占银行贷款的80%，成为银行业最有利可图的部分。因此银行家们游说政府，反对征收房地产税。他们明白，凡是没有被征税的租金，都可以抵押贷款给新购房者，让他们继续向银行支付利息。

利息和其他金融费用很像昔日土地贵族所收取的租金，这两种形式的食租/食利收益都是不劳而获的，而且实际上它们已经融合在一起了。正如第四章所述，金融在共生的FIRE部门（包括保险）中占主导地位。购买保险可以保障银行不会因为抵押品出问题而有所损失。而在FIRE部门内，银行和投机者就信贷违约保险进行对赌——A.I.G.保险公司在2008年正是因此而倒闭的。这种租和食利者利益的合流，使金融寡头篡夺了土地贵族的主宰地位。地租通过抵押贷款转化为利息费用，银行家成为地租的最终占有者。

利息是经济租的典型形式

金融回报使"公鸡下蛋"这个想法可以追溯到亚里士多德。他质问一块不会下崽的金属（银币）如何能够生息。努力工作的是还债的债务人，而不是放债人。古典经济学家也呼应了这一逻辑。他们质疑世袭收取地租的权利怎么可以被称为"劳动收入"（Earnings）[①]？这其实是一种特权（其拉丁语词根指"私人法律"），即通过设置关卡，阻止其他人使用土地。就像某个拥有收费公路的垄断者可以阻止使用者通过，除非他们交过路费一样。

所有形式的食租/食利收入——地租、垄断租和利息——都源于国家授予的法律特权。它被伪善地称为"权利"，从土地权到矿产资源开采权，再到知识产权，以及各种垄断——以银行创造货币的特权为首。这些特权是从政府那里获得的，因此它们本身以及由此产生的租都属于政治范畴，而不是技术上必要的生产成本。

从经济上讲，源于这些特权的租是一种转移支付，意思是它们没有创造产品，只是在零和关系中占有了收益。可是后古典国民收入会计法把所有这些租定义为"劳动收入"。这种用法反映出现在已经没有多少人会提议终结食租/食利剥削了。

"租"（Rent）一词源于法语"rente"，是指一种定期产生固定收入

[①] 译注："Earnings"一般译为"收益"，但是这种日常用法已经带有新古典主义经济学概念深深的印记：任何收益都是劳动所得，不问其来源。作者强调"Earnings"的古典经济学内涵，它的词源是"Earn"，即通过劳动而得到的合理报酬。

的政府债券。与此明显相似的是，地主在作物收获时收取农业租，房东每月收取房租。它们的共同点是，通过财产的所有权获得收入，而不是通过劳动或直接的生产成本获得收入。正如第四章所述，租的定义是超过成本价值的价格。土地没有内在的生产成本。它被地主占有，从而可以向租户收取地租。银行家创造信贷并收取利息，创造这种信贷只需要名义上的边际成本。

早在13世纪，经院学者们便讨论了银行家兑换货币时究竟有多少回报才算公平，以及收取利息本身是否公平。为了遏制剥削性的非劳动收入，他们认为应该使价格与必要的生产成本保持一致。这种观点最终演变为18和19世纪法国及英国政治经济学家的价值理论。

李嘉图的地租理论转移了早期人们对于利息的关注，这一点并不令人惊讶。作为债券经纪和银行业在英国国会最负盛名的代言人，他不会负面地描述金融业。在他的劳动和租金的价值和价格理论中，利息或债务费用从来没有出现过；在国际成本结构和比较优势的贸易理论中（《原理》第七章），他也没有提及有关概念。

到了20世纪，弗兰克·奈特（Frank Knight）和芝加哥学派采纳了中世纪的利息原理——利息反映了银行家无法得到偿还的风险。可是，今天的银行会规避风险。它们只会在有抵押担保的条件下才发放贷款，而且要求债务人支付履约保证保险费，从而避免银行受到损失。金融部门还得到了政府对抵押贷款的担保（在美国通过FHA），而且在金融危机下最终还有政府来救市。

一旦银行过度放贷、提取债务费用有造成金融危机的风险，银行家们就会求助政府，以免承担巨大损失。为了避免破产的大规模蔓延，美国和欧洲国家的政府从2009年便开始采取量化宽松政策，并在2020—2021年新冠病毒危机期间又为房地产、股票和债券价格提供了新一轮的支持。金融部门接管了政府监管、立法和执法的权力，以及中央银行的政策制定权，使得利息费用几乎成为纯粹的经济租。

地租用于支付按揭利息

近 2/3 的美国人拥有自己的住房，在北欧国家则超过 4/5。在古代，负债是走向失去房产的第一步。20 世纪的情况却不一样，大多数西方家庭都可以通过负债购买房子，他们可以签署一份抵押贷款合约，从银行借款购买房子。过去人们向在外地主交租，现代人则把租金作为贷款利息支付给银行。

美国房地产利息、税、折旧、摊销前的利润情况如图 5-1 所示。

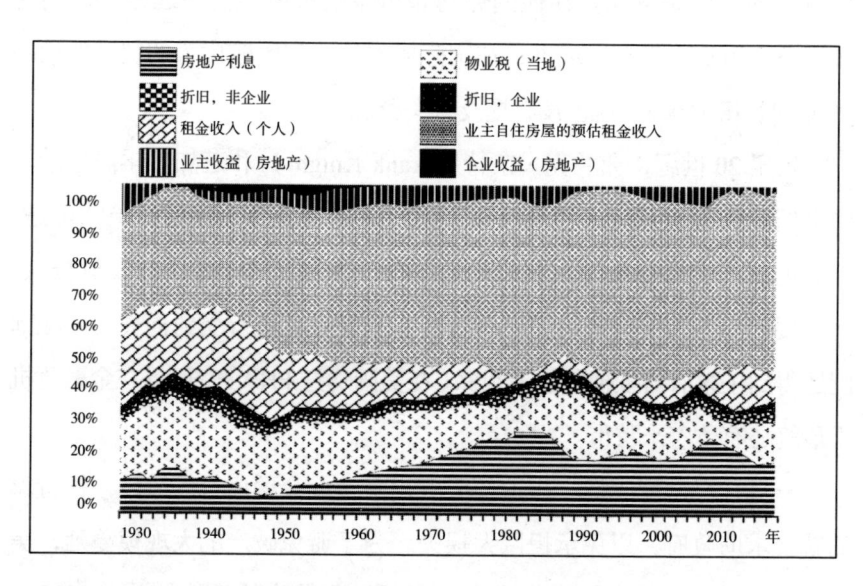

图 5-1　美国房地产利息、税、折旧、摊销前的利润情况

数据来源：NIPA。

金融部门吸纳房地产形成 FIRE 部门

银行的目的并不是获得房地产形式上的所有权，它们想要的是土地的租金。为了能获得大部分地租，它们通过游说阻止政府征收地租税。它们乐于让业主拥有形式上的所有权并且为此承担所有的税负，并让业主购买意外保险保障抵押给银行的房产。

在 1995—2008 年期间，房利美和房地美通过为购房者提供保险，将美国的住房拥有率推高至 69%。更宽松的信贷条件迫使有意愿的买家相互竞价，看谁能付给银行最高的还款额。在房价进一步上涨前，很多家庭不得不背负一辈子的债务。结果是，美国现在近 2/3 的住宅房产的市场价值由债权人实际持有，而自住业主所占的房屋净资产从"二战"结束时的 85% 下降到了现在的略超 1/3。[1] 越是处于收入、财富、种族及年龄金字塔的下方，房屋所有者占有的房屋权益的比例就越低。

保险也是金融与房地产共生关系的组成部分。银行规定，新的购房者必须购买保险，才能满足签订抵押贷款合约的条件。保险公司充当了金融中介，以人寿保险和年金的形式吸纳个人储蓄，最近还发行了担保债务凭证（CDOs）和信用违约互换等金融工具，转移债务违约的风险。由此可见，现代金融资本主义的核心是金融、保险与房地产（FIRE）部门。它们以利息、金融和保险费等形式吸走地租和垄断租，牺牲了劳动者的工资、产业利润和政府税收。

---

[1] 联邦储备委员会"美国家庭资产负债表"年度图表，第 50 行：业主权益。垃圾房贷泡沫在 2007 年到达顶峰后，债务/权益比首次超过了 50%。美国的住房拥有率在 2008 年达到了 69%，自从奥巴马任内的垃圾抵押贷款受害者丧失房屋赎回权的浪潮过后，这一比例在 2016 年降至了 63.4%。与此同时，其余业主"拥有"房产的资产值比重越来越小，抵押贷款机构拥有房产的大部分估值。

垄断租的金融化

从古代到最近，欧洲人一直把自然垄断和核心基础设施保留在公共部门。通过对公共机构的补贴尽量降低经济的成本。但是在20世纪80年代，玛格丽特·撒切尔（Margaret Thatcher）政府对英国电信、公共交通和其他公营部门的私有化，使收购者可以肆意提高价格，在接下来的竞劣中服务水平下降，反而创造了巨大的股票市场收益。私有化向金融部门打开了大门。长期以来，金融被称为"垄断之母"，它把重要基础设施的私有化视为榨取垄断租的机会，并积极推动，正如它在石油、天然气、重工业和信息技术等领域为榨取垄断租进行辩护和游说一样。

这是一个古老的故事。当美国把铁路和其他关键基础设施交给私人经营后，造成了巨大的灾难，催生19世纪末出现反垄断监管，主要是州际商业委员会对铁路票价的监管，以及1890年的《谢尔曼反托拉斯法案》(*Sherman Antitrust Act*)。反垄断监管的目的是把价格限制在生产自然垄断商品或服务的必要成本以内。地方和联邦机构负责监管公共服务，如电力、天然气、运河、公路（如宾夕法尼亚州付费高速公路），以及电话系统和其他通信设施。利息和股息被限制在特定的回报率内。与此同时，当局阻止私有化公司利用股票期权或向内部人士发行债券等"注水成本"抬高价格，并遏制其他被认为对生产不必要的费用。

可是过去半个世纪的经济却放松了管制，全球范围内几乎停止了反垄断立法。经济和政治仍然被那1%的人所支配，主要是债权人。他们把垄断者和其他寻租者视为最赚钱的客户，把经济规划权从民选政府转移至华尔街、伦敦金融城、法兰克福、巴黎泛欧交易所及其他金融中心，重建了那1%的人昔日通过贵族院和上议院所掌控的权力。在大众媒体的支持下，就这样以和平甚至民主的方式实现了金融控制与榨取租金，而商学院则向学生灌输这一切都是最好的方法。

银行业长期积极地组织工业托拉斯来控制价格，很大程度上已经忽略了为生产性资本投融资的信贷。马克思在他的笔记"生息资本和商业资本与工业资本的关系"（后来成为《资本论》第三卷以及《剩余价值理论》第三部分）中乐观地写道，工业资本主义的历史任务是使银行和金融体系现代化，把社会从高利贷和资产剥夺中拯救出来，取代银行业由来已久的寄生倾向：

> 商业形式与生息形式的资本比产业资本更古老，但是……在历史的演化过程中，产业资本在产生过程中还必须使这些形式从属于自己，并把它们转化为自身派生的或特殊的职能。产业资本在产生和形成的时期碰到了这些更为古老的形式并把它们作为前提……但不是作为自己产生过程的形式……一旦资本主义生产在所有形式上发展起来，成了占统治地位的生产方式，生息资本就会从属于产业资本，商业资本就仅是产业资本流通过程中派生的形式。①

然而，在英语世界，这并没有发生。与马克思和其他观察者的预期相反，银行贷款最大的市场并不是为工业融资。② 在英国早期的工业腾飞中，银行借贷几乎没有发挥任何作用，直到今天，大多数的工业投资仍然是靠自筹资金。詹姆斯·瓦特（James Watt）和其他发明家主要通过抵押房地产来筹集资金，这也是20世纪许多制造商为企业筹集资金的方式，从工业发明家到电影制片人。银行很少会为创造新的生产资料提

---

① 马克思：《剩余价值理论》（莫斯科：1971），第468页。
② 笔者在《杀死宿主》（德累斯顿：2015）第七章中对比了19世纪德国和中欧支持工业的银行业的成功与英美商业银行的短视逐利。德国在"一战"中战败，英美的银行模式开始在全球广泛传播。

供贷款。

工业的金融化：获得资本收益

银行业未能成为工业经济的助力，主要有以下三个原因。首先，银行主要基于贷款者拥有的抵押品来放贷，造成的后果是银行信贷抬高了房地产和其他资产的价格。其次，随着储蓄和信贷规模的扩大，这种贷款也会膨胀，住房和其他资产的价格由于债务推动而加速上升。生活和营商成本也会因此上涨，用于商品和服务消费的收入就会相应减少。最后，市场增长速度放缓，侵蚀了工业赢利的机会。

新的工业资本本应通过首次公开募股从股市进行融资，但是第一个交易日结束时，金融承销商和内部人士的所得往往与工业企业家一样多。[1] 一旦上市，金融高管还会利用企业收益来支撑股票价格，从而制造资本收益。近年来，标准普尔 500 指数的成分股公司，90% 以上的利润都用来派发股息或回购股票。[2] 所以，实际情况并不如马克思所预期的那样——金融部门被工业化，而是工业走向了金融化。利用企业盈利回购股票和派发股息并不是通往形成长期工业资本的道路，金融化与公共基础设施私有化也不是。抬高基本服务的价格，与工业资本主义以低价和对手竞争的做法背道而驰。

---

[1] 参阅《杀死宿主》第九章。
[2] 参阅《杀死宿主》第八章与威廉·拉佐尼克（William Lazonick）的《没有繁荣的利润》(*Profits Without Prosperity*)，《哈佛商业评论》2014 年 9 月。

复利的增加与经济的支付能力无关

每个经济体都需要信贷来为住房、教育（在美国）、汽车和冰箱等大型耐用消费品提供资金。问题是，整个经济体的债务总量以复利指数级增长。债务（以及经济的资产负债表中债权人一方的"储蓄"）的这种金融化扩张是掠夺性的，会使工业经济的生产与消费循环出现通缩。

任何利率都有一个使本金翻倍的时间。① 有别于实体经济，利息和债务费用在整体经济中呈指数级增长而不受限制，而且通常会超出许多债务人的偿付能力。有息债务的现存总量受储蓄／债务增长公式的约束：资本金（1＋利率）^{n}，n 代表这笔钱还剩下多少年来生息。

李嘉图忽略了有息债务的指数级增长。后来马克思在《资本论》第二卷及第三卷中阐明了信贷和债务的金融系统外在于工业资本主义。债务和利息纯粹以数学规律增长，与经济体系生产和偿付债务的能力无关。不断上升的债务开销把经济的收益从工业经济转移到了金融系统。债权人获得呈指数级增长的利息所得，并且把利息循环用于借出更多的贷款。越来越多的收益离开了工业经济，转移到了银行和债券持有人手中。翻倍的并不是实质的增长，而是金融负担。

马克思写到，这条呈指数级增长的路径"会占有全部剩余价值，除了归国家所有的部分外"。② 金融阶级试图把经济的所有剩余资本化，并将其作为利息，把人们糊口之外的所有剩余都吞噬掉。

---

① "72 法则"是一种计算任何利率下本金翻倍时间的方法。72 除以年利率等于一项投资或债务翻倍所需的年数，即累积的利息与本金相等。参考《杀死宿主》第四章《吞噬一切的复利魔术》（*The All-Devouring "Magic of Compound Interest"*）。

② 马克思：《资本论》第三卷（芝加哥：1909），第 699 页。笔者在拙文中评述了马克思的讨论，见《通过债务"创造财富"：西方的金融资本主义之路》，《世界政治经济学评论》（*World Review of Political Economy*）2019 年第十卷第二期。

利息这种势不可当的增长趋势，意味着债务不可能被清偿。这就是为什么金融周期一般以崩溃告终。崩溃可能依商业周期（通常是11年左右）而发生，也可能是漫长持久的资不抵债和债务通缩，就像希腊现在正在遭受的情况一样，或者像"一战"后的德国，以及美国刚刚步入的那种状态。

其中的问题在于，债务（与债务相对应的是作为债权人的银行和债券持有人的财富）的扩张路径并不反映利润率。金融与工业资本主义有不同的运动规律。经济的增长率几乎从来没有像决定债务和金融储蓄增长速度的利率那么高过。

银行有随意新增信贷的特权。随着信贷扩张，绝大部分信贷被投入房地产及其他资产市场。银行给购房者或商业地产投资者的贷款占房价的比例越来越高。为了使贷款人能够承担更大总额的房贷，银行降低了所需的首付比例以及按揭利率——甚至发放的贷款只需要支付利息而不用偿还本金。

到了20世纪80年代，为了开拓房地产之外的新市场，银行和债券持有人将业务扩展至为企业收购提供垃圾债券贷款，还有其他越来越高风险的领域，包括向需要填补国际收支赤字以稳定汇率的外国政府提供贷款。一旦银行为了避免客户违约而索性借钱给他们偿还利息（但结果令债务开销像滚雪球般不断扩大），这个过程便进入了尾声。

虚拟资本

银行家和其他债权人制造生息债务。在银行家眼中，债务就是他们的产品，马克思写道，创造贷款的过程几乎不涉及多少劳动，而且越来越不关心债务人的偿还能力。马克思指出，为了收取利息而借出的钱是"幻想的"或"无效的资本形式"。① 他认为高端金融的特征是基于"虚拟"的索债权。它并不涉及实际的生产资料，而仅涉及债券、抵押贷款、银行贷款和其他负债——对应的是资产负债表资产一侧的生产资料的债权。

银行贷款、债券和其他金融证券出现在资产负债表的"负债"一侧，正如"国债资本，以负数的形式出现，而生息资本通常是所有疯狂形式之母"。② 提供信贷收购或转让土地及其他资产的所有权，不是一种具有直接生产性的投资，不像工业资本那样具有生产性。银行信贷不是通过向工业经济提供资金创造新的生产性资产来创造价值的，而只是吸收非食租/食利部门所生产的价值和收入，最终使这些部门越来越多的人破产。

金融资本是虚拟的，它的名义价值在实践中无法实现。它的还款要求不可能得到满足，因为债务规模呈指数级扩大，速度超过了实体经济的偿付能力。银行与投资者持有"债务凭证（汇票）、政府证券（代表已消耗的资本）和股票（对未来生产收益的债权）"。它们的面值"纯粹是虚拟的"。③ 一旦负债的经济体面对呈指数级增长的债务总量而无力清偿时，那些期望收到利息的储蓄者将血本无归。由此可见，金融抵押品的名义价值建基于幻象：所有债务都能够得到偿还，抵押贷款和债券的实际价值等于其面值。

尽管崩盘无可避免，但金融资本的回报率却高于工业利润率。让工业、房地产、工薪阶层和政府负债，是最容易的发财之道——通过利

---

① 马克思：《资本论》第三卷，第 461 页。
② 马克思：《资本论》第三卷，第 547 页。
③ 马克思：《资本论》第三卷，第 551 页。

息、金融费用和红利抽走经济盈余，并且使工业企业管理"金融化"，以此来抬高其股票和债券的价格。选民们被误导，认为要发财致富，就得负债和追求资本收益。而最容易获得资本收益的方法，就是利用信贷购买房地产和其他资产，只要资产价格的上涨速度高于利息的增长速度。

问题是，这个过程早晚会进入金融周期的"庞氏骗局"。

从庞氏金融到金融危机

海曼·明斯基（Hyman Minsky）创造了一套词汇来描述信贷扩张如何迅速进入"庞氏骗局"阶段。他是这样描述发展过程的："二战"结束后的数十年是快乐的第一阶段，借款人有能力用他们当下的收入来支付利息并且逐步偿还债务。在第二阶段，他们只能支付利息，却无法清偿债务，所以他们的负债额无法下降。实际上，银行和信用卡公司宁愿贷款永远不会被还清，因为他们的目标就是使贷款规模最大化。

金融周期的"泡沫"或"庞氏骗局"阶段是人们企图创造一个永动的货币机器。这类骗局近年也被称为麦道夫骗局——伯尼·麦道夫（Bernard Madoff）"卷走"了投资者委托给他管理的资金。庞氏骗局承诺投资者可以赚取高回报，通常是声称自己有一套复杂的金融投资策略。但事实上，所谓的高回报，不过是靠吸引新的投资者加入骗局实现的。投资者投入的储蓄不是真的拿去投资，而是支付给该计划的早期参与者。这类骗局需要新加入者的数量不断增多，以提供足够的钱来支付利息给较早的参加者。这场信心游戏最终会无可避免地崩塌，推延结局到来的唯一方法是吸引新的资金投入。与此同时，还要说服玩家们继续把钱留在局中，让他们相信存款可以继续产生丰厚的收益。

一旦债务杠杆化的业主、企业甚至是政府无力支付到期的利息，债务扩张就会面临危机。到这个时候，债权人就必须决定是取消负债者的赎回权（并可能承担损失），还是为了维持门面而借钱给债务人让其偿付到期未付的利息。

在整体经济的层面上，资产负债表中"负债"一侧的债务增加，在"资产"一侧却找不到对应的新增的有形资本投资。这意味着利润和工资下降，非金融资产价格的增速放缓。所以，债务人只能靠"借新还旧"来维持债务的指数式增长和债权人的储蓄量。目前的做法是，抬高资产价格，使其足以覆盖即将到期的利息。银行创造足够多的新增信贷保持房地产、股票和债券价格上涨，使债务人暂时能够通过抵押贷款再融资来支付到期利息，从而延缓金融崩溃。实际上，利息只是叠加在债务之上，债务继续呈指数级增长，债权人的债权根本无法得到偿付，储蓄增长不过是法律虚构的幻象。

房地产和股票市场泡沫建基于信心之上的动力，来自"接盘侠"加入游戏，好让较早参与的投资者能全身而退。这些新的入局者期望能够在资产价格上涨中获得收益，仿佛这在经济上是再自然不过的事情一样。例如，美国垃圾抵押贷款泡沫在 2007 年达到顶峰，需要银行吸引新的买家通过信贷购买更多的房地产，信贷条件可以是房价 100% 的贷款、无须分期偿还、不用交首付，并且欢迎"NINJA"（No Income, No Job and Assets）借款人，即没有收入、没有工作、没有资产的"三无"贷款申请人。抵押贷款最终向黑人和西班牙裔等少数族裔开放，他们就成为最终主要的受害者。随着房价在 2008 年暴跌，他们拥有的是需要缴付"高风险"利息的过度借贷的房子。奥巴马执政期间，垃圾抵押贷款受害人丧失赎回权的浪潮过后，住房拥有率到 2016 年下降至了 63.4%。

银行本身也扮演了"接盘侠"的角色，提供了一波呈指数级增长的抵押贷款。中央银行则通过降低利率为其背书，从而帮助借款人更容易获得更多的贷款。这个接盘游戏当然有它的一套逻辑。它的目标是提供一波又一波的新增贷款，从而避免骗局崩盘。疯狂的信贷创造迫使过度负债的房主在违约之前卖掉物业，向银行支付到期未还的累积欠债。银行家则通过购买信贷违约保险和指派愿意救助他们而不是接管银行并把他们扔进监狱的金融监管者来回避风险。与20世纪80年代的储蓄与贷款协会危机中那些银行家的遭遇相反，奥巴马政府不仅拒绝检控那些公然通过申报虚假收入和物业评估制造不良贷款的金融犯罪者，甚至还救助了他们，并通过为最大的银行（最严重的犯罪者）提供担保，使其相对于较小规模的竞争者更具优势，极大程度地提高了金融业的集中度。

债务通缩如何导致长期衰退

李嘉图把经济最终将走向末日解释为人口增长导致粮食价格上涨的结果，因为他认为土壤肥力在不断下降，农作物和食物价格上涨迫使维持工人生存的最低工资上升，侵蚀了工业雇主的利润，无利可图时，他们就会停止投资。李嘉图的农业假设不符合现实，事实证明，真正威胁工业资本主义的是债务的指数级增长。利息和金融费用使工业扩张走向停滞，因为个人收入、企业利润和政府税收中可以用于国内消费及新增企业投资的部分减少了。由此产生的债务通缩中，工资、利润和税收将被转移支付给债权人——银行与债券持有者。[①]

债务通缩相当于李嘉图所警告的，允许英国地主阶级榨取越来越多的租金所带来的金融后果（租金通缩）。他大概不会承认，把工业经济推向金融末日的正是他所代表的银行阶级。期望金融资本主义能够继续其扩张之路是不切实际的。马克思指出，金融债权自我膨胀式的增长，由"想象的"和"虚拟的"资本构成，其名义价值无法随着时间的推移而实现。资不抵债会导致支付链断裂。一旦银行和债券持有人明白，没有任何社会的生产力可以长期支撑生息债务以复利增长，实体经济不可能永远呈指数级增长，危机就会爆发。呈指数级增长的债权，意味着预期债务开销必然会超过负债者的偿付能力，他们最终将无法应付这些债务索求。"因此，大部分的银行资本是纯粹虚拟的。"[②]

没有哪个经济体能够长期跟上债务指数式增长的步伐。实际上，金融部门的索债要求越来越难以兑付。金融存款和投资的增长几乎没有机会真正实现。于是，债权人看到情况无法继续下去时便会收回贷款，并且取消债务人抵押的财产的赎回权，强迫债务人在不利的条件下出售财产还债。最终，金融系统就会在一连串的破产中崩溃。

量化宽松政策维持庞氏经济运转

当人们缺乏足够的收入来支付按复利数学公式呈指数级增长的债务时，金融体系为了苟延残喘，会试图通过新增足够的银行信贷、加大债

[①] 欧文·费雪（Irving Fisher）解释了破产和债务违约是如何摧毁银行信贷、经济投资和雇佣新工人的能力的。参阅《大萧条时期的债务通缩理论》（*The Debt-Deflation Theory of the Great Depression*），《计量经济学报》（*Econometrica*）1933 年。
[②] 马克思：《资本论》第三卷，第 552 页。

务杠杆来保持资本收益继续上涨。为了让庞氏骗局继续下去，2008年后量化宽松政策下的利率水平与风险成反比。然而，不断上升的债务费用榨取了越来越多的收入，使工业经济增长乏力。在这种情况下，金融体系需要注入低息（实际上近乎零利率）的新增信贷，才能使债务人有能力支付既定的利息和费用。

此时，金融部门舞弄其政治权力，要求公众救市，妄图维持金融体系继续以复利方式扩张。银行部门威胁中央银行和财政部，如果不印足够的钞票来维持偿付能力足够的假象，经济就会崩溃，以此胁迫政府支持它的虚拟资本扩张。美联储火上添油，助推资产价格膨胀。以金融证券形式存在的"虚拟资本"债权因此暴涨，而工业经济却陷入了债务通缩。像污染环境的人试图将清理费用转嫁给公共部门一样，金融部门也要求纳税人承担清理它造成的债务污染的费用。

就像李嘉图宣称的，技术进步（资本生产率提高）可以推延食品价格上涨造成的利润挤压，政府政策也可以成为延缓过度负债的经济体爆发金融危机的"灵丹妙药"。新的公共资金陆续投入金融市场，维持住了债务的扩张路径。自2008年以来，中央银行的量化宽松政策逐渐把利率降至接近零的水平，为股票和债券投机者提供资金。利率越低，租金和其他收入的资本化程度就越高，从而制造了更高的金融估值。

任何收入的现金流都可以根据现行利率来计算其资本化。基本公式是Y/i，即收入（Y）按现行利率（i）折现。假设一个借款人每年赚50英镑，利率是5%，那么他的赚钱能力就价值1 000英镑。较低的利率将提高资本化率，即某一特定的收入现金流所能承担的债务数额。因此，马克思给出结论："如果利率从5%下降到2.5%，意味着借款人拥有了2 000英镑的资本。它们的价值始终不过是资本化的收益，也就是在现行利率的基础上根据虚拟资本计算所得的收益。"①

因此，利率越低，租金和其他收入的价格就越高。2008 年金融危机后，美联储开始购买打包的银行贷款、公司债券甚至股票。金融部门的利率降至只有 0.1%，为利用信贷购买金融证券和房地产的新买家提供了套利的机会。这吸引了足够多的资金进入股票和债券市场，继续推高资产价格，由此产生的资产泡沫已经不再反映真正的财富和经济状况。现实的情况就是有经济基础的 1% 的人越来越富有，而负债的 99% 的人则面临着日益严峻的经济紧缩。

如果利率上升，资产价格就会崩溃。这种前景迫使中央银行维持低利率，支撑债券和股票市场，以及房地产的价格。维持金融财富和"虚拟资本"成为工业经济的寄生性开销。金融部门正在吞噬它的工业宿主。②

与工业资本和相关的有形生产资料相反，银行贷款、股票和债券从法律意义来讲，是对财富的债权。这些金融债权并不生产收益，它们只榨取财富。金融债权就像海绵一样，吸收债务人的收入和财产——一旦债务人（包括政府）无力偿还债务，债权人就会占有其财产。马克思总结说："高利贷集中了货币财富。"

> 高利贷不改变生产方式，而是像寄生虫那样紧紧地吸附在生产身上，使生产虚弱不堪。高利贷吮吸着生产的脂膏，使生产精疲力竭，并迫使再生产在每况愈下的条件下进行……高利贷资本不是作

---

① 马克思：《资本论》第三卷，第 551 页。在美国，"虚拟资本"一词已成为日常用语，意思是没有成本价值的非劳动收入的资本化价值，主要是指地租和垄断租。亨利·乔治在《劳动的条件》(*The Condition of Labor*, 1891) 中使用了这个词，指出"虚拟资本实际上是资本化的垄断"。
② 马克思：《资本论》第三卷，第 716 页。马克思指出："高利贷和商业一样，是剥削已有的生产方式，而不是创造这种生产方式，是从外部和这种生产方式发生关系。"

为产业资本和劳动相对立,而是使生产方式陷入贫困的境地,它不是发展生产力,而是使生产力萎缩。①

2008年后美国的财政紧缩

与中世纪的农奴不同,现代的工薪阶层可以选择任何他们想居住的地方。但是,无论住在哪里,为了满足从住房到教育等基本需求,他们别无选择,只能陷入债务——不得不把大部分工资支付给债权人和其他食租/食利者。只有那些继承了遗产信托或者住房,由父母来替他们支付全部教育费用的幸运儿,才不必受食租/食利阶级的债务劳役。这一阶级的财富是建立在从工业经济中榨取利息和租金的基础上的。2012年以来饱受债务践踏的希腊,以及1991年后叶利钦统治下的俄罗斯,均反映了最明显的后果。经济紧缩和失业导致人口健康恶化、人均寿命下降、自杀率和犯罪率上升,人们逃离苦难的主要方式是移民离开自己的国家。

然而,2008年金融危机后,美国人的未偿债务导致他们失去房产以及其他抵押品的赎回权时,很少有人可以选择移民。自古以来,债权人就一直利用高利贷手段从小农户手中夺取土地。从2007年到2009年,差不多有1 000万美国家庭失去了自己的住房,房屋拥有率不断下降。大型私募股权房地产公司以折让价收购了止赎房产,并把它们改建成租金高昂的住房,从中赚取了巨额的回报(利润加上资本收益)。这是每次危机后的典型情况。亚当·斯密说:"在那些以最快速度走向毁

---

① 马克思:《资本论》第三卷,第699页。

灭的国家，利润率总是最高的。"①

工业经济的衰退通常为金融掠夺者和秃鹫基金（Vulture Hedge Fund）提供了予取予携的机会。国家或地方政府的破产危机成为金融高管和债券持有人委员会夺取政策制定权的新机会。纽约市在1975年濒临破产时，财政和税收权被移交给了金融家费利克斯·罗哈廷（Felix Rohatyn）的公司——美其名曰"市政援助公司"（Municipal Assistance Corporation）。政府职员工资被冻结，公共交通费加价，医院关闭，在此之前一直免费的市立大学开始收取学费。纽约市的财政困境令道琼斯工业平均指数下挫，金价上升。金融市场波动反映了人们对于事态的不安情绪。

房价崩盘对房地产开发商来说却是天赐良机。他们抓紧机会改建低收入人群居住的小区，把商业楼宇改建成豪宅，为人数渐多的金融部门高管人员提供居所。

2008年金融危机之后，美国的银行取消了业主的赎回权，以折让价出售法拍房，却不容许将业主的房贷减记至折让价水平。奥巴马政府的这一亲银行政策，对华尔街金主可谓投桃报李，给他们带来了丰厚的回报。这揭示了美国身份认同政治的虚伪。这是一场带有强烈种族和民族歧视的阶级战争。黑人和西班牙裔曾经是奥巴马赢得选举背后的主要支持者，却成为抵押贷款的受害者。

随着经济萎缩和税收下降，美国步入了"奥巴马衰退期"（Obama Depression），公共部门的财政预算被挤压。为了获得能够支付债券持有人并维持基本公共服务，地方、州和联邦各级政府被迫缩减公职人员的退休金，削减社会开支，并开始出售公共土地、自然资源、基础设施和

---

① 亚当·斯密：《国富论》第一卷第十一章。

垄断权。工人们被日益沉重的债务负担压得喘不过气，害怕失去工作或被解雇，因为一旦失去工作，他们将无法如期缴付信用卡，就会被收取高额的罚息（一般高达29%）。

同样的情况在2020—2021年新冠病毒危机中重演：大规模失业、州和地方政府财政崩溃。类似2008年危机后的"解决方案"，现在被强行推广至全球，因为众多国家都受制于IMF的紧缩计划。在过去半个世纪，IMF的理念一直是，主要通过货币贬值，从劳动力身上榨取剩余价值来偿还国际债务。贬值幅度最大的是劳动力价格及劳工的生活水平。

首先，金融摧毁了经济。然后，它夺取经济规划权，从而确保债权人得到偿付。一旦新自由主义的"发展"政策失败，IMF便会要求劳工承受紧缩计划，以榨取足够的税收来承担债务开销，表面上却说是要"使劳动力更具竞争力"。事实上，低薪劳动力的生产力更低，而且紧缩计划使政府无法提供基础服务，这又成为私有化的借口。他们谎称私营管理更有效率，其实是为了私有化之后加价，以便榨取更多钱来支付给债券持有人。

这一套"先砸破再夺取"的金融规划，正是1991年后美国顾问给俄罗斯提议的意识形态。古罗马债权人也是利用这套政策夺取小农户的土地来建立大庄园的，后来演变成了封建主义。

这些暴行在表面上民主的政治制度下发生，不禁让人质疑政治经济学的一个主要假设：如果经济和普罗大众真的会自然地趋向于为自身利益行事，那么金融部门是如何获得权力去掠夺并摧毁工业，并且甩掉它本身的税务负担的？为什么19世纪对食租收益征税，将信贷和其他自然公共服务社会化的逻辑没有成功？古典政治经济学的这场伟大斗争是如何被颠覆的？把经济规划权交到金融高管的手中，就像让贵族院或上议院来分配资源和制定政策，把下议院或人民议会排除在外。

西方社会不愿意免除人民无法偿还的高额债务负担，这仍然是当今世界最大的意识形态悲剧。西方的法律哲学是通过封建时代的欧洲从寡头制罗马的亲债权人原则继承而来的。没有人承认，保持目前的债务态势必阻碍经济走向繁荣。拒绝减记债务将使社会两极分化：上层是越来越富裕的债权人阶级，下层是陷入债务依赖的负债家庭、企业与政府。在国际经济层面，金融外交强迫债务国推行财政紧缩政策，坚持所有债务都必须清偿，不管会引起什么社会后果。这套哲学理论源于美国推动的后殖民形式的货币帝国主义，现在欧美政府正把它应用于本国的经济。

我们有别的选择

古典经济改革者花了整个19世纪来界定自由市场：一个没有经济租，因此也没有食租／食利阶级的市场。他们主张开辟另一条道路：对全部的经济租征税——租是剥削的根源，是他们那个时代1%的人享受的免费午餐。他们是政治经济学家，明白税制改革的前提是民主政治改革。于是，地主贵族对经济和政治的控制权被推翻了，可是转眼又落到了新兴的金融寡头手中。

以经济租为重点的税收改革，是扭转金融资本权势最有效的工具，因为今天大多数食租／食利财富仍然是以债权人对地租和其他经济租的债权形式存在，这些租金曾是19世纪统治精英的财富来源，因此古典经济学家提倡征税。鉴于这些租金现在用于支付金融部门的抵押贷款，对它们征税意味着租金再不会作为利息被缴付给债权人。它们将作为税收支付给政府，并取代所得税和销售税。

要持久地制约今天的债权人和其他金融债权，唯一的办法就是取消债务，从而使社会摆脱自1945年以来，尤其是2008年以来积累的经常性债务。相反，如果让债权人的"存款"（对债务人的债权）继续存在，就是让目前那1%的人保持使社会一贫如洗的购买力。

另一条可行的道路的障碍在于，人们坚信一个"幻象"，即大多数债务都可以偿还，还有银行坚持的一套意识形态：欠债还钱，天经地义，不管对整个社会实施长期经济紧缩的代价有多大。要破除这种被误导的对支付能力的盲目乐观，最好的方法是让公众明白金融运作的基本规律：经济中的债务总量通过复利的魔术呈指数级增长，可是实体经济却不会这样。这意味着，债务规模必然会超过实体经济的偿还能力。

至于银行业支持的那套"欠债还钱，天经地义"的意识形态，同样可以通过提高公众对相关伦理和金融规律的理解而予以破除。当债务无法偿还时，只有两种选择：要么债务人丧失财产赎回权（正如目前在美国发生的情况），要么债权人失去财务债权。但是，救助债权人意味着牺牲整体经济，使劳动力和工业陷入财政紧缩的境地，而且很可能是永久性的。

除了将社会从如今日益沉重的债务负担中解放出来，更进一步的做法应该是把银行业和信贷创造变成公共事业。债权人当然不希望公众意识到这样的事实：重振负债累累的经济，需要把银行业和信贷创造变成不受食利者控制的公共事业。这被称为社会主义。但事实上，这也是19世纪工业资本主义的内在动力。未能将银行业国有化或社会化，反映了工业资本主义未能从前资本主义的封建主义遗害中解放出来，因此也没有完成人们所期望的历史使命。

金融化劫持了工业资本主义。金融资本主义的内在动力导致经济两极分化，使经济在自我倍增的债务重压下崩溃。越来越严重的金融危机又成为紧急事件的应对策略不断动摇民主立法的地位的契机。这就是为什么银行业和金融业应该去私有化。

中国一直抵制银行业和货币创造的私有化。到目前为止，中国政府的政策是，让银行信贷主要为工业和整体经济的发展服务。然而，随着国内财富的增长，要把银行部门与金融保持在适当的位置上，仍是一项日益严峻的政治挑战。要保持中国经济的显著增长，就必须防止新兴的金融亿万富豪阶级夺取经济的控制权。这反过来要求中国，必须抵抗西方新自由主义的意识形态压力，抵抗他们采纳西方学院灌输的经济学来实现经济金融化的游说。

中国把大量的学生送到美国和欧洲学习经济学，他们学到的是资产剥离的策略，而不是如何促进有形资本形成。学校教导他们，最简单和最好的税收政策是通过增值税（Value-Added Tax）向劳动者和销售过程征税。教科书还教他们"私有化优于公有制，金融化创造财富"，却没有告诉他们，金融化创造的债务负担的增长速度远超过了经济发展的速度。

要扩大国内市场，并同时尽量降低生活及营商成本，最有效的方法是削减所得税和销售税，减少工资收入的支出。税收最好是针对不劳而获的食租/食利收益，其中首要的是对土地租征税，从而防止银行通过信贷抬高住房和房地产价格。

正如第九章将详述的，弗里德里希·哈耶克（Friedrich Hayek）的反政府著作《通往奴役之路》（1944年）认为，任何形式的监管必然走向极权主义，但现实与此相反，真正通往奴役——至少是债务奴役——之路是容许食租/食利阶级自由地榨取经济租和利息。哈耶克提倡的道路实际上通往皮诺切特式芝加哥学派反乌托邦的极权寡头政治，解除政府的所有监管与制衡，放任食租/食利者榨取收益。一旦社会无法制约

食租 / 食利利益，就会出现这种情况。这种"自由市场"只会建立一个世袭的独裁政权。他们推行的私有化和金融化将使整个经济陷入贫困，把社会推向黑暗时代，正如古罗马崩溃后一样。因此，社会必须寻求另一条道路。

我们应该谨记，即使解决了金融资本主义和封建主义的食租 / 食利余孽，工业资本主义的阶级斗争仍然存在。把经济从食租 / 食利开销中解放出来并不能解决雇主剥削劳工的问题。但是，创造一个没有食租 / 食利者债权的古典经济，使资本主义从封建主义的食租 / 食利遗害中解放出来，这是使劳资冲突成为政治改革焦点的先决条件。

创造一种统计方式量度寻租增长和实体经济增长

目前 GDP 这种国民收入统计方式把所有收入，包括经济租，都算作生产性收入，认为经济租是"实体"经济的一部分而不是开销。如果中国的社会目标是增加实际产出，从而提升人民的生活水平，促进经济繁荣，那么就必须制定自己的会计方式，来分析收入和财富是通过什么方式获得的。

把 FIRE 部门与其他经济部门区分开来，使中国能够比较本国和他国的经济成本与开销。区分劳动收入和经济租，是古典政治经济学的主旨，但在今天西方的国民收入统计中却没有这样做。FIRE 部门的说客施加了政治压力，要求将利息、金融费用、经济租和更高昂的房地产价格都计算在 GDP 增值里，而不是视之为蚕食了可用于工业经济生产及消费的可支配个人收入，其实这些项目都应该从 GDP 中扣减。采用一种可以衡量寻租行为并区分 FIRE 部门的会计方式，就可以揭示西方经济是如何由于租和利息支出挤占商品及服务的消费而出现两极分化的。

这种会计方式将恢复古典经济学中对劳动收入和非劳动收入的区分，并在目前的"收入"之外加上资本利得的计算方法，以便追踪某些个人财富如何以纯粹的金融方式获得，而不是来自实体经济。它将显示经济收益在多大程度上是在资产负债表中的"负债"（金融资本）一侧，而不是在有形的产业资本一侧。这将表明，有多少财富源于实体经济繁荣，而不是来自榨取更多的租、利息和金融费用，以及操纵股票市场和其他资产价格。这种"总回报"的计算方法，将为政策的制定提供指导，以最大限度地减少食租/食利寡头的掠夺性财富。

通过把利息、相关的金融费用和其他经济租视作开销，这种 GDP 的核算方式可以把土地、自然资源和基础设施垄断的零和转移支付区分出来。这样中国便可以衡量银行特权和其他产权的经济效益——这些产权迫使劳工和工业向 FIRE 部门支付费用。

最重要的是，这些统计数据将解释中国坚持社会主义道路所取得的显著经济优势。

第六章　自由贸易帝国主义及其对劳工的金融化阶级斗争

当笔者在 1969 年开始教授国际贸易理论时,第一项任务是为学生们编制一份阅读清单。笔者沮丧地发现,这个领域只是一片充斥着数学模型的学术荒漠。这些模型描述的是一个假想的、自相矛盾的平行宇宙。在这个宇宙里,外债可以通过降低生活水平和削减社会支出来偿还,自由贸易和投资令各国变得更加平等,而不是被套上了不平等的枷锁。主流理论没有解释先进国家怎样取得领先优势,也没有解释为什么国际经济会使债权国和债务国两极分化。关税和补贴据称因"扭曲了市场"而不利于经济发展,仿佛先进工业国家当初并不是凭着保护主义政策而发展起来的。

在此之前,笔者曾在华尔街工作了近十年。作为一名国际收支经济学家,笔者分析了国际经济如何使世界两极分化为工业债权国与负债日深的全球南方国家(当时被称为第三世界)。笔者的博士论文研究的是 19 世纪美国保护主义学派。这一学派提倡的政策使美国成为世界领先的工业强国。这些政策包括通过关税保护、补贴,以及所谓的内部改进来提升生产力,比如,通过公共基建投资来支持工业,通过教育、卫生和相关服务投资来提升劳动力的素质。

这些内容都没有出现在主流贸易理论中。英美取得工业主导地位后,就试图说服其他国家不要自力更生,而是要专注做"它们擅长的事情",

发挥它们的"自然禀赋",如专门从事大种植园农业、原材料出口和低收入手工业。英美传达的基本信息是:"按我们说的做,而不要照我们曾经做过的那样来变得富强。"直到今天它们还在传达同样的信息。

竞劣还是竞优?自由贸易还是保护主义?

自由贸易理论着眼于短线。该理论认为当前的现状反映了全球生产、债务和其他经济关系最有效率的专业分工。现有的生产力和成本结构被视作理所当然,不应该受到政府补贴或关税的"干扰"。事实上,国家之间的成本差异越大,所谓的"贸易收益"计算起来就越大,这些"收益"反映了成本最低和最高的生产者之间的价格差额。

人们被动地进行自由贸易,世界各国的生产力与财富差距不断扩大。由此产生的贸易依赖使低收入国家陷入外债困境,然后被告诫要"勒紧裤腰带",并进一步削减社会投资。

18世纪英国的重商主义政策、古典政治经济学和19世纪末美国保护主义政策的精髓都在于,通过对教育、饮食和生活水平的公共投资来提升劳动生产率,同时尽量减少垄断剥削。这种政策可以称为"国家资本主义",甚至是"工业社会主义",而且行之有效。[①] 但是,现在英国和美国的学生不会学到这段历史。主流贸易理论没有解释英美过去如何走向成功,也没有解释中国过去40多年怎样赶超了如此多的西方产业。教科书上的经济模型只告诉学生,政府通过补贴公共投资和服务来"扭

---

① 参阅拙作《美国的保护主义崛起1815—1914:被忽略的美国政治经济学派》(*America's Protectionist Takeoff, 1815-1914: The Neglected American School of Political Economy*)(德累斯顿:2010)。另见《国际贸易与金融经济学》。

曲市场"是错误的，而不管它是否能够促进生产力发展和提高人民生活水平。

从英国重商主义到自由贸易帝国主义

贸易理论的功能应该是解释为什么国际经济正在两极分化，而不是欠发达国家如何才能迎头赶上；为什么欠发达国家越来越深陷外债泥潭；为什么中国能成功，拉丁美洲和非洲却失败了。

要解答上述问题，我们就需要追溯久远的历史。17—18世纪，欧洲殖民列强禁止它们的殖民地发展自己的制造业。为了使殖民地依赖宗主国，英国国会在1719年宣布："在任何殖民地建造炼铁炉或铸铁都是非法的，因为'在殖民地发展制造业将使它们更加独立于大不列颠'……随着新情况的出现，或者随着殖民者的企业朝新方向发展，法律变得更加严苛，对殖民地活动的限制越来越多，所有限制性监管的执行也变得越来越严苛。"[①]

1732年英国颁布了一项类似的法令，"禁止帽子生产行业……阻挠殖民地发展制造业的一个附带方法，是通过法律把工业技术留在国内。禁止向殖民地或其他地方出口专门的工具和机器，并且禁止熟练工匠离开国家。"[②]

[①] 爱德华·斯坦伍德（Edward Stanwood）：《19世纪美国关税争议》（American Tariff Controversies in the Nineteenth Century）（波士顿：1903）第一卷，第13页。引自拙作《国际贸易与金融经济学》，第38页。

[②] 威特·鲍登（Witt Bowden）：《美国工业史》（The Industrial History of the United States）（纽约：1930），第99页。詹姆斯·罗杰斯（James Rogers）：《英国工商业史》（The Industrial and Commercial History of England）（伦敦：1892），第二部第10章。

马克思在描述英国的《航海法》和相关的商贸法规如何促进了英国的对外贸易时写道:"保护制度是制造商的一种人为手段……间接的方式是保护性关税,直接的方式是出口优惠……欧洲各国……强行将其附属国的所有工业连根拔除,正如英国对爱尔兰的羊毛制造业所做的那样。"①

但是很少有国家能长期垄断某项技术,今天美国试图制裁中国时也明白了这一点。要阻止欠发达国家追赶上来,最有效的方法是说服它们只着眼于眼前,继续依赖低价进口产品,并相信这样会过得更好。自李嘉图时代开始,一种说法就流行了起来:贸易令双方得益,而各自获益的比例根据看似自然的"市场力量"来决定。

李嘉图炮制了一套计算方法,以便说明自由贸易的收益是如何分配的。他说葡萄牙用红酒(以此类推包括其他农作物)换取英国的羊毛时获得最大的收益。他的逻辑是,长远来说,非工业化国家将在竞争中"胜出"而不是成为输家。200多年以来,这套理论拒绝承认在论证自由贸易的优势时犯了逻辑性错误,事实表明,这并非单纯的"错误",而是使新殖民主义贸易理论成为理论武器的知识骗局。

美国的保护主义者明确指出,如果美国拒绝实施保护性关税,继续依赖英国的制成商品,而不是发展国内工业,那么美国和其他国家就会沦落为《圣经》中所说的"劈柴挑水的人",正如受到诅咒要被以色列人奴役的基遍人一样。② 在20世纪,出口原材料的国家因为对外贸易而走向低度发展。

事实证明,"自由市场"的现状是由工业国塑造的。它有助于全球垄断者使弱国继续贫穷并依赖强国。伯纳德·塞梅尔(Bernard Semmel)

---

① 马克思:《资本论》第一卷第三十一章《工业资本家的源起》(伦敦:1987),第782页。另见马克思的《论自由贸易问题》(1888)与《资本论》第三卷(芝加哥:1909),第391页。
② 《约舒亚》9:21:"因此你们现在被诅咒了,你们中有些人除了替吾神的房子当奴仆、劈柴挑水之外,不能做别的工作。"

称之为"自由贸易帝国主义"。① 如果各国不征收关税或不实施其他公共监管措施就能做得很好,那么美国当年就不需要政府采取行动来发展工业。

美国是如何取得工业优势的

1865年美国内战结束时,共和党人试图推行亲工业的政策。当时是一个由蒸汽驱动的资本世界,劳动生产率与日俱增。亲工业政策需要开创一套全新的经济学课程。当时几乎所有享有盛誉的老牌大学都主张自由贸易——这些大学的创立本身是为了按照英国式道德哲学来培训神职人员——后来美国各地成立了赠地(Land-Grant)大学,它们的课程越来越世俗化,还开展了另一种经济学课程。

与这些大学一起获得捐赠的还有以宾夕法尼亚大学的沃顿商学院为首的各大商学院。它们的作用是完善关税保护和补贴的经济理论。这样,工业资本家就可以获得足够的资本投资新技术。它们还主张政府对公共基础设施建设进行投资,以免费或补贴价格提供基本服务,特别是公共卫生、教育和交通运输,降低生活和商业的成本。②

美国学派一个重要的认知是,技术进步正导致机械化取代人力劳动。

---

① 伯纳德·塞梅尔:《自由贸易帝国主义的兴起:古典政治经济学、自由贸易帝国与帝国主义1750—1850》(*The Rise of Free Trade Imperialism: Classical Political Economy, the Empire of Free Trade and Imperialism*, 1750–1850)(纽约:1970)。
② 笔者在一篇论文中回顾了西蒙·派顿关于公共基础设施投资的观点,见拙文《西蒙·派顿论公共基础设施投资与经济租俘获》,《美国经济学和社会学期刊》2011年10月第70期,第873 ~ 903页。派顿是沃顿商学院的首位经济学教授。

应对措施是提升劳动力的素质和生产力。① 在民主党人史蒂芬·克里夫兰（Stephen Cleveland）执政期间（1885—1889 年和 1893—1897 年），国务院聘请了 1861 年从德国移民到美国的雅各布·肖恩霍夫（Jacob Schoenhof），他调查比较了世界各地工资水平和劳动生产率。他的统计数据证实了更高的生产力优势足以抵消美国的高工资水平造成的影响，这被称为高薪经济学说。肖恩霍夫在 1884 年写道，美国并不是通过压低工资来征服世界的，而是通过优越的组织能力，劳动效率随着国家生活水平的提高而提高。高薪劳动力意味着人们享有更好的食物和更好的生活，这让美国工人更加精力充沛、精神饱满，他们也因此受到了公正的赞扬。拥有高薪劳动力的国家在任何方面都能够击败拥有贫困劳动力的国家。②

高工资经济理论没有把贫困劳动力描述成赢得全球工业竞争的赢家，而是强调积累由越来越熟练的劳动力操作的机械化资本。工资和生产力之间存在着一种正反馈关系，这提高了美国的竞争优势。随着生产变得越来越资本密集，利润将在回报不断增加的条件下用于再投资。具有更高生产率的经济体中的企业可以凭价格优势胜过对手。而那些生活水平相对较低的竞争对手将无法跟上世界一流的资本生产率的步伐。肖恩霍夫总结说："因此，适者生存……，是高工资的结果；工业化国家的高生活水平成为低成本生产的先决条件。"③

今天的主流贸易理论否定了这一逻辑，不承认资本与劳工竞争驱使

---

① 见拙文《国际经济中的过时因素》（*Obsolescent Factors in the International Economy*），《社会经济学评论》（*Review of Social Ecoomics*）1972 年 3 月。
② 雅各布·肖恩霍夫：《美国和欧洲制造业的工资与贸易》（*Wages and Trade in Manufacturing Industries in America and Europe*）（纽约：1884），第 19 页；肖恩霍夫：《高工资经济》（*The Economy of High Wages*）（纽约：1892），第 385 页。
③ 肖恩霍夫：《高工资经济》，第 39 页。

劳动力提高技能和生产率水平，攀升到价值链的更高位置。主流理论假设一个国家的劳动力只与其他国家的劳动力竞争，而且假定各国生产力相同，就好像工资水平与生产力之间没有关系，公共基础设施投资也没有任何作用一样。这种过度简化的贸易理论认为，某些经济体是先天的劳动密集型，这就是它们在"自由市场"下的宿命。

"要素禀赋"使国际现状合理化

主流贸易理论试图简单地用劳动力相对于资本的稀缺性来解释贸易模式。它不会根据劳动力的质量差异而做出调整，并且忽略了税收政策和公共补贴的作用。这种理论仍然停留在瑞典经济学家埃利·赫克歇尔（Eli Heckscher）1919 年提出的、后来被他的学生伯蒂尔·奥林（Bertil Ohlin）完善的观点上。赫克歇尔–奥林定理将任何国际现状都描述为各国劳动力和资本的相对禀赋条件下的自然结果，却没有解释这些条件是如何产生的，也没有探讨应该如何改变它们才能促进经济繁荣。

这套理论声称，每个经济体都有它自身独特的资本与劳动力"禀赋"比例，而且每一项要素都根据它们"对生产的贡献"而获得报酬。劳动力和资本的比例以及生产率，在整个经济范围内都一样，仿佛各个经济体都是同质的，没有任何差异。但这套理论没有讨论领先的国家如何通过保护主义政策和补贴而自我赋予资本，使本国的劳动力在生产中做出更多贡献。更严重的问题是，这套理论不承认经济租、债务水平和税收政策会影响成本结构。

这些理论缺陷是故意制造的盲点，而不是无心之失，国家的资本/劳动力关系（即每名雇员的资本投资额）的定义如此抽象，甚至毫无意义。事实情况是，经济体包括众多部门，资本/劳动力比例各不相同。把这些差异抽象化为单一均质的全国平均值，就会使人们忽略哪些部门是出口导向，哪些部门是国内经济的一部分。并非所有部门都是出口导向的，那些确实是出口导向的部门通常由外资控制，与其他经济部门的资本/劳动力比例有很大不同。出口导向部门的资本/劳动力比例通常更像那些外来投资国的比例，而不像出口国的比例。

因此，从统一的国家资本/劳动力关系的角度来思考问题，这种过度笼统的表述，使人们注意不到今天世界生产分工的一个鲜明特点：大多数原材料出口国家都是二元经济。与人们的预期正好相反，欠发达国家的国内部门的资本/劳动力比例远低于出口部门。原因很简单：这些经济体的出口部门通常由外资控制，而这些外国投资往往集中于高度资本密集的自然资源开采，以石油与采矿为主，并且延伸至大种植园农业。

赫克歇尔声称，具有同等生产力的相同生产要素（劳动力或资本）的收益——这是致命的过度简化——将会通过商品的自由贸易而变得均等。但只要认清上述二元经济结构，他的说法便不攻自破。他说："国际贸易得以开展的先决条件可以概括为不同的相对稀缺性，即进行交换的国家的生产要素的不同相对价格，以及不同国家之间的生产要素的不同比例。"奥林附和并指出："每个地区在商品生产方面都有其自身优势，该地区大量丰富和廉价的要素都会进入这些商品。"[1]

这些问题最终都被归结为资本与劳动力的相对稀缺性。赫克歇尔总

---

[1] 埃利·赫克歇尔：《外贸对收益分配的影响》（*The Effect of Foreign Trade on the Distribution of Income*, 1919）。译文收于埃利斯（Ellis）与梅茨勒（Metzler）合编的《国际贸易理论文选》（*Readings in the Theory of International Trade*）（费城：1949），第274页。另见伯蒂尔·奥林：《区域与国际贸易》（*Interregional and International Trade*）（剑桥：1935），第20页，第22～29页。保罗·萨缪尔森（Paul Samuelson）将要素禀赋理论数学化，后来成为备受推崇的"要素-价格均等化定理"（factor-price equalization theorem）。参阅《经济学》（*Economics. An Introductory Analysis*）第七版（纽约：1967），第672页、648页。

结说:"如果所有国家的生产条件都相同",那么"贸易必须继续扩大,直至国家之间的生产要素相对稀缺性达到均衡"。在自由贸易下,随着某国较高工资的"稀缺"劳动力的产品在价格上竞争不过其他地方相对丰富的"低薪"劳动力的产品,全球国家的收入就会趋同。这就是古老的"贫困劳动力"的"神话"。它认为贫穷和缺乏公共服务是一种成本优势,而不是生产率劣势。

只有基于上述简化的假设,才能推导出国际收入会通过自由贸易及其相关联的国际投资流动变得更加平等。这个假设的致命错误在于"所有国家的生产条件皆相同"。它假定全世界所有国家的劳动力都具有同等的生产力,技术与非技术劳动力之间没有区别,各国的经济政策也没有不同。只要政府不干预市场,国际收入就会自然趋同。其含义是,如果工资上升,那是因为相对于资本而言,劳动力的供应下降了,而不是由于劳动生产率的提高,也不是因为工会组织、最低工资法的实行,或者金融化经济体的生活成本提高。这种过分简化的假设是如此不符合现实,简直可以形容为蓄意欺骗。

劳动力和资本的相对收益,不会通过各国之间进行产品贸易而变得均等,原因是各国的生产力和经济政策各有不同。[①] 资本在越来越多的项目里取代了劳动力。新的资本投资正在压低体力劳动的价格。可是,赫克歇尔-奥林定理却过度简化了这个问题,把劳动力视作生产不同劳动的服务,并假设劳动力与"资本服务"之间没有竞争。言下之意是,各国可以通过降低工业劳动力的价格,成功地出口更多"劳动密集型"

---

① 为了自圆其说,回避逻辑上的问题,自由贸易理论家承认,在这些假设的模型中,贸易应该会促成各国收入结构的相似性(即相同的工资与利润的平均比率),但并不一定是绝对的收入平等,除非有共同的贸易条件,例如,有世界统一的价格的原材料和资本品。但是确实存在这样的贸易,而且多数原材料和资本品的全球价格也确实相同。于是就剩下劳动力价格,成为全球成本中的唯一变量。

产品，并通过实施财政紧缩政策而赢得竞劣之争，仿佛贫穷将会使它们变得富有一样。

经济学家们专注于收入趋同的假设条件，但世界各国的收入并没有变得均等。在过去的两个世纪里，尽管进行了大规模的国际投资，但由于资本收益的稳步增长超过了劳动力的收入，国际收入和生产力的差距还是在不断扩大。所以，"要素比例"理论是在描述一个并不存在的世界。在学术上的成功并不在于它的解释能力，而在于反对政府积极制定贸易和社会政策的政治立场，特别是反对保护主义和利用社会开支来提升劳动力素质。

当一种理论建议各国专注于生产它们在某时某刻"最擅长"生产的东西时，就是在建议各国忽视通过改革提高生产率和最小化食租/食利特权获得的长期收益。这种贸易理论没有认识到，欠发达经济体要把生产力和生活水平提高到国际水平的唯一途径就是对现行的经济、金融和税收进行结构性改革，以减少食租/食利者特权，并采取保护主义措施和适当的补贴来提升劳动力素质。"要素比例"或"稀缺性"理论试图通过贬低政府政策，斥之为"干预自由市场"，来指责这些政策无助于促进繁荣，只会造成当前的不公平现状。

美国和其他工业国家的劳动力也因此遭殃，因为各国政府任由工业雇主借机投资海外，利用成本较低的外国劳动力生产本国的消费品，把生产转移到海外。他们声称，通过获得廉价的进口货品，国内工薪阶层的生活也会得到改善。要人们认同这种说法，诀窍是让他们站在消费者的立场，这样他们就不会质问：如果工作岗位都被转移到了海外，那么更低的消费价格又有什么用呢？克林顿总统推动了《北美自由贸易协议》（*the North American Free-Trade Agreement*，NAFTA），但是美国劳工意识到了它带来的伤害，所以在 2000 年总统大选中，民主党的候选人落败了，就像后来希拉里·克林顿倡导的《跨太平洋伙伴关系协定》也令她在2016年大选中败给了主张保护主义的特朗普一样。

自由贸易模型绝少承认政府政策的作用。它们只是推测如果所有政府都撒手不管贸易和投资规则，那么将可能发生什么情况。它们认为财政和金融系统是既定的，所以不需要讨论经济政策如何改变财政和金融。工业国的政府肯定会采取行动阻止欠发达国家利用补贴促进经济独立，阻止它们用本国的生产取代进口，阻止它们创造自己的货币取代向外国贷款。领先工业国的这种外交激进主义，意味着现有的贸易和投资模式并不是天生如此。

对于英国、美国、德国和日本的崛起，合理的解释应该首先承认国际贸易、投资、金融外交和军事胁迫之间的联系，并描述国家是如何通过保护主义式的"国家资本主义"完成工业化的，如何垄断了贸易收益，并把收益投资到其他国家巩固其对全球资源的控制。还应该追踪国际信贷如何扩张并超出了债务国的偿还能力，使债务国被紧紧束缚在债务的枷锁上，被迫实行紧缩政策，压低贸易条件和工资水平，以确保债权人投资国的利益。

债务杠杆和军事胁迫对国际贸易的影响

重商主义者指出，贸易是那些缺乏矿藏的国家获得世界货币——白银和黄金——的唯一途径。在那个时代，国内货币与信贷的创造受制于国际贸易和收支平衡。这决定了货币的汇率，从而决定了进口和出口按照世界货币计算是高价还是低价。

领先国家一直抱有利用贸易盈余（和纳贡）收购其他国家自然资源

的想法，现在则成功地通过盈余收购其他国家的工业和基础设施垄断企业，把这些国家变成由金融控制的经济卫星国。这股动力驱使世界经济两极分化，一方是富裕的债权国，另一方则是无法实现工业和农业现代化陷入贸易和债务依附的债务国。切合现实的贸易理论必须承认，债权国—债务国关系的作用，左右了汇率和进出口的贸易条件。

亲债权人利益集团却声称，债务关系不会产生这样的影响。李嘉图认为，偿还债务是自我融资，不会造成货币通缩。因为如果一个经济体获得了国际收支盈余，那么它的货币流入量和汇率便会上升。这将推动它从收支赤字、汇率走弱的国家购买商品。而后者将会有额外的出口收益偿还债务。换言之，支付给国外的贷款将通过贸易回流，因此不需要政府的贸易和货币（资本）控制。

有人根据类似的逻辑声称，国内债务偿付不会导致债务通缩，因为债权人会把他们的利息收入再投入经济中。但实际上，他们会利用食利收益发放更多的贷款，购买更多的房产，而不是购买更多的商品和服务。

李嘉图分析金融的盲点可以用李嘉图兄弟自己的业务来说明。希腊在1829年摆脱奥斯曼帝国独立后，李嘉图兄弟成了希腊债券的承销商。希腊所支付的高昂的债务费用并没有回流到经济之中，希腊遭受了长期的经济紧缩，19世纪之后一再出现债务违约。

历史上，大多数国际贷款都用于为战争提供资金，或者帮助政府渡过财政危机，而不是用于债务国的生产性项目。新贷款用来偿还积累的旧债，相应地压缩了债务国的经济和财政预算。还不清的债务往往迫使政府出售产生租金收益的自然资源或公共服务部门。

主流贸易理论不会提及炮舰，也不会讨论武力在多大程度上保障了债权国获得自然资源租。这样的事例如，英美在1953年合谋推翻了伊朗的民选总理摩萨台，以及近年来在伊拉克、叙利亚和利比亚（又试图在委内瑞拉）大肆破坏并夺取石油控制权。

在国际定价和对贸易收益的计算中，经济租并没有被视为一项因素。例如，自然资源租以及军事帝国保护寻租者利益的相关成本，都被明显忽视了。另外，环境破坏及清理成本也没有被考虑在内（我们将在第七章讨论这个问题）。主流理论并不承认这种"贸易带来的损失"，国际投资政治化和军事化可能造成的"外部性"成本也没有得到承认。

举例来说，石油出口国委内瑞拉吸引了美国公司前来投资。它们得到了美国外交政策的支持。就像整个拉丁美洲的情况一样，美国在委内瑞拉扶植独裁政权以保护美国公司的利益。委内瑞拉的贸易赤字由该国向美国和其他外国投资者发行的美元债券来填补。有美国撑腰的代理人政权以国家石油公司的资产，包括国家石油公司在美国的石油分销系统，担保这些政府债务。如果委内瑞拉选出一个左翼民族主义政府，便会遭受美国支持的贸易制裁的围剿。债券持有人掠夺了该国的海外资产，最后英格兰银行干脆代表美国支持的代理人政客窃取了委内瑞拉的黄金储备。

世界银行的大型工程项目为自由贸易和外国投资带来的"外部性成本"提供了另一个例子。这些项目导致各国陷入债务陷阱，迫使它们不得不向IMF借款。IMF规定的"贷款条件"基本上是说："为了还债，你们要向劳工发起一场恶毒的阶级战争。你们必须降低工资，因为劳动力价格是国际贸易的唯一变量。原材料具有相同的世界贸易价格，所有国家都为铜、机械和其他材料支付相同的价格，石油资本品也一样。对外贸易中的唯一变量是劳动力价格。因此，你们必须阻止工人组织工会，阻止任何形式的亲劳工改革。你们能偿还债务的唯一方法是使经济两极分化，并且使劳动力一贫如洗。"

金融依附已经成为当今单一作物贸易中最具破坏性的副产品之一。

债务国被迫实行紧缩政策，挤压了国内资本投资。IMF用一种"吸收法"使紧缩计划合理化，声称结构性收支赤字可以通过加税、提高公共服务价格和削减公共社会开支来解决。这套想法的逻辑是通过征税"吸收"大量的国民收入，人们便没有足够的收入去消费进口品，而低工资（"贫困劳动力"）可以刺激出口。说得夸张点，这些人想当然地认为，降低劳动力的工资就能让产品"免费"出口，仿佛贫穷和失业能帮助这些债务国在国际上赚到更多钱似的。

现实情况是，紧缩政策使债务国生产力萎缩，通常会引发移民潮和资本外逃。挤压国内收入来支付外国债权人和投资者，往往使债务国没有能力实现收支平衡。IMF所谓的"稳定计划"，使拉丁美洲、非洲和亚洲众多国家越来越依赖债务和贸易。结果就是经济的低度发展，而非现代化。

自由贸易据称可以提供一个"公平的国际竞争环境"，可以使低收入国家消除贫穷，因为全球南方国家的廉价劳动力能够以低价产品战胜高薪劳动力的欧美对手。现实情况是，自由贸易巩固了现有的极度不平等的国际贸易环境，因为先进工业国积累了大量的工厂、生产设备、公共基础设施和教育资源，而前殖民地国家却因受到阻挠而难以发展。

一旦考虑资本和社会基础设施投资，我们就会明白，为什么自由贸易必然有利于领先的工业国，而不是有利于后来者。事实上，说服后来者接受生产力和所有权不对等的现状，目的就是阻止它们上来追赶。

领先工业国的目的是说服低工资国家相信，如果容许欧美投资者在当地建立劳动密集型生产工厂，低工资劳动力就可以晋身中产阶级。它们巧立名目，使这些国家无法认清欧美外交政策的真实目的是使其深陷债务陷阱，然后将其政策制定权转让给外国债权人。这个陷阱让IMF及以美国为中心的相关外交策略，可以通过实施紧缩政策和债务通缩来

"拯救"债务国。最后,美国会要求控制这些国家产生租金收益的自然资源和基础设施垄断部门。

这样的结果与传统的欧洲殖民主义和重商主义是一样的。它们谎称"开放的国际经济"是"公平的竞技场",目的其实是把全球的南方国家紧紧束缚在永无终结的贫穷中。低工资劳动力非但不会晋身中产阶级,相反,他们会继续成为饱受欧美垄断的工业和金融资本剥削的受害者。

贸易依赖模式背后还有野蛮的武力撑腰。在拉丁美洲和非洲,美国支持暗杀原住民和土地改革者。这是因为原住民试图阻止美国企业在他们的居住地域伐木和采矿;土地改革者则倡议把由美国企业控制的农作物种植园的土地重新分配给当地家庭,让他们生产粮食,以便在进口美国粮食之外还有另一种选择。

这种使用武力暗杀的行为绝不是一种"自由市场现象",更不会走向更高效率的国际竞争。仅仅基于"要素比例"的贸易理论,无视美元外交如何使拉丁美洲和非洲血流成河,让它们深陷债务,却称之为"和平与民主"。它还忽略了美国在很多地区制裁和推翻那些追求经济独立的当地政府。

自由市场经济学家声称,关税、配额、资本控制及其他促进工业发展和提高生产率的行动等同于通向奴役之路。真实情况是,如果一个国家无法保护、监管和补贴其关键部门,就只会导致金融、贸易和技术的对外依赖;为了支付进口费用和偿还外债,国家将陷入长期的国际收支赤字。这才是真正的通往奴役之路。任何贸易政策分析都必须考虑这一真实的情况。

美国为什么以及如何失去了工业优势

主流贸易理论既无法解释世界领先的工业国和债权国昔日是如何取得主导地位的，也没有解释美国经济自 1980 年以来出现去工业化的原因和方式。美国有大量失业的人口和废弃的工厂，为什么劳动力没有因此变得"廉价"，而美国的公司却将工业生产设施转移到了东亚？

如果将这一现象简单地解释为雇主为了雇佣工资最低的劳动力，那就太肤浅了。什么是"工资"？工资仅是雇主支付的，还是劳动者从政府和私人雇主那里得到的总和？

中国投资建设了一个庞大的公共基础设施系统，最大限度地降低生活和商业成本来促进工业生产。这样，雇主就不必因为劳动力需要承担私有化的教育、医疗保健、交通和其他基本服务的费用，而必须支付更高的工资。公共基础设施提供了这些基本需求，西蒙·派顿称之为"第四种生产要素"。

这些公共资本投资在赫克歇尔 - 奥林 - 萨缪尔森的"要素比例"世界中不见了踪影，政府只是花钱，但并不属于"生产要素"。他们不承认公共部门在降低私人雇主需要承担的成本方面所发挥的作用，也不认为比起把基础服务私有化，交到寻租垄断者手中变成撒切尔式的新自由主义经济，公有化的基础设施的成本会更低。

其他地方的劳动力成本远低于美国，原因很明显：美国经济的金融化和私有化程度最高。正如第五章中解释过的，美国的工薪阶级必须比其他国家的工人支付更高的债务费用、住房开支（不管是租户还是房屋抵押贷款债务人）、健康保险、教育和其他基本服务的费用。即使食物及其他物质需求可以免费提供给工人，美国的劳动力价格还是因为上述成本而缺乏在全球工业市场中的竞争力。在美国，住房开支往往消耗了雇员工资的 30%~40%，社会保险和医疗保险又花费了 15%，所得税和销售税可能又占去 20%。此外，还有私人医保、金融化的退休金供款、个人债务开支，等等。

因此，解释国际贸易格局的转变必须考虑整体经济及其政治环境。最重要的是，要理解金融资本主义是如何因为鼓励榨取租金和追求短线收益而削弱了工业资本主义。工业资本主义需要长期规划来开发和销售新产品。但是自 1980 年以来，经济管理却一直追求通过金融方式获取短线收益，靠买卖资产（包括金融证券和贷款）来赚钱，而不是创造新的生产资料来销售更多的商品及服务。投资者盘算的只是在某个时刻的供求条件下的套利机会。

如上文所述，中国的政策参照了美国在 1865—1914 年的保护主义路线：国家补贴工业、庞大的公共部门资本投资（但是没有制造出具有掠夺性的铁路和土地财富，在美国这些变成了经济毒瘤）、教育和医疗卫生的社会性开支。凡此种种皆有助于提升劳动力的素质和生产力。在美国，这不叫马克思主义，这只是看待工业化的一种合乎逻辑的方式，是广泛的经济和社会系统的一部分。现在这些却被谴责为"通向奴役之路"和"专制独裁"。事实上，美国自身迈进了债务奴役的金融化时代。

美国企图主宰国际经济

今天的金融资本主义留给美国的主要是农粮综合企业，以及各个领域的垄断企业，如信息技术（主要是军工研究的副产品）、军工和药物专利（利用公共种子基金资助研究）等领域的企业。它们榨取垄断租，利用离岸银行中心几乎可以不用缴税。美国经济变得更具榨取性而不是生产性，越来越走向空心化。

美国日益依赖食租/食利阶级和货币权力（第十章将讨论美元外交）来维持表面上的繁荣，财富越来越集中在顶层1%的人手中。美国并没有尝试扭转经济的两极分化——一边是食租/食利的FIRE部门，另一边是剩余的工业基础（主要由军工复合体相关的部门主导）——而是利用外交针对俄罗斯、中国和其他国家实施出口等各项贸易制裁，试图阻止它们脱离美国的控制。

阻挠外国自主研发技术往往是徒劳的，而且通常会适得其反。同样，出于战略原因而实施的贸易制裁也会产生预期之外的结果。例如，俄罗斯抵抗美国和乌克兰试图接管俄罗斯在克里米亚的海军基地后，美国外交官说服北约卫星国针对俄罗斯实施农业制裁，目的是要俄罗斯人挨饿，迫使他们屈服于美国的外交淫威。但实际的效果却相当于推进了俄罗斯本土经济学家一直犹豫是否需要立法的贸易保护措施。一位俄罗斯农场企业家和普京总统之间的讨论反映了这一问题："我是一个来自莫斯科地区的农场主和奶酪制造商，"西罗塔在2018年10月的一次公众讨论会中告诉普京总统，"我制作奶酪。让我首先代表农民向您说明，正如我们过去4年间反复告诉您的，对于西方的制裁，我希望向您表达感谢。事实上，在我们的分组讨论中，我们与专家们已经就此问题进行了长时间的讨论。"

普京回答："你应该感谢美国人，而不是我。"

这位农民补充说："因为我们的奶酪很美味，质感硬实又便宜，多亏卢布的汇率。它正在吸引投资者，包括国际投资者。大家都开始对俄罗斯的农业进行投资。我们有来自瑞士的合作伙伴，他们搬迁到俄罗斯建立农场。在会议期间有人反复问我，如果制裁解除了会发生什么事情？我该怎么办？那会是一场灾难吗？"

普京说："关于奶酪以及如果制裁取消了会发生什么。首先，我们没看到他们准备解除制裁，你可以睡个好觉了。"①

美国外交政策的效果是，"帮助"（实际上是迫使）俄罗斯培育了自己的进口竞争部门，一般情况下，这需要实施保护性关税来实现。如果美国的战略家或者俄罗斯的官员曾经读过马克思的著作，他们也许就会想到马克思在1867年写给恩格斯的信。马克思指出：

> 爱尔兰人需要的是：
> （1）自治，脱离英国而独立。
> （2）土地革命。即使是最良好的愿望，英国人也不能替爱尔兰人完成，但是可以给予他们合法的手段，让他们自己去实行。
> （3）对英国征收保护性关税。1783至1801年间，爱尔兰的所有工业部门都开始蓬勃发展。联合王国废除了爱尔兰议会制定的保护性关税，摧毁了爱尔兰的所有工业活动。剩下一点的麻纺织业只是杯水车薪。1801年的联合法令对爱尔兰工业的影响，与安妮女王、乔治二世等人统治下的英国议会对爱尔兰毛纺业采取的压制措施的影响是一样的。一旦爱尔兰独立，他们将自然变成保护主义者，就像加拿大、澳大利亚等国一样。②

类似的判断也适用于今天的俄罗斯。首先，它需要一个独立于美国新自由主义意识形态的政府，才能走向取代新自由主义自由市场的另一条道路。其次，它需要使生产、税收和金融体系合理化，从而取代1991

---

① 约翰·海尔默（John Helmer）：《俄罗斯现在是大奶酪》（*Russia is Now the Big Cheese*），《与熊共舞》（*Dances with Bears*）2020年9月22日。
② 马克思给恩格斯的信，1867年11月30日，收录于《马克思与恩格斯论不列颠》（莫斯科：1962），第544页。

年以来的食租/食利窃国统治，并协助实现第三个要求：自力更生，摆脱对美国及其卫星国的贸易和金融依赖。通过关税和其他保护主义措施，甚至通过美国的贸易制裁而被迫自力更生。

中国正是因为遵循了这一逻辑而挣脱了束缚，实现了迄今伟大的工业成就。这导致特朗普政府对中国实施制裁，试图借此推动美国的互联网及相关的 IT 垄断。美国外交官们动员北约及其他盟国抵制中国的 5G 技术和 5G 技术的领先企业，称其存在网络安全问题。但那不过是委婉的说法，实际上是因为中国不允许在技术中插入间谍软件，为美国提供"后门"以刺探有关国家安全的信息。

就像古罗马一样，在今天的全球食租/食利型经济中，美国经济的生存模式已经变成依赖外国进贡。就像强盗害怕受害者报复，食租/食利者和垄断者也害怕他们的附庸者起来反抗这个不公平的体制。这种体制为占据金融和军事主导地位的国家提供了免费午餐。这些国家利用武力和法律"权利"实行统治，剥夺其他国家的权利以及它们实现广大人民共享繁荣的机会。为此，美国设立了 750 个军事基地来包围欧亚大陆。

问题不仅仅在于美国为了自己的垄断企业而坚持阻挠外国竞争对手。真正的问题在于，美国在原则上反对各国政府对以美国为中心的金融资本主义进行监管。美国的政策是针对劳动者的阶级战争的一部分，也是一场针对政府掌握权力的混合型经济的政治和意识形态战争。政府权力指的是，对美国的外国投资进行监管和征税的权力，以及政府提供补贴从而使本国经济独立于美国供货商和债权人的权力。这就是为什么美国对后苏联时代俄罗斯的反对与冷战时期一样激烈，而当年美国的借口是对抗共产主义扩散的威胁。

两者的冲突实际上仍然属于意识形态的对立。今天重新燃起的"新冷战"是一场"自由主义"战争。美国金融部门在海外盟友的支持下，试图把经济规划和资源分配的权力,从政府转移至以华尔街和伦敦金融城为首的各个金融中心。这类似于古罗马元老院为了捍卫债权人的权益,镇压群众对于取消债务和重新分配土地的诉求而发起的战争。

美国好战成性,试图以此维持在日益军事化的世界中的食租/食利的单极霸权地位。这是自由市场学术模型所忽略的国际贸易的另一个方面。对外贸易是一个依赖供应链安全的相互联系的体系。干预、制裁、抵制或其他形式的经济战都可能会造成整个供应链的断裂。这种形式的战争让人想起在20世纪50年代,美国战略家试图通过粮食禁运打击毛泽东领导的新中国(加拿大当时打破了美国的禁运)。

拜登总统已经宣布中国是美国的敌人,并安排过去支持发动先发制人的战争和核对抗的人进入美军领导层。他宣布:"当我们与其他民主国家携手并进时,我们的力量不止成倍地加强。中国不能无视全球一半以上的经济。这赋予了我们实质的影响力,使我们能够塑造一切领域的规则,从环境到劳工、贸易、科技和透明度,从而使这些领域可以继续反映民主利益和价值观。"[①] 拜登口中所谓的"透明度",是指美国国家安全委员会能够通过隐藏在脸书(Facebook)、谷歌、苹果和美国其他信息技术中的"后门"程序窃听所有外国互联网通信。如上所述,这也是美国的贸易谈判代表力图阻止华为、抖音和其他中国应用程序在美元区国家被使用的另一个原因。

美国的目的是防止中国创造一个能够保卫自己免遭制裁和纵深足够广阔的经济体系。正如习近平主席所说:

> 为保障我国产业安全和国家安全,要着力打造自主可控、安全

---

① 詹姆斯·金格(James Kynge):《中国准备好迎接美国选举的双输局面》(*China braced for lose-lose scenario in US election*),《金融时报》2020年10月15日。

可靠的产业链、供应链，力争重要产品和供应渠道都至少有一个替代来源，形成必要的产业备份系统。①

冗余（Redundancy）是自然界和生物的一个固有系统，在国际经济中也是如此。生产的专业化分工程度使经济体在基本需求方面依赖于某个资源的中央供应者，最终会产生垄断权力。而在最坏的情况下，如果垄断势力的要求得不到满足，就会中断供应——这种要求可能不仅是为了更高的价格，而且是要求其他国家采纳垄断者所支持的社会制度的政治诉求。

美国政府支持与中国的工业竞争

令美国冷战战略家不安的是，其他国家已经发展了自己的工业和农业，不再像1945年那样依赖美国的出口了。克莱德·普雷斯托维茨（Clyde Prestowitz）是里根政府时期的一位保守派共和党贸易顾问，在2021年抛出挑战性的言论。他说：

> "二战"后的全球体系诞生于美式和平（Pax Americana）和一种信念——人们深深相信美国永远是世界的制造业和技术超级大国，拥有最高的生产力，支付最高的工资，并且永远保持贸易账户的顺差和平衡。这种独特的地位是自由世界在2001年欢迎中国加入自由贸易体系WTO时所期望的。自从邓小平在1979年采纳了某些市场

---

① 习近平：《国家中长期经济社会发展战略若干重大问题》，《求是》2020年10月31日。

手段开始,特别是苏联在1991年解体后,自由世界的首脑们相信,增加对中国的贸易和投资将会导致中国经济无可避免地走向市场化,国有企业将无可避免地走向衰败。①

但事实相反,中国采纳了使美国、德国及其他工业经济体取得成功的经典混合经济政策。到2021年,美国保护其大型垄断企业免受中国竞争的主要理由是,中国政府做了美国政府自19世纪末以来一直在做的事:支持本国工业。美国的贸易战略家声称,两国冲突的根源在于新自由主义自由市场的"民主"受到了中国专制的威胁。他们仿佛在说,美国工业过去并不是在政府的支持下成长壮大的。普雷斯托维茨把中美框定在"市场经济"的含义上。关于政府的支持是否是市场的一部分,他断言:

中国经济与当今世界贸易组织、国际货币基金组织、世界银行以及一连串其他贸易协议中所体现的全球经济体系的主要前提格格不入。这些协议认为,经济主要以市场为基础,国家的作用必须受到限制……这个体系从来没有预料到会纳入像中国这样的经济体,国有企业占生产的三分之一;政府推进军民融合发展战略,用于经济和政治上的控制;而国际贸易可以出于战略目的随时变成武器。

美国当然也在通过军事采购和生产合约补贴飞机制造商、互联网企业和其他重工业。事实上,普雷斯托维茨就曾敦促拜登总统"引用《国防生产法》,直接增加美国本土的关键商品生产,如药品、半导体和太

---

① 克莱德·普雷斯托维茨:《摧毁全球贸易体系》(Blow Up the Global Trading System),《华盛顿月刊》(Washington Monthly) 2021年3月24日。该文作者在沃顿商学院取得MBA学位,这一事实反映了他的建议的虚伪性。当年西蒙·派顿在沃顿教授公共基础设施及相关支撑的优势,并将其视为"第四种生产要素"。

阳能电池板"。

在指控中国"操控货币汇率"方面，美国外交政策的虚伪达到了一个新高度。普雷斯托维茨先生的意思是，中国所做的恰恰是欧洲和其他国家正在做的事情：为了稳定本币汇率，中央银行吸纳向美国出口赚取的和来自美国投资的美元，并以美国国债的形式形成外汇储备。而这种操作正是美国国库债券本位和美国货币帝国主义的核心。更糟糕的是，美国外交急剧扩大了使用贸易制裁作为"新冷战"的主要经济武器，特别是针对俄罗斯、叙利亚、委内瑞拉、伊朗及其他目标国家。

把美国工业描述成独立于政府支持是欲盖弥彰，事实上美国工业接受了巨额的公共补贴和经济支持。公共补贴是工业资本主义的信条。但是随着经济的金融化，美国已经去工业化并将生产转移到海外。中国的成功在于避免了金融化，实现了昔日美国理想中的低价基础设施服务。

我们需要一种承认金融及 FIRE 部门的现代贸易理论

几个世纪以来，最关键的垄断是货币。这种金融控制在今天仍然是重要的问题，其重要性正如过去的贸易和军事实力一样。虽然大多数贸易理论建立在比较直接生产成本的基础上，但是今天债务融资、经济租和税收政策，以及政府基础设施和补贴，已经变得更加重要。如前文所述，李嘉图的比较成本理论把大部分成本支出视为与消费品有关，其价格可以最终化约为劳动成本。在那个年代，食物是工人的主要开销，因此李嘉图的说法似乎是合理的。但是在今天，人们的主要支出是住房成本（主要是租金和房贷费用），而住房成本主要取决于抵押贷款的信贷条件，以及是否征收土地税以压低或抬高房地产价格。住房成本和个人银行贷款、信用卡债务、车贷（在美国还有学生贷款），再加上强制性社会保障储蓄存款、养老金供款和强制性医疗保险，通常会将非商品开支推高到劳动力基本日常开销的一半以上。

因此，符合现实的贸易理论需要考虑这些非生产性成本上升的事实。但是，金融部门最不愿意看到人们讨论有关政策时考虑现实的利益集团，因为它的首要指导性原则是否认自己造成经济问题和不劳而获的罪责。金融部门非常清楚，没被讨论过的东西不会受到批评和监管，因此他们更喜爱那些认为货币和债务无关紧要的经济模型，这样人们就不会去思考金融层面的问题了。

通过只从生产资本品所需的劳动时间来看待资本品的成本，李嘉图避开了资本品融资的信贷条件，如利率和债务/权益比率。债务费用在劳动力和资本成本中的比重不断上升。因此，相关的国际贸易理论需要认识到，金融化和FIRE部门的食租/食利费用，在多大程度上支配了资本投资和劳动力的相对成本。住房抵押贷款和学生贷款的利息和本金、医疗费用、强制性养老储蓄，这些开销在决定国际竞争力方面的重要性已经超过了名义工资和劳动生产率。毕竟美国的医保和医疗成本都是由个人和雇主来承担，而不是由公共部门承担。

如何处理不能清偿的债务如今成为日益重要的问题。这个问题引发了一场讨论：银行和信贷应该是像中国那样成为公共事业，还是像西方那样保持私有化。西方公司无法偿还应付的债务费用时，债务不会被取消，而是被宣布资不抵债，并因此而倒闭。中国的情况则不一样，企业不用关停，因为国家银行可以扩张信贷，让那些与国家利益攸关的工业设施继续经营下去。

世界各国政府都将税收负担从金融业和房地产转移到了劳动力和工业上，结果是催生了金融和房地产泡沫。在这些泡沫中，通过贷款进行金融投资的收益使新的工业资本投资相形见绌。这些变化使今天的"生产成本"概念比起贸易理论刚刚形成的时代要复杂得多。现在,更合适的理论是"比较劣势的经济租理论"(Rent Theory of Comparative Disadvantage)[1]。然而,今天的主流贸易理论被坚固的意识形态高墙封闭了起来,排除了对经济租的作用的讨论,也排除了任何对FIRE部门在国民经济中的作用的质疑。

如果说保护主义是工业资本主义的贸易政策,那么财政紧缩和债务通缩就是金融资本主义的政策。金融资本主义的"自由市场"指的是:"不要监管你的经济。让我们银行家和外国投资者来控制你们的经济规划与资源分配。"正如所有优秀的科幻小说一样,这套自由贸易福音需要人们在很大程度上放下对自由贸易的质疑,才能进入一个由不属于这个世界的法则所统治的世界。

---

[1] 译注:对应经济学的比较优势成本理论。

第七章　粮食、石油、采矿与自然资源租

工业资本主义的显著驱动力是剥削雇佣劳动力，但工业国通常以占有世界上大部分的自然资源租为最终形态。因此，贸易和外资所有权之间的联系在粮食、石油和采矿部门最为明显。

地表上的农耕土壤和地下的矿产资源一直以来总是吸引着侵略者[①]，而最近则吸引着食租型企业，站在它们背后的是帝国政府。从罗马时代的西班牙银矿到秘鲁山区的波托西银矿，从北非的罗马大庄园到驱赶了原住民后大量蓄奴的美洲土地，情况一直如此。近代的资源掠夺诸如联合水果公司（United Fruit Company）和美国其他企业在中美洲经营的单一种植园、石油国的独裁政权，以及智利的铜矿。受剥削的国家不得不忍受美国扶植的独裁政权。原材料贸易和代理人寡头总是携手并进。寡头政治作为伴随着自然财富的"诅咒"，普遍被强加在资源丰富的国家身上。

领先的工业国利用金融和军事力量阻止弱国占有自然资源，主宰了农业、石油和采矿业的国际所有权。它们的首选策略是支持寡头和军事独裁者成为当地的管理者，帮助工业国的企业占有这些自然财富，使全球的资源租持续流向工业国。资源国往往因为被剥夺了政治主权，失去

---

① 译注：原文"Conquistadors"本意为征服者，一般指16世纪入侵并占领今天墨西哥和秘鲁的西班牙人。

本国工业化和经济繁荣的基础而陷入贫穷。这是石油的"诅咒",也是肥沃的土地和其他自然资源的"诅咒"。

对自然资源财富的食租机制意味着,拥有这些财富不利于工业的发展。比如,荷兰和挪威保持了对其近海油田的控制权,它们的货币汇率却因为巨大的生租资产而上升,劳动力和出口因为价格高而被挤出世界市场。这被称为"荷兰病"①。16世纪的西班牙和葡萄牙也出现过类似的现象。当时来自拉丁美洲的白银使地主贵族富得流油,但是这些白银经过他们的手,最终流入了那些不那么"专制"的欧洲国家。

资源国虽然控制着自己的农业、石油或矿产财富,但工业国控制了这些产品的销售,抽走了经济租,并利用离岸银行中心和"方便旗"等手段,成功避免私有化资源租被征收所得税。这与古典政治经济学时代,改革者主张将租金保留在公共领域的做法正好相反。

长期以来,自然资源财富的"诅咒"被视为"单一经济综合征",指的是国家经济依赖少数几种原材料出口,从而产生了二元经济模式:占有自然资源部门(通常是资本密集型)的外国投资者日进斗金,而资源国的本土经济却陷入贫困,并且处于垄断冶炼和销售的工业国的金融控制之中。

关于农业

李嘉图假设利润率递减,因此他认为,随着生产农作物、开采矿产

---

① 《经济学人》杂志在1977年11月创造了这个词,来描述荷兰于1959年在波罗的海沿岸发现格罗宁根天然气田后制造业的衰落。各大石油经济体是当今世界的主要例子,其次是矿产资源丰富的经济体。它们往往成为富裕的食租部门与落后经济并存的"二元经济"国家。

以及提炼金属和其他原材料的边际成本上升,原材料供应国将变得比工业国更富有。由于不得不依靠更贫瘠的土地和更稀缺的原材料,这些产品的定价会趋向高边际成本的价格,工业国的贸易条件将会恶化。那些拥有最肥沃的土地、最丰富的矿产、人口又少的国家将成为国际贸易的最大受益者。

事情显然不是这样发展的。受美国和欧洲外交政策保护的外国投资创造了足够丰富的原材料,从而压低了原材料价格,使其接近低边际成本价格。而且随着收益的增加,生产力也会大幅度提高。在农业方面,阿尔布雷希特·泰尔(Albrecht Thaer,1752—1828年)与尤斯图斯·冯·李比希(Justus von Liebig,1803—1873年)研发的化肥技术提高了生产力。到了20世纪初,弗里茨·哈伯(Fritz Haber)与卡尔·博什(Carl Bosch)开发了氨的催化合成技术——人工固氮。这项发明使智利的鸟粪供应在很大程度上变得多余。拖拉机、犁田机和收割机等农业设备,杀虫剂和除草剂,以及新的种子品种,极大地提高了生产力。

生产力的提高主要集中在以美国为首的工业化程度最高的国家。美国农业的劳动生产率已经超过了世界上任何其他部门,主要得益于保护主义措施。1933年的《农业调整法》提供了价格支持、平价补贴和进口配额,促进了美国农业的成功。后来欧盟效仿美国,制定了自己的保护主义政策——共同农业政策。

环境破坏是单一种植和农业综合企业的"外部性"

在李嘉图的时代,利用同一处土壤不断耕作确实会导致土地收益递减。事实证明,土壤并不像李嘉图相信的那样,具有"原始的、坚不可摧的"的肥力。人们用一个新的术语——"开采土壤"(Mining The Soil)——来描述美国南部奴隶州的棉花和烟草单一种植园的"旧"土地肥力被耗尽的情况。土壤的枯竭使蓄奴的种植园不断向西迁移。在安德鲁·杰克逊(Andrew Jackson)的带领下,奴隶主将印第安原住民赶出他们的土地,然后用非洲奴隶取而代之。①

19世纪40年代出现了一场关于国民经济核算应该如何衡量环境破坏的辩论。这场争论至今仍在继续,所以有必要回顾一下,人们在许久以前是如何清晰地认识到这个问题,而拥护自由贸易的人又是如何回避这个问题的。当时,美国出口种植园作物取得贸易顺差,可是土壤的肥力却逐渐耗竭。专利局在1852年的一份报告中写道:"作物的多产与土壤的破坏是美国农业的两个显著特征。"② 工业化的倡导者计算了要补充因种植园耕作而耗损的矿物质所需的成本。他们发现,这些"公共财富"成本超过了私营部门的出口收益。然而,现代自由贸易理论却把这些成本作为"外部性",排除在经济模型之外。

李比希在《化学与农业及生理学的关系》(Chemistry in its Relation to Agriculture and Physiology,1840年)中反驳了李嘉图关于土地具有固定的肥力的观点:

---

① 美洲原住民选择迁徙,或宁愿战死也不愿沦为奴隶。在美国西北部,英国土地公司购买了大片土地放牧,影响了在此定居的农民。家庭农场和大型牧场主之间的斗争持续了半个世纪,1876年蒙大拿州的鲍德尔河之战为最高潮。类似的冲突巴西和拉丁美洲各处仍在发生。那里的伐木工和农业综合企业对待当地原住民的方式,正如当年欧洲人在北美对待原住民部族和流离失所的小自耕农一样。

② 《专利局1852年报告第二部分:农业》(Report of the Commissioner of Patents for the year 1852, Part II: Agriculture)(华盛顿:1853),第4页。笔者在《农业部的政治起源:土壤化学与国际贸易理论:1840—1862》(Political Origins of the Department of Agriculture: Soil Chemistry and International Trade Theory, 1840-1862)中总结了这份文献的主要内容,见拙作《美国的保护主义崛起1815—1914:被忽略的美国政治经济学派》。

除了恢复被扰乱的平衡之外，农业技艺还能建立在别的基础上吗？人们是否可以想象，一个国家，无论土壤多么富饶、肥沃，几个世纪以来通过出口谷物和畜牧产品形成了繁荣的商业，如果不以某种形式的粪肥恢复土壤中流失的、无法从大气中得到补充的这些元素，那么它还能保持肥力吗？弗吉尼亚州曾经多产的土地上，现在许多地方已经无法种植以前的主要农作物——小麦和烟草，难道等待这些国家的不是同样的命运吗！[1]

丹尼尔·李（Daniel Lee）在1849年至1852年担任美国专利局农业处处长时，计算了有朝一日为了恢复土壤肥力而必须支付的费用。据他估计，在1849年，有1.25亿英亩改良农田，全国的消耗式耕作方法对其中的1亿英亩农田造成了平均每英亩10美分的年度损失。这1 000万美元的年度损失（类似于资本折旧）在规模上相当于1.66666亿美元本金、年息6%的资本投资收益。[2]

丹尼尔·李认为，破坏国家土壤肥力的最终责任归咎于国家的自由贸易政策。"美国政治家们采用了一种自由贸易的政治经济体系，只要它仍然盛行，土壤就不可能充分地恢复。这种管治方式无视农业科学的存在，否定它的所有教导。由于一味地破坏农业资源，导致国家每年损失

---

[1] 李比希：《化学全集》（费城：1843），第32页。
[2] 《1849年美国农业的统计和进展》，载于《专利局1849年报告第二部分：农业》（*Report of the Commissioner of Patents for the year 1849, Part II: Agriculture*）（华盛顿：1850），第25页。在上文引用的《专利局1852年报告》第7页的《美国农业的进展》，丹尼尔·李估计，土壤流失的矿物的隐含价值每年达3亿美元——即每英亩3美元，约占作物销售价值的17%~20%。"我们的意思是，要完全恢复因作物而流失的元素，如钾、钠、钙、镁、氯、磷酸、硫酸和氨，每英亩花费不能低于3美元。"

3 亿美元。"①

自由贸易的逻辑回避了这些令土壤肥力耗竭的耕作模式带来的环境成本。它还尽量忽视污染、政治后果（种族主义奴隶制和种族灭绝）以及童工和农场工人的债务奴役等社会弊端。这就是美国农业部不得不在南方种植园主的反对下成立的原因。②

金融和市场垄断剥削农民

销售农作物需要在运输、储存以及包括天气预报和农业培训在内的一系列服务方面进行投资，以推广最有效的农业技术和种子品种。营销和运输服务为部分人在关键节点榨取垄断租提供了机会。弗兰克·诺里斯（Frank Norris）的小说《章鱼》（*The Octopus*，1908 年）描述了铁路公司有计划地榨取作物剩余价值的所作所为。正如一项调查对今天的问题的总结：

> 屈指可数的几家企业控制着我们的食物，从农场到餐桌。他们不受约束的权力使他们具有越来越大的政治影响力，影响并管理我们食品系统的法规。并且他们通过压低支付给家庭农场的价格，迫使他们无法维持经营来操纵市场……企业控制的食品系统破坏了农

---

① 《专利局 1849 年报告》，第 15 页。
② 保罗·W. 盖茨（Paul W. Gates）:《内战时期的农业》（*Agriculture in the Civil War*）（纽约：1965），第 263 页。他说："南方各州在 1861 年退出联邦后，消除了长期以来影响农业和西部发展的重要立法的保守因素。国会迅速颁布了《宅地法》及相关的自由土地政策,《太平洋铁路法》对修建通往太平洋的铁路提供了慷慨的援助，建立了农业部的法案、《国家银行法》和《莫里尔法》，上述这些法案之前都因为少数人的政治操纵而被搁置了。"

村社区、地方经济、公共卫生和维持食品生产所需的土壤和水。①

现在,政府的大部分补贴都给了最大的农业综合企业,而不是家庭农场。家庭农场的数量正在以每年约 1 万户的速度减少,其中以中西部奶农为主。"农业协助"的报告说明了农粮企业集中控制农业的情况,如图 7-1 所示。

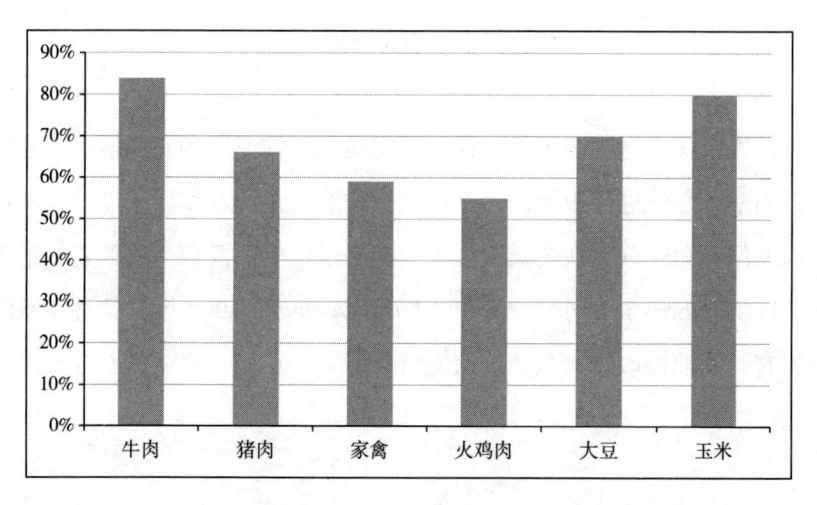

图 7-1　农业的集中情况:最大的 4 家农粮企业控制的市场份额(2019 年)

数据来源:"Cargill: The worst company in the world",*Mighty Earth* (2019),见 https://stories.mightyearth.org/cargill-worst-company-in-the-world/。

1865 年成立于明尼苏达州的嘉吉公司(Cargill)已成为美国收入最多的私营公司。它控制着美国四分之一的粮食出口,以及美国国内肉类市场几乎同样多的份额(22%)。国会前议员亨利·瓦克斯曼(Henry A. Waxman)称其为"世界上最糟糕的公司",并指责它加剧了森林砍

---

① 《企业控制了农业》(*Corporate Control of Agriculture*),"农业协助"(Farmaid),见 https://www.farmaid.org/issues/corporate-power/corporate-power-in-ag/。

伐、污染、气候变化和剥削,"其规模之大使最接近的竞争对手都相形见绌"。①

美国政府曾经多次指控嘉吉公司在财务上操纵粮食价格。农民通常提前将作物卖给嘉吉和其他粮食公司,这些公司通过芝加哥期货交易所为每种作物安排市场合同。在大萧条期间,芝加哥交易所与美国商品交易管理局一起指控嘉吉公司试图垄断玉米市场,抬高农作物的消费价格,并在1938年暂停了该公司及其三名管理人员的交易资格。

近年来,嘉吉公司被指控在世界各地非法雇佣童工等侵犯人权的行为,以及在哥伦比亚进行土地垄断的行为。巍峨地球报告指出,"嘉吉公司对自然界最大的负面影响,是它在破坏世界上仅存的完整森林和草原"。最先受到影响的是为了种植大豆而被砍伐的亚马孙雨林。此外,该公司还砍伐了苏门答腊和婆罗洲的森林来生产棕榈油——这是最不健康的快餐食品添加剂之一。

污染和相关的环境问题是美国农业综合企业营运中的普遍问题。巍峨地球报告总结说,"饲养禽畜所消耗的土地和淡水比任何行业都多。该行业的废物副产品是世界上最主要的污染源之一。这些影响很多都集中在美国,那里是工厂化农业的大本营,但它们正迅速蔓延到世界其他地区。"

嘉吉的国际金融违规行为与它早先在美国的违法行为一脉相承。当2008年世界粮食价格飙升时,嘉吉和ADM、邦吉(Bunge)、路易达孚公司(Louis Dreyfus)通过伪造销售合同和记录,利用虚假的转移定价,将粮食以低生产价格卖给它们在海外银行中心和避税天堂的贸易附属公司,谎称仅赚取了微薄的利润,以此来操纵阿根廷的账户(如下文所述,

---

① 《嘉吉:世上最糟糕的企业(2019)》,《巍峨地球》(*Mighty Earth*),见 https://stories.mightyearth.org/cargill-worst-company-in-the-world/。

这种转移定价的做法是由石油行业开创的）。阿根廷在2011年起诉了这些公司，要求它们支付10亿美元的拖欠税款。阿根廷的税收部门负责人里卡多·埃切加雷（Ricardo Echegaray）指控这些公司的犯罪行为。他解释说："2008年农产品价格飙升，本来是价格最好的一年。然而我们看到，销售额最大的公司却谎称在这个国家几乎没有利润。"[1]

嘉吉在上述案例中的同谋，就是1902年在芝加哥成立的ADM公司，这二者在财务舞弊方面可谓狼狈为奸。该公司起初是一家专门经营亚麻籽油的公司，协助成立了国家亚麻籽油信托（National Linseed Oil Trust）。1920年，司法部起诉该信托违反了《谢尔曼反托拉斯法》，因为它在1916年至1918年期间炮制了亚麻籽油成本的飙升，将价格从每加仑0.50美元推高到了每加仑1.80美元。它还在1993年因在国际赖氨酸市场上操纵价格而被起诉。三名职员被送进监狱，公司被罚款1亿美元，这在当时是有史以来最大金额的反垄断处罚。库尔特·艾辛瓦尔德（Kurt Eichenwald）的小说《告密者》（2000年）讲述的正是联邦调查局对此案的调查，同名电影于2009年上映。

自第二次世界大战以来，美国贸易外交的一个优先任务就是为美国农业争取外国市场。粮食、大豆、猪肉和其他农产品出口长期以来一直是美国保持贸易平衡的支柱，因此也是美元外交的支柱。于是美国官员带领世界银行为一些国家的公路建设、港口和相关基础设施提供贷款，促进与美国农产品不存在竞争关系的热带种植园作物的出口。有关的国家主要雇佣美国的工程和建筑公司来修建设施，由此欠下外债。各经济体最后眼睁睁看着自己的财富被抽走，外资控制的出口导向型企业在公共基础设施和运输补贴的帮助下，最终占有了资源租。

---

[1] 费利西蒂·劳伦斯（Felicity Lawrence）：《阿根廷指控世界上最大的粮食贸易商存在巨额逃税行为》，《卫报》2011年6月1日。

世界银行的贷款政策集中在不与美国农业综合企业竞争的热带种植园的出口作物上，如橡胶、棕榈油、香蕉和香料，而不支持家庭规模的国内粮食作物种植。世界银行对大规模农业综合企业而非小规模农业的支持，受到了来自世界各地超过 158 个组织和学者的批评，特别是它在 2013 年启动的"农业企业基准"（Benchmarking the Business of Agriculture）项目，由美国国际开发署（USAID）、盖茨基金会以及英国、荷兰和丹麦政府支持的"农业企业扶持"（Enabling the Business of Agriculture, EBA）经济指标。为了回应鼓励"企业掠夺土地和剥削小农户"（小农生产了发展中国家粮食消费的 80%）的指责，世界银行做了一些表面上的粉饰，取消了其备受争议的土地指标。然而，最近的一份报告称，世界银行的"最新（2019 年）EBA 仍然反映了它强烈偏袒商业化农业和单一作物种植，破坏了粮食安全、可持续性发展以及传统的土地所有制"。[①]

争论的焦点是谁应该从农业用地中获益：是当地居民和家庭农户，还是种植园主和生物技术公司，如孟山都–拜尔、邦吉（被驱逐出阿根廷）和 ADM 公司？这些公司反对环境保护监管，也反对限制操纵性转移定价，而石油业正是玩弄这种操作最臭名昭著的行业。

石油租的金融化

综观历史，劳动生产率的提高在很大程度上反映了每个工人对能源

[①] 阿尼斯·乔杜里（Anis Chowdhury）：《对世界银行而言，发展仅仅是做生意吗？》（*Is Development for the World Bank Mainly Doing Business*），《赤裸的资本主义》2020 年 11 月 15 日。另见奥克兰研究所（Oakland Institute）的报告《呼吁世界银行终止农业企业扶持》[*Calling on the World Bank to End the Enabling the Business of Agriculture*（EBA）]，2017 年 1 月 18 日。

投入的增加，从风力和水力到畜力、燃木、煤炭、石油、核能、太阳能和地热能。石油和天然气对经济增长仍然至关重要，成为控制世界地缘政治的抓手。这就解释了石油公司在英美外交中的压倒性角色。通过制裁参与建设的欧洲公司来阻止俄罗斯"北溪-2"天然气管道，是当今"新冷战"的一个焦点。

在欧佩克国家（OPEC）于1974年控制自己的石油生产之前，美国所有的石油进口都来自美国公司的外国附属公司和分支机构。这使它的国际收支费用保持在最低水平，因为进口石油的名义价格被未向外国生产商支付的费用所抵销。这些抵销的费用包括总部留存的利润、管理费、航运和港口费、给美国管理人员和在国外工作的劳工的报酬、美国出口的钻井设备和石油开采过程中使用的其他资本品，以及向外国分公司和附属公司提供的预付款和贷款的利息费用。

美国公司仍然利用总公司的外国分支机构来组织在国外的石油生产。它们的石油生产业务被合并到总公司的资产负债表中。这使它们有资格获得美国的折耗计提（Depletion Allowance）[①]，这是一种税款减免优惠，据称反映了石油公司为获得同等数量的被耗损的石油而必须花费的成本。而实际上那些石油资源正在被掏空的国家却不会得到这种津贴的补偿。

美国于1913年通过第十六次修正案颁布征收所得税案例（在1909年国会通过该税种后，经过了4年的斗争才正式颁布），目的是让国家获得经济租。但20世纪20年代，石油业和采矿业的食租者就已经开始游说，要求免除所得税。石油折耗计提是一种会计上的虚报，使石油部门实际上免除了缴纳给美国和外国的所得税。

石油业下一个要解决的问题是如何逃避在石油生产、炼油和销售方

---

① 译注：美国税法允许石油、矿产等天然资源的所有者就所消耗的资源获取税费扣除优惠。

面的国外税负。石油行业的律师和会计师以在离岸避税中心注册航运和贸易附属公司的形式创造了"方便旗"。利比里亚和巴拿马不征收所得税，并且使用美元作为本国的通行货币，实际上它们已经成为美国经济的一部分。

几十年来，美国石油巨头将它们在沙特阿拉伯和其他中东国家生产的石油，以人为的低价出售给在巴拿马或利比里亚的航运和贸易子公司。然后，这些中间商转手将石油卖给美国或欧洲的下游分销商，转让价格高到让欧洲和其他石油消费国的炼油厂或加油站没有多少利润可以向当地税务部门申报。石油业通过这种手法，把它们的海外业务的收入都包装成是在不征收所得税的国家注册的贸易公司赚取的。

现代国家的一个基本标准是有能力发行自己的货币，并通过征税赋予货币价值。而"方便旗"国家放弃了这些固有的国家权力。巴拿马和利比里亚都不是真正的国家，加勒比和太平洋的避税岛国、摩纳哥和列支敦士登也不是。它们是后工业化国家的新自由主义理想：政府不对食租/食利者的收入征税，也不做社会性支出。国家的存在只是为了实现会计虚报，方便企业掩盖利润和自然资源租的"真实"来源。

将污染的社会成本从石油业转嫁到他处

与农业综合企业一样，石油业和采矿业是全球土地、水和空气的污染者，并且试图逃避承担环境问题的责任。1989年发生在阿拉斯加的埃克森·瓦尔迪兹号1 000万加仑原油泄漏是最臭名昭著的油轮事故。随后，埃克森美孚公司进行了多年的法律诉讼，拖延履行并最终逃避了对污染进行赔偿的责任。同样恶名远扬的还有英国石油公司2010年的"深水地平线"石油泄漏事件，原因是该公司为了减少费用而没有采用正确的方法密封水下油井。英国石油公司的许多不当行为以及向国会撒谎的严重罪行，反映了该行业反对环境安全监管的强硬立场。

美国的废弃油井和天然气压裂作业造成的成千上万次的规模较小的石油泄漏事故，也给当地留下巨额的清理费用。许多经营公司（原本就是为避免法律及财务责任而单独成立的）早已不复存在，这使地方当局无从追付清理费用。目前还在运作的采探作业，依然造成了广泛的水体污染。电视新闻报道了民居的厨房水槽的自来水可以用火柴点燃。引水作业导致地下水位下降和小规模地震，当地的土地和水源都不再安全。

石油业始终拒绝承认在导致全球变暖、极端天气和海平面上升方面所扮演的角色。政府的政策也经常受到指责。加拿大阿尔伯塔省开发阿萨帕斯卡尔油砂时，将美国能源独立的目标置于保护环境的责任之上。加拿大以巨大的污染和石油泄漏为代价，通过铺设的管道将该省的脏油输送到美国。生产一桶油砂油需要消耗 4 加仑的水。早在 1976 年，笔者在能源研究和发展机构（Energy Research and Development Agency，ERDA）担任天然气液化研究顾问时，便对业界没有计算水的成本持有异议，但笔者的质疑一直都被排除在官方报告之外。他们希望让人们觉得油砂碳氢化合物的开采是经济的，不需要考虑水的开销。

孤立那些与美国决裂的产油国

1974 年后，石油输出国开始控制石油储量，并将石油出口价格提高了 4 倍，寻求更公平地分享贸易收益。但是，即使是那些一直控制着本国石油资源的工业国家也遭受了石油"诅咒"——"荷兰病"。挪威的北海石油使其币值上升过高，导致挪威工业产品的价格难以在世界市场中竞争。就像沙特阿拉伯一样，最终"解决"问题的方法是将石油出口收入投入美国及其他外国的金融市场和武器市场，使这些国家成为石油租的最终受益者。

所以，利比亚寻求从美元集团独立。穆阿迈尔·卡扎菲（Muammar Qaddafi）率先利用本国石油收益发展了国家的社会福利和教育系统。他希望建立一个以黄金为基础的非洲货币区，并以黄金而不是美元的形式建立利比亚的外汇储备。他拒绝外国在利比亚设立军事基地，并转向中国寻求协助进行国家建设，而不是依赖世界银行。这些行动导致美国、法国和英国等北约国家在 2011 年发动侵略战争。他们折磨并杀死了卡扎菲，摧毁了利比亚，黄金储备也消失了。美国时任国务卿希拉里·克林顿把该国的武器分发给 ISIS 武装分子，让他们攻击叙利亚和伊拉克，从而阻止这些国家把石油收益用于促进国内经济增长。

在 2017 年 1 月 26 日和 2018 年 2 月 26 日，特朗普总统两次发表公开言论，坚称美国有权获得伊拉克和叙利亚的石油，作为对攻击这些国家的军费赔偿！[①] 在 2020 年 1 月的一次竞选集会上，特朗普重申美国有权夺取它所攻击的任何国家的自然资源，作为对发动攻击的成本的补偿。而对那些因不幸拥有美国、英国或法国投资者所渴求的资源而被摧毁的国家则不用给予任何赔偿。

特朗普说："人们问我，你为什么要让美军留在叙利亚？因为我接管了他们的石油。"他接着说，"坦白说，我们在伊拉克就应该这样做的。"

[①] 这是特朗普长期以来的立场。他在 2013 年 1 月 23 日发推文说："我仍然无法相信我们在没有得到石油的情况下离开了伊拉克。"而在 2016 年 9 月 7 日进行竞选活动时，他对《今日秀》节目主播马特·劳尔说："如果我们要撤出，就要拿走石油。过去常说'战利品属于胜利者'。现在，那里没有胜利者。相信我，没有胜利者。但我总是说，得拿走石油。"见贝丝·莱文（Bess Levin）：《特朗普两次向伊拉克总理提出要掠夺伊拉克的石油》，《名利场》2018 年 11 月 26 日。

听众鼓掌喝彩。特朗普此前曾批评前任总统们没有从伊拉克油井中获利。他说，"所以他们说，特朗普在叙利亚驻军……我们接管它的石油，非常安全。让我们拭目以待吧。"①

同样因为石油而受到攻击的还有委内瑞拉。几十年来，美国一直扶持该国和邻近的拉丁美洲国家的代理人独裁者。为了防止当地的民族主义者拒绝美国的代理人，石油工业将委内瑞拉的炼油厂设在特立尼达离岛。此举是美国石油业战略的一部分，目的是防止产油国将生产与炼油结合起来，生产汽油和其他燃料，并不受美国控制销售这些产品。

当美国赞助的针对委内瑞拉总统尼古拉斯·马杜罗（Nicolás Maduro）的政变失败后，美国召集盟友实施制裁扰乱其经济，并企图令委内瑞拉人挨饿迫使他们屈服。委内瑞拉尝试动用黄金储备来购买必需的食品、药品和其他紧急进口品。英国干脆没收了委内瑞拉存放在英格兰银行的黄金储备，声称谁是美国认定的委内瑞拉的领导人，就帮谁保管这些黄金。"英国高等法院的一名法官说，允许马杜罗先生动用该国黄金储备是不合法的，因为英国政府承认他的对手胡安·瓜伊多（Juan Guaidó）才是委内瑞拉的合法领导人。"② 但委内瑞拉人不支持也不接受美国任命的人。

美国的地缘政治战略试图让世界依附于美国的石油供应商及其外交轨道上的卫星国家。但是，由于美国公然利用对石油的控制权作为强行

---

① 大卫·布伦南（David Brennan）：《特朗普说美国军队留在叙利亚"是因为我接管了石油"》，《新闻周刊》2020年1月15日。

② 这篇文章还说："英国官员多次站在美国的立场，继续对委内瑞拉实施痛苦的经济制裁。特朗普总统的前国家安全顾问约翰·博尔顿（John Bolton）讲述了在2019年，英国当时的外交大臣杰里米·亨特（Jeremy Hunt）很高兴就他们可以采取的措施进行合作，例如，冻结委内瑞拉在英格兰银行的存款。这样该政权就无法出售黄金来维持运作。"埃利安·佩蒂尔（Elian Peltier）、阿纳托利·库尔马纳耶夫（Anatoly Kurmanaev）：《法院裁定：尼古拉斯·马杜罗不能出售委内瑞拉在英格兰银行的黄金》，《纽约时报》2020年7月2日。

推动其经济和军事外交政策的抓手，引起了其他国家的强烈反抗，促使这些国家寻求能源独立。最近的一次对峙是美国试图阻止德国和其他欧洲国家进口俄罗斯的天然气。2019 年 12 月，美国国会对建造俄罗斯"北溪 -2"管道的公司实施了贸易制裁和财务处罚。美国时任国务卿蓬佩奥前往欧洲，坚持要求德国推延工程，并警告说，从俄罗斯进口能源将使欧洲产生贸易依赖，因此有可能被俄罗斯的影响所裹挟。美国对一家提供管道沉放船只的瑞士公司实施了制裁。而在 2020 年 7 月，"一个两党参议员小组提出扩大制裁范围，从而彻底扼杀'北溪 -2'计划"。[1]

2020 年 8 月 10 日，俄罗斯外长拉夫罗夫与德国时任外长海科·马斯（Heiko Maas）举行了联合新闻发布会。双方重申俄德两国决定在不久的将来完成"北溪 -2"管道建设。拉夫罗夫敦促"欧洲国家应自行决定能源政策"。[2]

德国试图向美国让步，承诺投资约 10 亿美元建设港口设施，以远高于从俄罗斯进口石油的价格进口美国的液化天然气，表面上这是为了使供应多样化，实际上冲突继续稳步升级。2021 年 1 月 19 日，在特朗普政府任期的最后一天，财政部制裁了俄罗斯的"福尔图纳"号驳船，该船当时正在波罗的海海底铺设"北溪 -2"管道。"北溪 -2"股份公司是一家在瑞士注册、由俄罗斯所有的管道建设公司，其发言人说："美国对在欧盟开展'北溪 -2'项目合法业务的公司的制裁行动违反了国际法，侵犯了欧洲的能源主权。"[3] 对于美国的政策制定者来说，外国能源主权意味着对美国单极地缘经济主权的威胁。

---

[1] 安德烈亚斯·克鲁特（Andreas Kluth）：《"北溪 -2"可能切断跨大西洋联系》，彭博社 2020 年 7 月 3 日。
[2] 《约翰逊的俄罗斯名单》（*Johnson's Russia List*）2020 年 8 月 11 日，见 www.rt.com。
[3] 布雷特·福雷斯特（Brett Forrest）：《拜登政府评估"北溪 -2"天然气管道》，《华尔街日报》2021 年 2 月 16 日。

铜和其他矿产

与石油业和农业综合企业一样，采矿业也一直对环境造成破坏，这是它们第一个相似之处。金属矿藏通常位于偏远山区，因此需要对道路建设进行大规模的公共投资。矿产企业试图避免承担这些费用。这就是世界银行发挥作用的地方，向资源丰富的国家提供贷款，从而使企业损益表中的"外部"生产成本"国有化"，让资源国承担所有的成本。

第二个相似之处，与石油工业一样，矿业公司也试图将支付给自然资源所在国的费用降到最低。几十年来，美国铜业公司以远低于伦敦金属交易所设定的现货价格的"生产商价格"，向智利支付按照长期合同供应的矿区土地使用费。20世纪60年代末，随着美国在越南的战争升级，铜价飙升，因为每个美国军人一年使用的子弹大约要耗费一吨的铜。伦敦铜的市场价格上升到了每磅72美分，但美国公司支付给智利的价格仍然固定在34美分。其中的差额租被安那孔达、肯尼科特和塞罗（Cerro）公司拿走了，智利被剥夺了本来可以从市场价格的上涨中获得的出口收益。

随之而来的民怨促使智利人民在1970年选举社会主义者萨尔瓦多·阿连德为总统。他宣布智利的铜可以卖给任何人，而不一定是美国公司。结果在1973年9月11日，阿连德被尼克松-基辛格政府支持的军事政变推翻了。随后，智利军队总司令雷内·施奈德（René Schneider）因反对军事推翻民选领导人而被暗杀，美国扶植皮诺切特将军上台，恢复了对智利的控制。

矿产与石油和种植园单一作物的第三个相似之处是，这些出口国都倾向于依赖外国满足基本需求，甚至包括粮食。智利的鸟粪沉积是世界上规模最大的天然有机肥料，智利却将鸟粪出口，而不是用于生产本国的粮食。智利的土地分配极度不平等，妨碍了智利种植自己的粮食作物，粮食问题因此雪上加霜。智利的粮食主要依赖从美国进口，粮食进口成本往往超过了出口铜、鸟粪和其他自然资源获得的净收入。

智利的经验反映了单一产业出口的一个共同的政治副产品：投资国在资源国扶植独裁领导的寡头政权。石油和矿业部门反对把自然资源视为国家财富并征税的主权政府，成为反对社会民主改革和征税的新自由主义的主要支持者之一。如下文所述，它们是跨太平洋伙伴关系计划中包含的"投资者—国家争端解决（Investor-State Dispute Settlement，ISDS）条款提案"的主要支持者。

澳大利亚首富是一位铁矿的女继承人：吉娜·雷恩哈特（Gina Rinehart）。她利用巨额的财富资助右翼人士攻击公共监管和向食租/食利财富征税，并发动公关战反对高达40%税率的矿产资源租赁税。这导致该税种昙花一现，澳大利亚总理因此下台，因为他是第一个尝试通过超级利润税向此类经济租征税的人。[1]

由于铁矿石出口，澳大利亚已经出现了典型的"荷兰病"特征。当笔者访问该国的中央银行时，一位官员对笔者说，澳大利亚很幸运地与中国比邻，中国是澳大利亚铁矿石出口的大客户。由此涌入的外汇制造了由信贷扩张导致的房地产泡沫。房地产泡沫的膨胀导致任何具有竞争性的工业贸易的想法都不可能实现。这名央行官员解释说，他的国家并不真正需要工业就业，因为它可以像加拿大一样，简单地依靠自然资源财富过活，直到剩下的只有地上挖空的洞。

采矿业、农业和石油业的第四个相似之处是收益递增的趋势。矿石

---

[1] 矿业公司花了大约2 000万美元的广告费来反对陆克文工党政府强硬的资源超级利润税（RSPT）提案。其后工党总理朱莉娅·吉拉德（Julia Gillard）推出的弱化版本（即MRRT），是与矿业公司进行幕后交易的结果。

质量的下降导致技术的改进，使那些矿石中铜含量仅为1%的国家能够以比铜含量3%的国家更低的成本生产铜。在加拿大和澳大利亚等国家，大型推土机设备使采矿业实现了机械化，取代了劳动密集方式。技术的进步解决了大多数因为矿石富集度较低所带来的问题。

矿业公司试图转嫁给当地社区的主要成本包括弥补破坏环境和损害居民健康的开销。采矿业的"外部"成本对中国的贸易政策有明显的影响。中国是世界上最大的稀土金属供应国。稀土是元素周期表中17种金属元素的总称，广泛分布在地下，但需要大规模的挖掘和化学处理才能提取。① 1992年，邓小平表示，稀土之于中国，如同石油之于中东。② 然而，多年来，中国大陆却一直允许台湾投资者开采，并在国际市场上按照劳动力和设备成本以正常利润出售。出售价格还要取决于国际市场的价格波动，而不是根据美国和其他工业国生产商在本国自己开采和提炼这些元素的成本来制定。

结果是，中国销售的钼使得美国钼业公司（Molybdenum Corporation）在2002年关闭了其在美国西部的帕斯山（Mountain Pass）稀土矿。中国的稀土以如此低的价格促销，以至于到2009年，中国的稀土产量已占世界的95%。而低廉的出口价格并不包含清理开采造成的土壤和空气污染的成本。

中国随后削减了稀土出口量。这一政策促使外国公司通过将工业生产转移到中国来获得这些元素。美国采取了保护主义对策，恢复本国的

---

① 文章指出："目前还没有找到钕的替代品。它能提高磁铁在高温下的功率，对硬盘驱动器、风力涡轮机和混合动力汽车的电动马达至关重要。生产每辆丰田普锐斯需要25磅的稀土元素。铈和镧被用于柴油发动机的催化转换器。铕被应用于激光技术。"此外，生产低瓦数灯泡需要铽，还有铈和钇。安布罗斯·埃文斯·普里查德（Ambrose Evans-Pritchard）：《中国考虑禁止稀有金属出口，世界面临高科技危机》，《电讯报》2009年8月24日。

② 贾维尔·布拉斯（Javier Blas）：《商品：它们的元素》（Commodities: In their element），《金融时报》2010年1月29日。

稀土生产，从而确保不会被中国切断供应。美国的保护主义应对政策将会提高稀土的边际价格，为差价寻租提供大量收益。

新自由主义打击资源出口国的民主

大量的自然资源在开采过程中污染了土地、空气和水源。人们因此向私营公司追索赔偿，希冀推动这些企业以破坏性较小的方式开采资源。① 但是，企业为了利润最大化而竭力将环境修复或健康赔偿的费用转嫁给公共部门。企业拒绝对污染或其他损害承担任何责任，并且组织了目标非常明确的游说运动，要求按照新自由主义路线改造国际法，阻止各国政府按照过去几千年道德哲学的开明的方式行事。

问题在于是否要限制私人掠夺和剥削。在最深层次上，这是关于这个世界是否会被推向只顾眼前利益的斗争，是关于是否任由公共资产被掠夺，任由公众遭受野蛮人入侵，以牺牲经济、社会和环境的可持续性为代价，实现企业和金融利润以及资源租的最大化的斗争。

这种具有破坏性的短线金融心态，一个典型的例证是巴西的土地掠夺者对亚马孙雨林的破坏。他们不惜用刀耕火种的方式砍伐森林，扩大种植或放牧的土地面积。政府的环境保护政策和社会政策就像金融公司的管理一样，目光短浅，把未来的后果视作"外部性"。整个世界仅仅被视为一个空间，在这个空间里，自然资源部门可以在不受污染和水土

---

① 经典的污染税是对排放征收的庇古税，以英国经济学家亚瑟·塞西尔·庇古（Arthur Cecil Pigou）命名，他在《福利经济学》（伦敦：1920）中提出了他的税收建议。长期以来，这一直是一项自由主义政策。参阅鲍姆尔（W.J.Baumol）：《论税收与控制外部性》（*On Taxation and the Control of Externalities*），《美国经济评论》（*American Economic Review*）1972年第62期，第307～322页。

流失限制的情况下，开采最容易开采的东西，留下受污染的土壤和满目疮痍的景象。

环境破坏，正如土壤枯竭和物种灭绝一样，是一场名副其实的反文明的战争带来的伤害。这也是军事征服的形态，昔日的军阀正如今天的金融家，他们的公爵正如今天金融家赞助的政治家，政治家协助制定有利于金融家财产的法律。

对于公共监管权力的阻碍，最残酷、最野蛮的莫过于工业国与其原材料供应国之间的关系。《跨太平洋伙伴关系协定》（TPP）和类似的《跨大西洋贸易和投资伙伴关系协定》（Transatlantic Trade and Investment Partnership，TTIP）试图实施一套法律战略，防止各国对造成损害的企业罚款或征税。

TPP最初由新西兰、新加坡、智利和文莱于2005年发起，原本是一项相互贸易协定。美国在2008年介入了谈判，奥巴马政府赞助了大约300名企业游说者，将TPP从贸易协定转变为全面的反政府法律，旨在阻止针对健康、环境、工人和消费者保护以及其他任何可能妨碍企业谋利和食租的公共利益进行监管。其目的不外乎在原则上阻止公共监管。

投资者—国家争端解决机制使民主法律失效

由美国支持的游说集团起草的TPP看起来是一项自由贸易法案，实际是要建立一个投资者—国家争端解决（ISDS）法庭，阻止各国政府起诉外国投资者，要求他们赔偿因其活动（从石油泄漏到避税）给本国造成的损失。如果企业指责公共法规影响了它们的利润，ISDS法庭可以命令政府向外国企业支付赔偿金，且不设上限。这将纵容投资者无限制地破坏公共卫生和环境，逃避任何不文明行为的公共责任。

正如全球大学的研究员对 ISDS 机制下的 TPP 的总结：

> 如果外国投资者认为东道国的某些措施，如环境、劳工或安全法规，有损他们现在或将来的利益，他们就可以绕过东道国的法律框架对政府提起诉讼，要求赔偿"利润损失"。换言之，在某个国家投资的外国企业实际上是在该国的法律之外的。如果发生纠纷，这些外国企业将不再根据该国的法律制度寻求仲裁，而是诉诸 TPP 的有约束力的所谓的国际标准。①

跨国企业凌驾于一国法律之上最恶名昭著的例子之一是雪佛龙（Chevron）公司在厄瓜多尔造成的严重的石油泄漏事故。

2016 年 1 月，海牙的 ISDS 法庭推翻了厄瓜多尔最高法院的判决。2013 年，最高法院维持了厄瓜多尔下级法院的判决，即雪佛龙石油公司必须为奥连特地区的环境污染支付 95 亿美元的赔偿金。

2001 年被雪佛龙收购的德士古（Texaco）公司于 1964 年开始在厄瓜多尔的亚马孙地区进行钻探。数十亿升的废水被倾倒于河流中，污染了食物来源，并使居民暴露在致癌毒素中，尤其是造成儿童白血病发病率上升。厄瓜多尔原住民指控石油工人炸毁了他们的家园，对他们实施性暴力和其他暴力。雪佛龙公司却表示，它"正在为自己辩护，以应对所谓的损害环境和社会责任的不实指控"。

---

① 薛翠，黄钰书，刘健芝及温铁军：《跨太平洋伙伴关系的粉饰与现实：中国的视角》（*The Rhetoric and Reality of the Trans-Pacific Partnership: A View from China*），《每月评论》2016 年第 7 期。

在此之前，厄瓜多尔也曾经被石油公司提起的 ISDS 诉讼所打击。由于厄瓜多尔取消了与石油巨头西方石油（Occidental Petroleum）公司的合资勘探项目，2012 年，ISDS 法庭裁定厄瓜多尔赔偿 18 亿美元及利息，超过了该国一年的医疗卫生预算。与此同时，澳大利亚矿业公司大洋黄金（Oceana Gold）正在起诉萨尔瓦多，理由是其子公司 Pac Rim Cayman LLC 被该国暂停了黄金开采许可证，原因是萨尔瓦多政府担心早期开采从矿石中提取黄金时使用的氰化物会污染水源。大洋黄金公司最终追讨了 2.84 亿美元的赔偿，超过了萨尔瓦多每年获得的外国援助金额。[1]

这些裁决所依据的法律理念剥夺了签署这种政治、法律和经济协议的国家的公众自我保护的权利。一位评论员在总结 ISDS 自 20 世纪 50 年代成立以来被推向极端的情况时指出："在 2014 年一份鲜为人知的反对意见中，美国首席大法官约翰·罗伯茨（John Roberts）警告称，ISDS 仲裁小组拥有令人担忧的权力。它有权审查一个国家的法律，而且是有'有效地废除立法、行政和司法机构的权威'。"他还指出 ISDS 的仲裁员"几乎可以在世界任何地方开会，并对一个国家的'主权行为'进行'审判'"。[2]

《金融时报》的一篇摘要报道称："澳大利亚认为，这将削弱主权权力，并有利于跨国公司。反水力压裂采油活动人士指出，如果地方当局实施严格的保护环境准则，该机制将允许石油公司提起诉讼。加拿

---

[1] 文章指出，"双边 ISDS 条约自 20 世纪 50 年代末就已存在，但 ISDS 诉讼在过去 20 年里急剧上升。现在，案件以每周一起的速度被提至法庭"，并且每宗案件通常要花费政府 800 万美元。格伦·纽维（Glen Newey）：《投资者 vs 国家》，《伦敦书评》博客 2016 年 4 月 29 日。
[2] 克里斯·汉比（Chris Hamby）：《统治世界的法院》，2016 年 8 月 28 日，见 Buzzfeed.com。

大担心，烟草公司可能利用这些条款控告政府制定的反烟草法规。"① 洛里·瓦拉赫（Lori Wallach）在《立即民主》节目中解释说："企业有权将一个主权政府告上法庭——这个法庭由三名私营部门的贸易律师组成。他们轮流担任法官和代表企业起诉政府的律师。没有制衡利益冲突的规则，而这三个私人企业的律师可以命令政府把我们的税款支付给外国企业，数额不限，因为他们认为我们国内的环境、土地使用情况、分区规划、卫生、劳工等法律违反了 TPP 这样的协议赋予他们的崭新的企业权利。"②

为对抗 TPP 而成立的组织"Expose The TPP.org"指出：

> 即使政府赢了官司，它们往往也必须支付法庭的成本和律师费，每个案件的平均费用为 800 万美元。目前正在进行的一些投资者 - 国家控告包括：
>
> 雪佛龙公司试图逃避对污染毒害厄瓜多尔亚马孙地区的责任；菲利普莫里斯国际公司（Philip Morris International Inc.）攻击澳大利亚的香烟标签政策；礼来公司（Eli Lilly and Company）攻击加拿大的药品专利政策；欧洲企业抨击埃及革命后提高最低工资和南非后种族隔离时期的平权法案。③

TPP 和 TTIP 将束缚政府对健康标准和其他公共利益领域的监管。经

---

① 大卫·皮林（David Pilling）、肖恩·唐南（Shawn Donnan）：《海洋十二国》（*Ocean's Twelve*），《金融时报》2013 年 9 月 23 日。
② 《企业的特洛伊木马：批评者谴责秘密的 TPP 贸易协定是对民主的威胁》，《立即民主》（*Democracy Now!*）2015 年 4 月 15 日。
③ 大卫·斯旺森（David Swanson）：《TPP：可怕的财阀计划》（*TPP: The Terrible Plutocratic Plan*），《反击》2013 年 7 月 22 日。

济学家苏珊·乔治（Susan George）将此描述为"一个以美国为首的复杂的、恶毒的企业阴谋；一场针对从环境、动物福利到劳工权利的全方位协同攻击"。她指出，如果欧洲降低农业关税，"将有大量的美国玉米和主粮谷物涌入西班牙。这将会把很多农民逼上绝路，就像墨西哥的农民被《北美自由贸易协定》毁掉一样"。①

ISDS 的反政府意识形态与现代社会价值观如此格格不入，因此必须把公众蒙在鼓里。美国的议员们必须在一个封闭的房间里，以"只能阅读"的方式审议有关的条约文本，不允许做笔记。他们只能投票支持或否决整个协议，不能提出任何修正案来弱化容许企业夺取政治权力的内容。

2015 年春天，当企业利益集团企图攫取权力的密谋终于纸裹不住火时，伊夫·史密斯（Yves Smith）在《赤裸的资本主义》博客中写道：

> 维基解密和《纽约时报》适时联合发布了一篇关于投资的章节的最新版本，点燃了民众对政府最新的炮轰……ISDS 允许外国投资者在秘密仲裁小组中就未来潜在利润的损失起诉政府，从而使秘密仲裁小组可以有效地推翻国家法规。②

关于维基解密揭露的秘密，史密斯补充道：

---

① 拉奎尔·帕里西奥（Raquel Paricio）与埃斯特·巴斯克斯（Esther Vazquez）：《苏桑·乔治论 TTIP 与新欧洲运动》(*Susan George on TTIP and new European movements*)，《保卫民主》(*Defend Democracy*) 2016 年 5 月 4 日。乔治女士补充说，它"对人们、对个人的直接影响是，我们进口的食品很可能会经过化学处理、被转基因改造且没有标签。你根本不知道你的食物中到底有些什么。你可能买到在氯气中冲洗过的鸡肉，你可能吃到用激素饲养的牛肉，你可能买到用某个植物基因和另一个动物基因制成的生物合成食品，而这些都不会有标签说明"。

② 伊夫·史密斯：《关于跨太平洋伙伴关系的思考》(*Thoughts about the Trans-Pacific Partnership*)，《赤裸的资本主义》2015 年 3 月 27 日。她补充说，ISDS 小组"已被证明是充满利益冲突的和武断的。而上诉的理据是有限的、需要技术性的"。

虽然美国的贸易谈判代表在技术上允许议员们接触文本，但实际上，这项权利是空洞的。国会议员必须本人阅读文本；不允许派遣职员或带来专家，只有直接监督贸易法案的委员会（参议院金融委员会和众议院筹款委员会）的工作人员可以和议员们一起审阅。美国贸易谈判代表坚持要求议员事先说明他想审查的章节。然后，美国贸易代表坚持要求这些章节的谈判代表在场。由于这些谈判人员要出差，因此通常需要三或四个星期才能找到一个合适的时间。

毫不令人意外的是，民众对企业掠夺行为的反对情绪主要指向了奥巴马和民主党指定的继任者希拉里·克林顿。最终民主党在2016年的选举中被以反对TPP为竞选纲领的特朗普击败，他赢得了受民主党新自由主义政策影响最严重的中西部各州（俄亥俄、印第安纳和威斯康星）的支持。2017年1月，特朗普总统一上任美国就退出了TPP。

东盟国家与中国、日本、韩国、澳大利亚和新西兰在2020年11月签署了《区域全面经济伙伴关系协定》（RCEP），而不是TPP，其中不再包括ISDS条款。

甚至连英国《金融时报》也承认，奥巴马政府的激进亲企业政策，导致美国与受寡头政治影响较少的国家疏远了。但2021年上台的民主党拜登-哈里斯政府再次提出了类似的要求。拜登总统于2020年1月在《外交事务》上撰文，承诺他即将推进的"外交政策议程将是美国优先"。[①] 负责批准所有最终条约的国会一直坚定地认为，没有任何国家可以替美国制定政策，美国不受任何非美国企业的游说集团制定的国际法约束。作为回应，"欧盟正加紧计划，加强对美国科技集团的监管和征

---

① 基迪恩·拉赫曼（Gideon Rachman）：《拜登的有缺陷的世界领导计划》（*Biden's Flawed Plan for World Leadership*），《金融时报》2020年11月17日。

税，如谷歌和亚马逊"，这些企业是拜登政府为巩固美国的技术霸权地位所大力推广的。

迫在眉睫的全球大分裂正逐渐演变为一场战争——金融化的美国针对文明最基本的组织原则。这些原则包括历史上所有成功的社会都是混合型经济；任何法律都需要政府权力来执行；任何社会要想生存和繁荣，就必须使个人的利益追求服从于公共的长期目标。

美国的外交正在向这些原则发起战争，而且越发激进。因为美国金融化、去工业化的经济，不得不越来越多地依靠从海外榨取经济租和美元外交以避免崩溃。昔日的煤矿和铜矿将变成火山口一样的矿坑，地球上的植被和表层土壤将被破坏，地球的地貌将变成像月球一样。负责制定和执行法律的不再是民选政府，而是军阀集团，政府将成为军阀集团的行政附属品。这将是一场社会主义与野蛮主义之间的斗争。

第二部
食租／食利阶级的反革命

第八章　食租／食利阶级如何使政治偏离社会主义方向？

第一次世界大战是现代历史的重大转折点，但世界并没有朝着古典政治经济观察家预测的方向发展。当时大多数人预计，工业增长的逻辑会促使政府对食租／食利收入征税或将其国有化，同时增强政府的规划和监管。在美国，反托拉斯立法在1911年打破了标准石油公司（Standard Oil）和美国烟草公司（American Tobacco Company）的垄断。在1913年被列入宪法的高额累进所得税，主要落在富有的食租者身上。在欧洲，君主制一个接一个被推翻，从俄国沙皇尼古拉二世到德国和奥匈帝国。贵族失去了世袭地租权，民主下议院的权力逐渐压倒了上议院。

人们期望工薪阶层和农民能推选出代表他们阶级利益的政治家。整个欧洲和北美都成立了社会主义和共产主义政党。德国的战争赔款和盟国欠美国的战争债务使欧洲在财政上濒临崩溃。随着失业率飙升，欧洲的阶级冲突日益加剧。从1921年德国各大城市罢工到1926年的英国大罢工，几乎每个地方都爆发了斗争。

但是，随着法西斯主义在德国、意大利和西班牙蔓延，社会主义非但没有旗开得胜，反而被各国政府武力镇压。而今天，西方名义上的社会民主党已被劫持并为少数的食租／食利阶级服务。这1%的人，控制着选举政治，对99%的人实施经济紧缩政策。西方经济正逐渐演变为食租/食利寡头制，而不是代表大多数公民经济利益的民主制。

为什么工业资本主义没有实现它看似要走向的命运——将经济从食租/食利阶级手中解放出来？寻租如何卷土重来，如何自20世纪80年代以来，在美国和欧洲名义上的民主国家中加速巩固了对它的支持？

中产阶级想要的不是与劳工联合的繁荣

上述问题大部分可以从政党在选举政治中的作用里面找到答案。为了赢得选举，劳工政党通常不得不与那些中产阶级政党结盟，而中产阶级的抱负却是晋身食租/食利阶级。由于担心社会主义者会威胁自己的财产权和财富，大部分中产阶级不愿与劳工达成共同目标，担心激进的改革会带来威胁和干扰。因此，问题在于需要与中间派做出多大的妥协。中间派指的是那些害怕破坏现行趋势的选民，尽管这些趋势正在扼杀经济，造成两极分化，并最终影响中产阶级自己的利益。不安全感再加上对向上流动的渴望，使得中间派支持维持现状，担心左翼改革会挤压他们的现有利益。

主流政治学默认的假设是，民主使各阶级能够根据自己的利益投票，因此将产生一个服务于大多数人，且主要服务于工薪阶层的经济。但是，20世纪20年代的美国和欧洲政治的阶级意识在当今世界已经被社会民主党和劳工党所取代，他们支持甚至经常领导和执行私有化和金融化政策，这些政策最终与他们的选民的经济利益是相悖的。

食租/食利游说集团声称，中产阶级甚至是工薪阶层都可能从食租/食利经济中得益。他们利用的是工薪阶层希望成为中产阶级并分享金融食租/食利收益的心理，即通过信贷买房，通过养老基金在金融市场的增长获得退休收入，以及从股票市场获得资本收益。

亲食租/食利阶级言论还有一个特点是攻击大政府——一个强大到足以监管和对经济租征税的政府。任何不在食租/食利阶级手中的国家权力都被视作对食租/食利阶级统治社会的威胁。古罗马寡头指责改革者试图"谋求王权"，就像古希腊寡头指责改革者抱有成为僭主的自负野心一样。尽管实际上最压迫民众的是寡头，但他们试图把改革者抹黑成暴君来扭转局面。然而，实际上公元前7世纪和公元前6世纪真正的僭主（所谓的"暴君"）所做的，正是古代民众改革者一直以来要求的：推翻科林斯和斯巴达以及雅典的军阀精英，取消债务并重新分配土地。他们为古典民主铺平了道路。曾经追随梭伦（Solon）的庇西特拉图（Peisistratos）正是这样的雅典僭主。

启蒙运动的个人权利学说与教会、皇室和特权贵族的中央权威相对立。到19世纪末，奥地利个人主义学派在原则上谴责国家计划和监管权力，将"自由市场"（新自由主义而非古典政治经济学意义上的自由市场）理想化，仿佛食租/食利阶级没有以剥削的方式控制这些市场似的。与古代一样，随着政府民主化，当政府开始限制土地贵族的权力和特权时，这些学说就开始攻击公共计划和国家企业。

这场冲突在20世纪20年代的红色维也纳之战中爆发。奥地利的个人主义后来发展成为全面的法西斯主义，并朝着今天的新自由主义意识形态发展。在20世纪80年代，以撒切尔夫人为首的私有化者和以里根为首的主张放松监管者大肆妖魔化强大的国家监管权力，认为它与个人自由背道而驰。他们寻求的并非将个体从试图垄断经济盈余并使大部分人陷入经济依赖和紧缩的食租/食利利益中解放出来。

今天的新自由主义者，在反税收和反对社会主义干预市场的情绪化反监管的民粹主义的掩护下，将古典经济学家针对食租者的批评引导至另一个方向并控制了政府权力。他们指责政府剥削纳税人，在官僚行政和规则制定上浪费金钱，以此分散了人们的注意力，使人们无视债权人和其他食租者如何通过他们（指新自由主义者）推举的官僚和政治捐献阶级的游说集团摆脱了所有公共约束，肆意剥削。他们声称政府的唯一作用就是保护食租／食利阶级的利益，首先是保护债权人的"财产权"，反对负债日重的 99% 的人的权利。

正如参议员伯尼·桑德斯（Bernie Sanders）指出的，问题在于"如果你真的要为工薪家庭而战，就不可能站在富人和权贵那边"。① 2008 年银行危机后的奥巴马执政期间，数以百万计的垃圾抵押贷款欺诈，导致受害者的房屋被取消了赎回权。在这股止赎浪潮中，名义上亲劳工的民主党所代表的选民的利益与其政治候选人对华尔街的忠诚之间形成了鲜明对立。这一事态表明，高端金融业对政府的俘获似乎是自然而然的。尽管民众对政府为政治捐献阶级的利益而不是选民利益行事感到愤怒，但奥巴马和他的司法部部长埃里克·霍尔德（Eric Holder，此人来自精英寡头律师事务所 Covington & Burling），还是会为充斥欺诈性"骗子贷款"的银行辩护，无视受害者的权益。金融的受害者发现自己根本得不到政治支持，甚至没有人在意识形态上替他们辩护。②

在政府对食租／食利阶级的保护背后，是修辞和概念上的"双重思维"，这一伎俩颠覆了古典政治经济学对于自由市场的定义。如今自由

---

① "Axios on HBO" 2021 年 5 月 10 日，见 https://www.youtube.com/watch?v=G9I3cgFmvlI。
② 迈克尔·克拉尼什（Michael Kranish）在评论奥巴马 2020 年的回忆录《应许之地》（A Promised Land）（企鹅出版社）时，提到总统是如此"敬畏现状"，以至于他担心如果"扩大刑事法规的界限来起诉银行高管，将会对社会秩序施以暴力"。见《华盛顿邮报》2020 年 11 月 13 日。奥巴马前总统和他的司法部拒绝起诉金融人士，这表明华尔街在很大程度上不仅俘获了美联储和财政部，还有政府行政部门。它们不受监管，已经彻底消除了寻租与公然欺诈和金融犯罪之间的界限。见大卫·西罗塔（David Sirota）：《乔·拜登能在巴拉克·奥巴马失败的地方取得成功吗？》，《新闻周刊》2021 年 1 月 18 日。

市场意味着自由寻租、政府监管和公共投资最少的市场。结果是促进了金融和社会基础设施的私有化垄断。他们的借口是，以营利为目的的经济关键部门将提供更有效率的服务，因此比政府规划的成本更低。但是在实践中，取代政府规划的是金融部门的垄断寻租和集中规划。

正如第四章所述，后古典经济分析抹去了价值和价格之间的区别，因此也抹去了经济租的概念以及劳动收入与非劳动收入之间的对比。所有的收入都被定义为生产性收入，其"价值"源于"供应和需求"。在实践中，人们用这套供需逻辑来解释一切现状。通过循环推论，人们的注意力被转移到了别处，不再质问收入和财富是以生产性方式获得，还是通过掠夺性手段和特权获得。由此产生的经济个人主义的政治逻辑拒绝承认社会需要保护劳工和消费者的改革措施和监管限制。

早在1843年，托马斯·卡莱尔（Thomas Carlyle）在描述这种以自我为中心的观点时就指出："这一套供求关系、竞争、自由放任、弱肉强食的玛门福音（Mammon-Gospel），成为有史以来被宣扬的最糟糕的福音之一。"[1] 两年后，弗雷德里希·恩格斯（Friedrich Engels）用类似的话批评了在市场交易中出现的他称之为"资产阶级经济学"的狭隘趋势：

> 小商人的气质渗透了全部语言，一切关系都用商业术语和经济概念来表达。供应和需求，就是英国资产阶级逻辑判断人类一切生活的公式。自由放任的制度支配着政府、医疗、教育，或许不久后在宗教方面也会如此，因为国教教会的统治已日渐趋于崩溃。自由竞争不能忍受任何限制，不能忍受国家的任何监督，整个国家对自

---

[1] 托马斯·卡莱尔：《过去与现在》（Past and Present）（伦敦：1950 [1843]），第189页。引自拉贾尼·坎特（Rajani K. Kanth）：《政治经济学与自由放任：李嘉图时代的经济学和意识形态》（Political Economy and Laissez-Faire: Economics and Ideology in the Ricardian Era）（托塔瓦，新泽西州：1986），第16页。

由竞争而言是一种累赘。在一个完全不受治理的无政府社会中，自由竞争将达到接近完美的地步，在那里，每个人都可以随心所欲地剥削他人。①

20世纪末，这种资产阶级经济学成为芝加哥学派自由市场经济学的顶峰。

资本抵制有利于工薪阶层的改革

工业资本家和银行家虽然支持通过加强下议院的权力以制约土地贵族的权力，但《谷物法》在1846年废除后，他们最不希望看到的是政府颁布有利于工薪阶层的政策。尽管如此，民主改革还是激发了阶级意识。1848年，社会抗议席卷了整个欧洲大陆，2月始于法国，3月在德国爆发，并且激发了《共产党宣言》等的创作。奥地利和匈牙利废除了农奴制。但这些革命在支持劳工前都停下了脚步。

当时的主要政治冲突发生在产业资本家和地主阶级之间，冲突的主要矛盾是谁将获得社会的经济剩余：地主、工业资本家还是政府。1848年，穆勒的《政治经济学原理及其对于社会哲学上的若干应用》将李嘉图的地租原则扩展到了自由贸易之外，倡议政府对地租全面征税。马克思在概述欧洲政治格局时也曾写道："穆勒、舍尔比利埃（Cherbuliez）、希尔迪奇（Hilditch）等一些经济学家要求地租由国家掌握以代替捐税，我们是可以理解的。这是工业资本家对地主的仇恨的坦率表达，因为在

---

① 恩格斯：《英国工人阶级状况》(1845)，《马克思恩格斯全集》第二卷。

他们眼里，地主只是整个资产阶级生产进程中一个无用的累赘。"①

工业资本和城市资产阶级的方案虽然没有实现全面的社会主义和生产资料公有制，但成了进一步改善劳工工作条件的催化剂。1871年春天，巴黎人赴街头抗议普法战争造成的经济萧条。列宁后来解释说：

> 一开始巴黎公社得到了小店主的支持，他们抗议说，如果不延期支付债务和房租（政府不愿给他们延期，而公社却应允了），他们就会破产……起初，同情巴黎公社运动的还有那些担心反动的国民议会（被戏称为"乡下佬"，指代表野蛮地主的机构）会复辟君主制的资产阶级共和派。但是，在运动中起主要作用的仍然是工人（特别是巴黎的手工业者）……
>
> 只有工人始终忠于公社。资产阶级共和派和小资产阶级很快就脱离了公社，一些人被这个运动的社会主义无产阶级性质吓坏了，另一些人看到它注定要失败，就退出了。法国的整个资产阶级、地主、股票经纪人、工厂主、强盗、剥削者，都联合起来反对公社。在俾斯麦（释放了10万名被德国俘虏的法国士兵来镇压巴黎的革命）的支持下，资产阶级同盟成功地唆使愚昧落后的农民和各省的小资产阶级来反对巴黎的无产阶级，并且包围了半个巴黎（另一半被德军占领）。②

5月，法国军队杀害了六七千名示威者，从而镇压他们实现社会进

---

① 马克思：《哲学的贫困》(1847)第二章第四节；《马克思恩格斯全集》第四卷。法国无政府主义者皮埃尔-约瑟夫·普鲁东（Pierre-Joseph Proudhon）提出了"财产就是盗窃"的口号，并倡导理想主义的合作社运动。
② 《列宁论巴黎公社》，引自《斗士》(The Militant) 1932年3月19日，原刊于《工人报》1911年4月28日第4~5期(15)。

步政策的愿望。此时，中产阶级已经退出了斗争。

反对社会主义的反政府个人主义的出现

一个自由主义的专业阶层支持普鲁东所说的"无权力的秩序"：将独立生产者理想化，不受政府权威的约束。和社会主义者一样，他们反对世袭的食租阶级。但与社会主义者不同的是，他们不希望有任何形式的强势政府来取代它，特别是由工薪阶层领导的国家。一些自由主义者退而加入了乌托邦社区（其中许多在美国），而不是通过政治斗争来获得立法权力和经济权力，而这些才是真正管理国家的权力。

他们的理想是小规模的合作社区，在那里每个人都在做自己的生意，没有政府会对他们的商业奋斗征税。他们也不会讨论工业资本作为雇佣劳动力的雇主的相关议题。这是19世纪40年代普鲁东在法国的思路。而在美国，亨利·乔治在19世纪八九十年代倡导自由主义。

乔治在《爱尔兰土地问题》（1881年）中谴责了英国地主。他雄辩滔滔，吸引了许多改革者支持他的土地税主张。他的许多追随者后来被迫离开爱尔兰，移居到纽约和其他大城市。他因1879年出版的《进步与贫穷》而声名鹊起。1886年，劳工团体推举他以名人的身份竞选纽约市市长。但乔治让他们失望了，他坚持重写党纲，排除了所有工业和社会改革的倡议。他还把矛头指向了以前的支持者，从政治纲领里剔除了所有关于工作场所安全和住房保障的维护劳工利益的措施，声称土地税将解决所有的经济问题，因此不需要法例来保护租户、消费者、工人或债务人。

地主利益集团、天主教会和支持食租者的学者们，谴责土地税和类似的法律是社会主义。但乔治坚持说他也反对社会主义，并组建了自己的政党，不愿意与那些超出了他关注范围的人联合。他支持自由贸易，反对保护性关税。事实上，除了他的单一土地税之外，他反对所有的税收。乔治其后在政治上右转，支持资本，反对工会。他支持伊利诺伊州州长约翰·阿尔特盖尔德（John Altgeld）命令警察袭击芝加哥的无政府主义者，并否认有息债务是一个问题，也否认利息是一种不劳而获的收入。甚至在地租问题上，他也避免将自己关于租金、利润和利息的想法，与斯密、李嘉图、穆勒、马克思和其他古典社会主义者的价值和租理论联系起来。

由此可见，自由主义政治关注的范围比社会主义要狭窄得多。然而，"众多个体在没有政府的情况下创造经济"的狭隘想法，是一套简单化的逻辑，比起马克思把经济作为一个逐渐演变的复杂系统的分析，更容易被人们理解。乔治的书也比马克思的著作多销了几百万册。但是随着他变得越来越派系化，拒绝除了单一税"万能药"之外的所有改革措施，受他早期激励的那一代改革者开始对他嗤之以鼻。

马克思在1881年读到乔治的《进步与贫困》时，斥之为"仅仅是用社会主义的外衣拯救资本主义统治，实际上是想在比现在更广泛的基础上重建资本主义统治"。①乔治主张废除租金，只是为了扩大工业利润。

---

① 《马克思致约翰·斯温顿（John Swinton）》（1881年6月2日），《马克思恩格斯全集》第三十五卷。笔者在《亨利·乔治的政治批评者》（Henry George's Political Critics）中讨论了马克思关于土地税的观点和其他人对乔治的批评，《美国经济学和社会学期刊》2008年1月第67期，第1～46页。关于马克思对乔治的观察的完整书目，见哈·德雷珀（Hal Draper）的《马克思-恩格斯百科全书》（Marx-Engels Cyclopedia）（纽约：1985年）；《马克思-恩格斯词汇》（The Marx-Engels Glossary）（纽约：1986年），第78页；《马克思-恩格斯记录》（The Marx-Engels Register）（纽约：1985年），第104页；《马克思-恩格斯纪事》（The Marx-Engels Chronicle）（纽约：1985年），第217（#23）、218（#31）、220（#61）、228（#19）、229（#27）和245（#47）页。1881年6月2日，马克思将乔治描述为一个"灵丹妙药贩子"；在12月15日，他指出乔治在爱尔兰和英国的演讲之旅中陷入了"骗子"的窘态。

马克思指出,《共产党宣言》倡导的第一项措施就是把土地税作为过渡性措施。他批评乔治的理由在于后者的"基本信条是,如果把地租交给国家,一切就都会好起来",而没有考虑资本主义与劳动、金融、继承权、教育及其他基本的经济和社会层面的关系,也不讨论国家应该如何处理它征收的土地租金。

与乔治同时代的改革者在古典价值和价格理论的传统下著述,将食租收入的获益者区分出来。而乔治则相反,他缺乏一套可以将地租的概念扩展到其他形式的不劳而获的收入的逻辑。他用自由派的修辞来包装他的地租理论,目的是怂恿读者远离社会主义,而不是与改革者统一阵线,共同开展对地租、利润和利息的批评。

乔治"单一税"运动的政治盲点在于,他相信整个19世纪的伟大斗争——征收土地税——可以在一个没有强大政府来制衡既得利益集团的情况下实现。要压倒地主势力并立法征收土地税,人们需要一个汇集了各领域和各阶层的联盟。但乔治拒绝正视任何金融或工业改革的必要性。他反对银行系统的批判者,就像反对社会主义者一样。他认为利息是一种利润形式,因此是合理的劳动收入。在1883年,乔治应土地改革联盟的邀请访问英国发表演讲时,联盟的财务主管和秘书(两个人都是社会主义者)接待了他,并告诫他,除非他主张资本和土地国有化,否则该组织中的社会主义者将不得不反对他的运动。对此,乔治马上针锋相对地回答,在发出邀请之前,他们应该先从他的书中了解他的立场。[①]

乔治的传记作者在描述他1889年在荷兰的巡回演讲时指出,他"认为欧洲的激进主义太过于反对收取利息了,那不符合他自己的立场。他

---

① 阿瑟·刘易斯(Arthur Lewis):《盲人的十位盲人领袖》(*Ten Blind Leaders of the Blind*),(芝加哥:1910),第39页。这本书也是由与马克思合作的芝加哥出版商查尔斯·柯尔(Charles H. Kerr)出版的。

回到美国时写道，许多人反对资本收取利息，但又没有人知道如何获得这些利息，除了通过国家来营运所有的企业"。①他的结论是征收土地税，但没有提议将税收用于基础设施或其他社会支出的公共投资，而是将基础设施留给私营个体和他们的金融支持者来控制。

乔治在1897年去世后，刘易斯·波斯特（Louis Post）成为单一税派的领袖。乔治的追随者和马克思的追随者在美国各地展开辩论。在1905年与社会主义者的一次辩论中，波斯特预言："劳工在选举投票中第一次真正重要的较量，将会在单一税原则和社会主义原则之间展开。"社会主义者对此表示赞同，但正如社会主义律师西摩·斯泰德曼（Seymour Stedman）所言："单一税不是一种哲学"，而只是"为了补救资本主义制度的某些弊端而提出的小修小补"。②《国际社会主义评论》的编辑阿尔吉·马丁·西蒙斯（Algie Martin Simons）阐明了这一论点的症结所在：

> 我们不会为他们所批评的地主辩护。我们固守立场，不为地主求情。但我们要问他们单一税派，你们为资本家辩护吗？这正是问题所在。而所谓的资本家，我们不是指某些经营一家小商店的人，我们指的是那些靠拥有产权生活的人，以及那些雇佣其他人去监工、指挥、管理和组织工作的人，那些被法国人称为食租阶层的人，他们有别于企业家阶层，那些拥有股票、债券和抵押贷款的人……他们会认为这样做合理吗？如果他们真的这样认为，那么波斯特先生说最后一场重大斗争将会在社会主义和单一税之间展开，他是对的。

---

① 查尔斯·A. 巴克（Charles Albro Barker）：《亨利·乔治》（牛津：1955），第533页。
② 《社会主义 vs 单一税：1905年12月20日在芝加哥第十二街特纳大厅举行的辩论会的逐字记录》（*A Verbatim Report of a Debate held at Twelfth Street, Turner Hall, Chicago, December 20th, 1905*）（芝加哥：1905）。这些辩论也由柯尔出版。

从俄国到德国和其他工业经济体，关键的政治问题在于中产阶级是支持社会主义革命，还是与土地和金融财富结盟，反对终结他们晋身食租/食利阶级希望的改革。阿道夫·达马施克（Adolph Damaschke）和乔治在德国的其他主要追随者成了著名的纳粹支持者。在纽约市，亨利·乔治社会科学学院成了纳粹同情者和反犹分子的聚集地。[1] 1937年成为该学院院长的弗兰克·乔多罗夫（Frank Chodorov），总结了学院试图保留乔治的自由派福音的哲学：

> 乔治是个人主义的传道者；他教授私有财产的伦理基础；他强调在自由市场经济中，自愿合作能产生更大的生产力，强调服从国家指导和顺应社会主义的人们将会道德退化。他的哲学是自由企业、自由贸易、自由人的哲学。[2]

乔治捍卫资本的一个致命的副产品，是导致社会主义者强烈排斥乔治，以至于他们把土地税的问题留给了乔治的追随者而不去讨论。这样

---

[1] 笔者曾遇到过该学校的一些老师。他们告诉我，到了20世纪40年代，联邦调查局的特工已经占了学生的大部分。他们试图追踪通过学校开展工作的德国特工。学校的前校长埃德·多德森（Ed Dodson）告诉我，学校的一名助理主管是纳粹德国特工。

[2] 弗兰克·乔多罗夫：《自由社会的教育》（Education for a Free Society），《斯克里布纳评论家》（Scribner's Commentator）1941年2月，第36～37页。1937年，乔多罗夫因反对美国参与第二次世界大战而被免职。乔治在20世纪30年代的主要追随者——记者阿尔伯特·杰·诺克（Albert Jay Nock）由于反犹太主义而成为不受欢迎的人。到了20世纪90年代，这所学校已经变成了艾恩·兰德（Ayn Rand）的客观主义狂热追随者的附属团体。乔治著作的当代出版商——沙尔肯巴赫基金会（Schalkenbach Foundation），由冯·米塞斯（Ludwig von Mises）和詹姆斯·M. 布坎南（James M. Buchanan）的一系列追随者领导。关于其亲商界哲学的背景，请参阅肯尼斯·C. 温泽（Kenneth C. Wenzer）的《乔治主义运动的退化：从自由哲学到鸡毛蒜皮的争抢》（The Degeneration of the Georgist Movement: From a Philosophy of Freedom to a Nickel and Dime Scramble），见《亨利·乔治被遗忘的遗产》（The Forgotten Legacy of Henry George）（沃特伯里：2000），第46～91页。

一来，社会主义者就与地租理论渐行渐远。社会主义主流将古典经济学的土地和食租问题，视为劳动与产业资本关系问题的次要问题。

中产阶级政党倾向于反对社会主义改革

当其他党派反对人民希望并准备进行的改革时，法西斯主义就出现了。托洛茨基正是这样解释为何希特勒的国家社会主义党在1929年后的经济崩溃中夺取了主动权。尽管德国共产党在1930年有100万名武装党员，但斯大林指示其领导人不要与纳粹党人斗争，而是与他们形成共同阵线。德共因此而流失了大量党员，很快就被消灭了。

早在1927年的共产国际第五次会议上，斯大林就指示中国共产党加入蒋介石国民党的共同阵线。这为后来的四一二事件埋下了伏笔，当时一大批共产党人惨遭屠杀。

像斯大林这样的犹豫是许多左翼领导人的通病。在1917年，当许多布尔什维克积极参加2月的彼得格勒革命时，政党阻碍虽激进但符合民意的改革问题就已经很明显了。党的领导层存在分歧：是应该推进革命性变革，还是加入资产阶级政党寻求有限的政治利益——停止与德国的战争，改革农奴制后的农村地主制度，以及改善工人的工资和工作条件？

托洛茨基形容斯大林、格里戈里·季诺维也夫（Grigori Zinovyev）等党的领导人落后于更激进的工人团体，这让亚历山大·克伦斯基（Alexander Kerensky）组建了一个温和政府。到了4月，他写道："在此刻，群众比党更革命，党比它的机关更革命……妥协者把他们的权力交给了资产阶级。"斯大林试图"不吓跑"孟什维克和资产阶级。但随着战争持续到秋季，"群众已经厌倦了等待，厌倦了优柔寡断，厌倦了空话连篇"。①

中产阶级政党领导人主张的，是他们代表的选民关心的相对狭隘的问题。为了赢得选举，他们寻求工薪阶层的支持。但除了出台一些粉饰性政策外，他们对于真正帮助工人并没有多大兴趣。托洛茨基总结说："一般来说，在与资产阶级舆论直接接触的党的高层中，这种思想混乱最普遍，持续时间最长。"在"党究竟是准备在资产阶级共和国中扮演反对派的角色，还是设定全面夺取政权的任务"的问题上，"布尔什维克杜马派立即向右急转，加入了孟什维克阵营，发表了一份模棱两可的声明"。几乎只有列宁一个人坚持党应该与群众联合，采取行动推翻克伦斯基政府。②

俄国革命最终转向悲剧，而不是通往社会主义未来的道路。世界各地的共产党都变成了亲俄组织，最热衷与非斯大林主义左派激烈斗争。在整个20世纪30年代，斯大林都在为"只有一个国家的社会主义"而斗争，反对托洛茨基的国际主义。他担心外国社会主义的胜利会把世界革命的焦点从他自己的领导上转移开。正如乔治·奥威尔等人生动描述的那样，由此产生的左翼内部的自相残杀，在反对佛朗哥的西班牙内战中表现得十分鲜明。

事实上，许多共产党被认为与俄罗斯有关，而且他们的许多领导人是犹太人，再加上社会主义意识形态，导致他们受到军国主义、民族主义和典型的反犹太主义右翼的攻击。这些保守势力在第二次世界大战前的几十年间涌现，反对社会主义改革。

社会主义者之间的政治内斗，使进步政治主要掌握在社会民主党的手中，最著名的是富兰克林·罗斯福（Franklin Roosevelt）的民主党及

---

① 托洛茨基：《斯大林》[伦敦：2016（哈珀斯1946年版的扩充）]，第236、243、258、290页。托洛茨基这本书最初为列宁传记的草稿，但应哈珀斯出版社的邀请，最后作为斯大林的传记出版。

② 托洛茨基：《斯大林》，第214、289页。

他的美国新政。"二战"结束后，工业资本主义似乎已经采取了足够的改革政策，提高人们的生活水平，但同时也发展了不断扩张的食租／食利FIRE部门。从1945年到1980年左右，西方经济体似乎享受着适度的稳定增长。当时西方的边际所得税率颇高，又有反垄断监管和一系列的社会改革（当然，作为一股暗流，美国和英国在希腊、意大利和拉丁美洲大部分地区进行了秘密斗争，而且常常用暴力阻止左翼运动，防止这些国家摆脱美国的控制）。

对于购房者和股票市场的投资者来说，银行、保险和房地产部门似乎确实提供了生产性服务，共同创造了中产阶级财富的巨大增长，并且随着工薪阶层通过信贷成为业主，也确实将劳动力提升到了中产阶级。当时的学费还不是太高，人们不用背负巨债就可以获得教育机会。新一代的成年人能够享有比父母那一代更高的生活水平。

"二战"后工业增长与金融收益相结合，繁荣一直持续到了1980年左右。银行业和金融部门似乎正在帮助发展工业资本主义，但自1980年以来的40多年间，政府被剥夺了公共投资、价格监管和反垄断立法等职能。政府应该扮演的角色仿佛就是放松管制和推动私有化。在政治领域，食租／食利势力卷土重来。这股反动浪潮主要是由被劳工和小企业认同的政党领导的，具有代表性的包括比尔·克林顿（Bill Clinton）领导的美国民主党和托尼·布莱尔（Tony Blair）领导的英国工党，以及欧洲大陆的社会主义和社会民主主义政党（第九章将详细地追溯昔日这些社会民主党的发展演变历程）。

反政府战略家创造经济学神话——为食租／食利者辩护

20世纪80年代以来，新自由主义意识形态逆转，得到了选民、政客和企业管理者对改变经济运行方式的支持。新自由主义经济学颠覆了古典经济学的价值、价格和租理论的传统，误导人们所有的收入都是劳动收入，所有形式的经济租不仅仅是转移支付，而且对产出有所贡献，可以通过新自由主义公式和GDP来衡量。[①] 这种对古典经济学逻辑的颠倒影响深远，不仅影响了中国和俄罗斯，也影响了西方经济。

后工业化意识形态的另一个促成因素是政治层面的立法、税收和其他政府政策。金融部门已经获得了对主要政党的控制权，甚至控制了那些传统上以劳工和少数族群为目标的身份认同政治政党。结果是，今天的政党政治并不反映这些选民的经济利益，而主要反映金融部门的利益。昔日的左翼现在变成了右翼的新自由主义意识形态。

为了抗衡代表劳工和工业界的民主或社会主义政府，并且避免对食租／食利收益进行监管和征税，金融部门主要采取了三种策略，以证明金融化的公司化国家是合理的：（1）狭隘的经济理论体系，不承认政府监管或公共投资的任何生产性作用；（2）否认存在不劳而获的财富，从而抛弃了经济租的概念（如上文和第四章所述）；（3）局限于短期的边际主义分析，将所有的结构性经济变化视为"政治性"内容而排除在外，由此判断这些改变对于现在宣扬的经济逻辑而言是"外生性的"。

据报道，乔治·伯恩斯（George Burns）等人曾这样描述政治和商业："一切都关乎真诚。你若能伪造真诚，你就成功了。"从学术界到政治界，如果你能伪造可信度，你就能说服学生和公众。食租／食利意识

[①] 笔者在《杀死宿主》中使用了这样的比喻：寄生虫接管了宿主的大脑，使宿主将寄生虫（这里指食租/食利者）想象成工业资本主义体系的一部分，而不是侵入宿主体内榨取免费午餐的掠夺者。

形态的任务，就是通过伪造抽象的似是而非的合理性来打造一套看似现实的逻辑。它展示了一幅图景：在没有政府的情况下，经济如何运作。在这幅图景里，经济仅仅是个体之间的生产和交易，不存在个人领域之外的 FIRE 部门、公共基础设施投资或经济寻租。他们的修辞技巧是绝口不讨论这种貌似现实的世界图像究竟有什么问题。这种以管窥天的视野正是当今新自由主义学术的本质。

亲食租／食利意识形态的第一个策略是，否认政府在塑造市场方面有任何生产性作用。从奥地利学派经济学到后来的个人主义流派，他们的中心思想都是，政府的"干预"只会"扭曲"私营部门市场假定的自然平衡，私营市场能创造最有效甚至最公平的收入与财富分配机制。

撒切尔夫人有一句名言："没有社会这种东西。"只有"市场"。她称之为"社会市场"，不是因为市场具有社会性，而是因为"市场"变成了社会本身，剥离了一切不促进私人利益和寻租的社会因素。结果是"经济"被局限在狭隘的范围内，衡量方式和定义仅限于私营部门的交易。公共支出被算作开销费用，仿佛基础设施、教育、卫生和社会服务并不发挥任何生产性经济作用，而只是消耗税收和转移支付，理由是它们本身并不营利，就意味着它们对经济的整体盈余没有任何贡献。

詹姆斯·布坎南（James M. Buchanan）的"公共选择"理论将人们的注意力从私人寻租上移开，把寻租重新定义为政府官僚的行为：以牺牲私营部门为代价增加政府的权力和财富，他唯一承认的经济租是政府获得的收入。这种观点把政府官员描述为真正的强盗恶霸，而地主、垄断者和其他食租／食利者不是。这套理论主张，解决寻租的方法是尽量削弱政府权力特别是监管权力,而不是对食租/食利收益征税。[1]

这套反对政府监管、社会支出、补贴、税收和资源分配的理论,内在含义是,私营部门本身是没有任何规划的。然而现实情况是,每个经济体都是计划经济——如果政府不确定优先次序,金融部门就会接管规划的角色,为金融家自己的利益而规划,而不是为了社会的整体利益而规划。在没有公共监管的地方,金融高管就会趁机填补政策真空,为自己和客户创造垄断特权。

亲食租/食利意识形态的第二个策略是,通过宣称所有收入都是因为对生产有所贡献而应得的劳动收入,来剥离经济租理论。这是美国经济学家约翰·贝茨·克拉克(John Bates Clark,1847—1938年)最鲜明的主张,他反驳亨利·乔治的土地税运动不亚于对马克思的反驳。他的《财富的分配》(1899年)声称,每个人所赚的钱都是劳动收入,因为他假设所有的收入都跟对生产的贡献度成正比。克拉克写道:"这项研究的目的是要表明,社会的收入分配是由自然法则支配的。"也就是说,每个人所能获得的收入等于他们为被出售的"产品"增加的价值,无论采取工资、利润、租金还是利息的形式。土地被描述为仅仅是商业投资的一种形式,租金和利息是因为地主或债权人对生产的贡献所取得的回报,在统计上被记录为"该主体创造的财富数量"。[2] 强盗恶霸、地主和银行

---

[1] 关于布坎南的理论如何得到科赫(Koch)兄弟和各个自由派公共关系基金会的赞助,见南希·麦克莱恩(Nancy Maclean)的《枷锁中的民主:激进右派对美国秘密计划的深层历史》(*Democracy in Chains: The Deep History of the Radical Right's Stealth Plan for America*)(纽约:2017)。关于政治如何合理化这种狭隘的"自由市场"观点,参阅阿夫纳·奥费尔(Avner Offer)和加布里埃尔·勋登堡(Gabriel Södenberg)的《诺贝尔因素:诺贝尔经济学奖、社会民主和市场转向》(*The Nobel Factor: The Prize in Economics, Social Democracy, and the Market Turn*)(普林斯顿:2016)。他们描述了诺贝尔奖如何以一己之力挽救了弗雷德里克·哈耶克(Frederick Hayek)的学术地位,合理化了他对政府监管是"通往奴役之路"的攻击,使其成为撒切尔夫人瓦解英国公共部门的经济理论依据。

[2] 约翰·贝茨·克拉克:《财富的分配》(*The Distribution of Wealth*)(纽约:1899),第 v 页。

家被描述为经济生产过程的内在组成部分,而价格和收入则被假定为按生产成本结算。而通过循环论证出来的所谓的生产成本,包括食租/食利者有能力获得的任何费用。这种逻辑完全拒绝承认市场可能会以不公平、低效率或不具生产性的方式运作。

所有收入都是生产性的劳动收入,这一说法是亲食租/食利经济学神话的基石。它塑造了今天的国民收入和产品账户(NIPA)统计方式。放弃了经济租是非劳动收入的概念,人们就没有了衡量剥削的标准,因此也就没有必要推动古典经济学所倡导的改革。金融和食租/食利者将生产的产权与基本生产技术混为一谈。对克拉克和后来的自由市场经济学家来说,"市场"就是现状。财富和产权的分配被理所当然地视为经济性质的一部分,无论多么不公平。任何产生收益的资产都被算作资本,即使它是一种食租/食利者特权。

这是有利于金融家和投资者的视角。对于他们来说,土地和房地产、石油和矿产、专利、垄断特权和相关的榨取租金机会都被视为资本投资。这就抹去了利润和食租/食利收入之间的区别。这就是今天的税法所遵循的逻辑。非但没有区分利润和食租/食利收益,实际上还给予了金融和房地产税收优惠。

替代古典经济学理论的第三种策略是边际主义。它专注于分析较短时间框架内的微小变化,其中所有的变量都在给定的经济和政治制度中发挥作用,因为经济结构从长期来看会发生变化。不正视这一现实,就无须再讨论结构性改革,因为它被假定为"外生性"的,排除在与古典政治经济学和19世纪美国制度学派相比更加狭隘的"经济学"学科范畴之外。这两种学派都旨在改良现有制度,从而把榨取租金最小化。而主流经济学回避了任何关于变革的思考,因为人们一旦讨论改变,进而就会讨论改革。改革被主流经济学排除掉了,因为它属于一个"政治"话题而不是一个经济话题。

无论如何,长期效益对金融高管来说都是无关紧要的。他们的时间周期非常短暂,目的就是尽快榨取尽可能多的收入或资本收益。他们的基本商业计划是"拿了钱就跑",比如,用工业利润回购股票和向股东分红来抬高股票价格,而不会进行新的资本投资和研发。

问题是,对于一个国家的经济来说,目光短浅的结果就是长期落后。当金融资产的价格可以通过剥离资产来人为地抬高,缩减有形资本投资从而以价格膨胀的股票和债券形式产生金融化财富时,整体经济就会被削弱。

政党在支持新自由主义亲食租／食利经济学方面的作用

历史不能简单地解释为是基于利息、地租、垄断租金、产业资本和工资动态的纯经济逻辑展开的。所有这些态势都是在法律、公共监管和行政管理的背景下展开的,所在的政治体制通常至少有两个政党,也存在单一的决策体制。一个政党的政治纲领和执政行为,反映了内在信奉的经济理论体系,这套体系的基本概念指导着政治管理者对于事物的理解。

英国和美国的选民除了政治双寡头所提供的选项之外,几乎没有其他选择。造成这种情况的原因,主要在于西方政党政治的特点。而整个西方的选民没有多少机会可以选出不一样的领导者,去真正改变1980年后的经济两极分化和不断深化的紧缩趋势(债务通缩、寻租、国内垄断以及对国外代理人寡头的军事支持),主要原因也在于此。

食租／食利利益集团为了使新自由主义能够通过布莱尔的工党和克

林顿的民主党来获得控制权，必须推广普及前文所述的后古典意识形态的变化。自由主义的"自由市场"信条，迎合了劳动力希望跻身中产阶级的愿望。撒切尔夫人向英国电信的客户（全部成年人口）低价出售这家走向私有化的垄断企业的股票，为小投资者提供有保证的快速收益[米尔顿·弗里德曼（Milton Friedman）声称不存在"免费午餐"问题]铺平了道路。在随后的金融优惠政策中，她向英国公有住房委员会的住户承诺，他们可以通过住房私有化快速获得房地产收益。刚开始的时候，定价比较低，住户们可以获得传统意义上中产阶级的财富之源。

对于参与私有化的内部人士（最初的买家）来说，房价确实飙升了。事实上，房价上涨得如此之快，以至于很少有新工人能够租得起或买得起伦敦的公寓。他们不得不住在远离伦敦市中心的地方，还要花高价乘坐私有化的铁路交通工具通勤往返。公交车服务也被私有化了。公共汽车的中央车站被出售，以获得快速的房地产收益。许多路线被削减，剥夺了低收入居民通勤、购物和满足其他需求的机会。这就是自由主义民主的实践。

需要能够替代民主中间路线的方案——制衡食租／食利权力

今天，美国、德国和其他领先的工业经济体大多已经放弃了曾经在工业腾飞过程中指导它们获得成功的那些公共政策。但中国大量采用了这些政策。中国今天的成功源于新中国革命。这场革命清除了地主阶级，确立了国家对货币创造和银行业的控制。自1980年以来，中国经济突飞猛进地增长，与美国、欧洲各国及相关的"市场民主国家"的增长放缓，形成了鲜明对比。后者的经济两极分化，生活和商业成本上升，导致了去工业化。与此同时，私有化的 FIRE 部门和基础设施部门以及垄断企业的财富，自 1980 年以来却一直在飙升。回顾自古典时代以来的历史，民主制度很少能够控制食租/食利阶级的利益。在遏制食租/食利者的主导地位方面，由国家控制的经济往往比民主国家更成功。

对于 19 世纪的经济学家来说，"食租/食利型民主"或"民主寡头政治"的概念似乎是一个自相矛盾的说法。毕竟，削弱食租/食利者的立法权力的斗争，必然会涉及争取民主的斗争。工业资本家试图动员工薪阶层和中产阶级来反对后封建时代的食租阶级。当时人们期望经济政策和组织能遵循工业工程的逻辑，从而创造繁荣的国内和海外市场。这套逻辑包括补贴工业和社会支出，从而提高经济生产率，创造繁荣的国内市场。至少，这是工业资本主义所承诺的。

20 世纪 80 年代以来，西方经济的两极分化和财政紧缩政策，带来了一些迄今难以解答的问题：为什么民主党派政治无法制衡食租/食利利益集团？很明显，它们的政治和经济意识形态通过损害工业资本主义，与工薪劳动者、小企业甚至工业的利益形成对立。西方是否注定要在货币和信贷创造、银行、教育、医疗保健、交通和通信（包括今天的互联网）等本应成为公共事业的领域实行紧缩、债务通缩和私有化垄断？由于无法阻止食租/食利部门控制经济甚至政治而陷入增长瘫痪的状态，是否说明西方民主国家已经达到了经济的极限？西方是否有可能与 19 世纪反抗土地贵族一样，成功应对今天的世袭债权人阶级？或者，西方是否必将重蹈昔日债务缠身的古罗马帝国的覆辙，陷入食租/食利阶级导致经济紧缩的黑暗时代，只有日益陡峭的经济金字塔顶端的人才能享有文化和财富？

第九章　通往奴役的新食租/食利之路

第一次世界大战后，欧洲各经济体面临的重大政治问题是，用什么来取代被推翻的君主制和贵族制。通过对食租/食利财富征缴更高的税收，创造一个古典经济学所提倡的无经济租的市场，有多少经济租和自然资源财富将被社会化？

那个时代人们普遍熟悉的对地租和自然资源租征税的逻辑，在今天的政策讨论中已经消失了。地租、自然资源租和垄断租已经被私有化并被食租/食利阶级所掌控。摆脱了政府的监管和税收的束缚，金融控制权正变得和欧洲后封建时代的贵族一样，成为世袭权力。

今天的新食租/食利者，通过提高西方经济体中债务占收入及财富的比例来锁定其主导地位，用所谓的民主来掩饰食租/食利阶级的东山再起。其自由市场修辞背后的如意算盘是，通过创建不受公共监管的市场，使人们陷入新封建式的债务奴役，依附于食租/食利阶级。它们支持食租型垄断企业，这些企业的商业模式就是对人们的基本需求，从住房、教育到医疗保健，收取准入费用。由此榨取的巨额债务费用和垄断租，导致了自 20 世纪 20 年代以来从未见过的经济两极分化。

欧洲的农奴制将属民束缚在他们出生和居住的地方，与其不同，现在的人们虽然可以自由迁移到他们想去的地方，但无论他们住在哪里，都必须负债并支付房屋抵押贷款利息，或者向房东支付租金，而房东则要将租金作为购买房产所需信贷的利息交给银行。

政党制度已经变成了食租/食利阶级最重要的抓手。食租/食利部门控制立法的能力体现在以下事实中：尽管民意调查显示，大多数美国人想要公共医疗服务，但没有一个政党的领导人会这么做。由新自由主义政治捐献阶层管理的民主是一套由顶层富豪支配的任命权体系。金融资本认为，任何有能力监管商业和金融的强大政府都具有本质上的压迫性。他们希望一个强大的政府为自己的利益服务，而不是为劳工、消费者、环境保护或长期社会繁荣服务。

昔日的西方左翼政党如今已采纳了新自由主义政策，将政治控制权交还给金融和食租阶级精英，而在20世纪初西方刚开始实施税收和监管改革时，这些精英似乎曾处于失势的边缘。继20世纪90年代布莱尔领导的英国工党和克林顿的美国民主党之后，德国社会民主党和法国的社会主义者纷纷追随这种政治倒退态势，更不用说希腊和西班牙的社会主义政党了。

启蒙运动改革者刚开始时，是为了反对教会和地主贵族控制的政府的压迫性统治和特权而进行斗争，现在已经转变为一场自由主义的斗争，目的是阻止民主政府对食租/食利阶级的收入和财富进行监管和征税。古典政治经济学所设想的自由是免于寻租的自由，新自由主义者却窃取了自由市场的口号，并将它重新定义为保护寻租者的自由。古典的"免于寻租的自由"理念被颠倒为"榨取经济租的自由"。新自由主义者使用自由主义的修辞，警告公众，公共监管和公共支出就是"社会主义"，似乎不受金融剥削的自由是一种天方夜谭，而不是一项基本权利。

货币、利息和债务是控制经济的关键

亚里士多德将货币描述为法律的产物——nomos，也就是英语单词numismatics（钱币学）的词根，即对铸币的研究。债务和债权也是由法律创造的。所有的货币都是债务，除了作为商品的黄金。历史上，债权人的权利建立在他们所持有的货币金属上，通过借出货币来收取利息。

今天，商业银行拥有创造信贷货币的特权。它们反对政府发行货币，因为这将降低经济对银行家和债券持有人的依赖。与现代货币理论（MMT）相反，银行和债券持有人要求政府通过借贷为预算赤字融资，并且支付利息，而不是直接由政府自己创造法定货币。

货币问题最终是债务问题。新自由主义知识洗脑的一个重大胜利，是将货币和债务排除在经济分析之外。货币只被当作一层面纱或"出纳柜台"，而不是经济的资产负债表上"负债"一侧对应的债务。其借口是，如果把股票、债券和贷款的价值计入经济的基本财富，那就成了重复计算。金融负债和实际财富被看作相互抵消的镜像，因为本币债务都是"我们欠自己的债"。

然而，实际的问题是99%的人欠了1%的人债。以增加债务的形式创造货币，最终使人们用于商品和服务的可支配收入减少。债务和金融证券的上层建筑对财富的债权，使收入和财富的分配两极分化。这将导致债务通缩，使人们丧失赎回权，或者导致债务人在财务困境下向债权人廉价出售财产的情况变得越来越普遍。

几千年来，古代中东的统治者为了使债务总量得到控制，会反复颁布"大赦"取消债务，解放债务奴隶，并归还被债权人没收的自用耕地。这些做法防止了金融寡头获得足够权力与朝廷抗衡，并防止了经济因为负债而衰退。但随后的古希腊和古罗马的寡头统治者拒绝了国王统治，并制定了亲债权人的法律。几个世纪的内战也未能实现取消债务和给公民重新分配土地。

到了中世纪的欧洲，债权人把黄金和白银借给君主们发动战争。他们要求以土地和其他皇家资产作为抵押，从而控制了这些王国。类似的债权人杠杆今天仍在迫使债务国将公共资产私有化，以偿还欠国际货币基金组织和外国的债券持有人的贷款。

美国之所以独一无二，是因为能够创造法定美元（国债借条）作为"世界货币"。2008年垃圾抵押贷款崩溃后，美联储创造了数万亿美元的法币信贷，救助那些产生不良贷款的银行。在2020年新型冠状病毒大流行后，美联储又创造了新一轮的资金来降低利率，并推高了股票和债券的价格。在商业银行的控制下，建立独立的中央银行，转移了国家财政部制定货币和债务政策的权力。而法定货币的创造，连同对劳工和消费者征税，取代了对食租/食利阶级收入和财富的课税，信贷被优先提供给食租/食利者榨取财富，而不是发展工业实体经济。

利息是转移支付，而不是提供了信贷产品的"服务"

几千年来，经济活动都是通过信贷方式进行的。庄稼种植期间的交易通过赊账进行，例如，巴比伦人在作物收获前用赊账的方式，在酒馆里购买啤酒。早期货币最初是谷物或其他作物，用来在收获后结算债务。人们通常只在逾期付款时收取利息。

亚里士多德指出，尽管金属货币本身是"不育的"，但债权人收取利息，这似乎是一种讽刺。正如莎士比亚所说，利息是"不妊金属的繁殖"。问题是，生息贷款本身并不创造生产资料来支付债务，而是必须靠债务人通过生产或在其他地方挣得收入，才有款项来还债。

支持食租／食利的经济学家将利息描述为债权人满足了基本经济需求的"劳动"收入。从中世纪的经院哲学到 19 世纪的奥地利学派，利率的正当性都是参照债权人的经营成本，其中主要的经营成本就是债权人承担的风险。但实际上，债权人会规避风险，并且在债务人的偿付能力出现问题时要求公共救助，甚至大规模银行欺诈造成 2008 年垃圾抵押贷款崩盘之后也是由公众买单。债权人不仅收取利息，还通过在负债者无法偿还债务时取消抵押品的赎回权来扩大自己的权利。

今天的中央银行通过向银行系统增加或缩减货币供应来管理利率。在 20 世纪的大部分时间里，央行的主要目标是稳定汇率。但自 2008 年以来，它们的目标转为在经济遭受债务通缩时，保护 FIRE 部门等 1% 的人的财富免受损失。美联储和欧洲中央银行通过量化宽松政策抬高了股票、债券和房地产打包贷款的资产价格。它们的"救援直升机"只向华尔街和其他金融中心投放资金，而不会投向其他经济领域。

奥地利学派认为，利息是对债权人的"耐心"和节制消费的个人牺牲的奖励，因为这些人把钱存起来，而不是消费掉。对于这种观点，马克思嘲讽道，罗斯柴尔德家族一定是欧洲最禁欲的家族——好像他们的财富真的来自节制消费，而不是通过最终限制债务人消费能力的放贷而获得的。

人们会对财富上瘾。债权人乃至金融资本是出了名地没有耐心。经济学家却反过来指责债务人因为"缺乏耐心"，急于消费而借贷，这可谓虚伪至极。个人责任的原则认为穷人要为自己的贫困负责，似乎他们负债是因为选择了"现在消费"，而不仅仅是为了生存。事实上，问题的症结在于两极分化的经济中市场和债务的关系。

奥地利学派的另一个相关猜想是，利息是债权人公平分享债务人利用贷款进行生产性投资所获得的利润。这个猜想源于一个虚假的历史传说——收取利息的做法可能起源于个人借出和借入谷物或牛。据说借款人会从通过借款获得的谷物所生产的作物盈余或牛生下的牛犊中拿出来一部分作为利息。这种"利息的生产力理论"还包括利息是对债权人承担的债务人因作物歉收、牲畜死亡等情况而无法还款的风险的补偿。但无论是人类学家还是亚述学家，都找不到历史上曾经有这种借出牛或粮食的行为的证据。历史上，风险一直是由债务人承担的，他们往往会失去被迫抵押给债权人的牛，或被债权人直接抢走的牛。除此之外，债务人甚至会失去个人自由或其家庭成员的自由，并最终失去土地所有权，从而失去维持生计的手段。结果就是曾经的自耕农变成了租赁土地的佃农。

早在青铜时代（公元前 3500—公元前 1200 年），庄稼确实有时会歉收。当干旱、洪水或疾病暴发时，人们便无法偿还债务。但是，由于大多数债务的债主是王宫、神庙和替它们收款的人，因此中东的统治者能够通过颁布前文提及的"大赦"，取消租金和债务欠款，从而维持社会稳定。由于这些债务大部分是民众欠王宫和神庙的，所以没有强大的既得利益集团反对赦免债务，不像古希腊和古罗马的古典时代那样。这些大赦防止了作物歉收和其他的因素破坏经济稳定，最大限度地减少了因为人身束缚和土地垄断造成的交易成本。

支持金融的辩护者不顾债权人—债务人关系对经济造成的负面影响，将金融驱动的经济描述为"把交易成本最小化"，而政府的监管和税收则被说成是"增加了交易成本"，这是通过奥威尔式的循环推理得出的结论。道格拉斯·诺斯（Douglass North）因为这种反政府的撒切尔主义理论而获得了诺贝尔经济学奖。根据他的观点，人们应该反对政府通过取消债务来维持经济弹性的政策，因为这会加大债权人的风险。持有这种观点的人的目的是，放松政府对食租/食利者敛财行为的管制。

他们对如何将债务人的风险和交易成本最小化视而不见。

自古典时代以来，西方文明用亲债权人的法律取代了金融大赦。中世纪的债权人要求政府变卖自然资源和矿山，或建立公共垄断企业来变卖或交易公共部门，从而偿还政府债务。正是出于这个原因，欧洲的东印度公司和西印度公司，以及英国的南海公司和英格兰银行相继成立。

今天的金融部门也同样将无力支付的风险转嫁给了公共部门。然而，新自由主义经济学却拒绝把这种风险转嫁视为"交易成本"，也拒绝正视今天的债权人特权造成的任何负面后果。今天困扰西方的自1980年以来的食利型经济的主要成本负担，就是私营部门信贷的激增和由此产生的经济两极分化。在历史上的大部分时间里，金融和相关的食利开销一直是最具破坏性的成本。当1%的人通过使99%的人陷入越来越深的债务来增加自己的财富时，社会就会变得更加贫困。食利者的目的是垄断社会的财富和收入，仿佛这是一种自然权利，而不是后天获得的金融优势地位的产物。

鼓吹"财富成瘾是经济的驱动力"

米尔顿·弗里德曼声称，企业管理者应该无视所有的社会责任，而仅仅以股东的利益为目标。[①] 言下之意是，政府不应该规定任何社会责

---

① 米尔顿·弗里德曼：《弗里德曼主义：企业的社会责任是增加利润》（*A Friedman Doctrine: The Social Responsibility of Business is to Increase its Profits*），《纽约时报杂志》1970年9月13日。"只要企业高管依据'社会责任'而采取行动导致股东的回报减少，他就是在花股东的钱；只要他的行为提高了客户支付的价格，他就是在花客户的钱；只要他的行为降低了一些雇员的工资，他就是在花雇员的钱。"赫尔曼·卡恩（Herman Kahn）的妻子珍·卡恩（Jane Kahn）曾经告诉我，当她问弗里德曼是否应该救助孤儿时，他回答说："你为什么要用财政补贴制造更多的孤儿？"弗里德曼认为只要价格上涨，就会"激励"生产更多的产品；而只要征税，就会抑制生产。

任。但是弗里德曼忽略了一个事实，政府最初授予企业特许经营权，就是为了让其代行政府的政策，提供有助于经济发展的服务。到了 19 世纪，企业摆脱了所有的社会责任。① 它们的章程中没有社会责任。根据芝加哥学派的说法，企业不应该有任何良知。正如弗里德曼在他 1962 年出版的《资本主义与自由》一书中所言，每一次限制企业逐利的尝试都会向极权主义迈进一步。他在书中驳斥了政府为环境、基础设施、教育和休闲、工人安全和公共卫生制定社会优先事项的逻辑。

他宣扬的贪婪主义在多大程度上使食租 / 食利阶级控制了名义上的民主国家？可以说有关的情况几乎每天都在发生。例如，澳大利亚首富吉娜·雷恩哈特抨击政客们为应对新冠病毒而支付高昂的费用。她警告称，采矿业可能因财政赤字而在未来面临加税。雷恩哈特女士批评澳大利亚政府的支出政策将政府债务水平推至新高。"你猜他们在花谁的钱？他们自己的吗？当然不是。是纳税人的钱……这就是为什么我们的税率一直居高不下。"②

食租 / 食利阶级的世界观，试图削弱政府对食租 / 食利阶级的收益和财富进行监管和征税的能力。它们的理由是如果对食租 / 食利阶级征税，或者花费公共资金来防止全球变暖或改善其他社会混乱状况，那将是迈向哈耶克所说的通向奴役之路。

为了捍卫它们的意识形态，食租 / 食利利益集团利用它们榨取的经济租来收买公共媒体的控制权，并赞助替它们服务的学术课程，通过向

---

① 关于这个问题的评论，见莫里斯·沃姆瑟（Maurice Wormser）的《科学怪人，注册公司》(*Frankenstein, Incorporated*)（纽约：1931）。

② 杰米·史密斯（Jamie Smyth）:《铁矿大亨抨击澳大利亚的新冠肺炎疫情援助方案》,《金融时报》2020 年 11 月 24 日。该报道还说："得益于铁矿石价格的飙升，她的利润同比增长了 55%，达到了 40.7 亿澳元，这将使她的财富在 2020 年达到 210 亿美元。这要归功于她的右翼智库公共事务研究所（Institute of Public Affairs）成功推动撤销了澳大利亚工党的采矿税。该研究所是一个提倡气候变化怀疑论的智库。"

学生灌输金融资本的世界观来影响政府决策者,并塑造选民对经济实际运作方式的看法和价值判断。公共关系"智库"是有资金支持的,包括雷恩哈特女士捐赠的那些智库,以及诺贝尔经济学奖委员会等颁奖机构。这类宣传的最恶名昭著的资助者是查尔斯·科赫(Charles Koch),他用自己的净资产(估计超过 500 亿美元)资助了一系列说客、智库和大学项目,包括美国人促进繁荣(Americans for Prosperity,由政治活动家组成的基层活跃组织)、卡托研究所(Cato Institute)、美国企业研究所(American Enterprise Institute,AEI)和艾恩·兰德研究所(Ayn Rand Institute)。最近一位记者总结了他们共同的想法:

> 1974 年,科赫先生在一个名为人文学科研究院(Institute for Humane Studies)的自由主义智库发表了一场言辞激烈的演讲。他在演讲中谴责了美国的监管行为,并概述了他将在随后的几十年里为推翻监管而采取的策略。他谴责的政府干预清单包括"没收性税收、工资和价格控制、商品分配计划、贸易壁垒、对外国投资的限制、所谓的平等机会要求、安全和卫生法规、土地使用控制、许可法、政府对商业和工业的直接所有权"。似乎这个清单还不够详尽,他又补充说:"……还有更多的干预措施。"简言之,查尔斯·科赫认为,只有不受监管的自由市场才能维持人类社会的可持续发展。[①]

托马斯·霍布斯(Thomas Hobbes)在《利维坦》(1651 年)第二十九章《论国家致弱或瓦解的因素》中,阐明了这种世界观在多大程度

---

① 克里斯托弗·伦纳德(Christopher Leonard):《查尔斯·科赫对巴雷特的豪赌》(*Charles Koch's Big Bet on Barrett*),《纽约时报》2020 年 10 月 12 日。他是詹姆斯·布坎南以及"茶党"共和党政客的主要支持者。

上威胁了西方文明的韧性和复原力：

> 第五种趋向于使国家解体的说法是，每一个平民对其财务都具有可以排斥主权者权利的绝对所有权。诚然，每一个人都具有可以排斥所有其他臣民权利的所有权。他的这种所有权只是从主权者方面得来的；没有主权者的保障，每一个其他人便都会对这些财物具有同等的权利……
>
> ……国家有时还有一种病，类似肋膜炎。也就是国家的钱财流出了正当的道路，由于包税或专卖而过多地聚集在一个或少数私人手中。正像肋膜炎的发病原因，血流入胸膜一样，在这儿造成炎肿，并随之而发热和产生剧烈刺痛。

哈耶克的反政府著作《通往奴役之路》没有认识到，真正的奴役之路正是今天西方由于金融部门控制了政府而出现的情况。托马斯·杰斐逊（Thomas Jefferson）早在两个世纪前就对此前景发出了警告。他在 1825 年抱怨"年轻的新成员带来了巨大的力量。这些人现在期待一个单一而辉煌的贵族政府，它建立在银行机构之上，在他们所青睐的制造业、商业和航海业的幌子和外衣下，驾驭和统治着被掠夺的农民和贫贱的自耕农"。①

富兰克林·D. 罗斯福在 1938 年给国会的关于遏制垄断的讲话中也提出了类似的观点：

> 第一条真理是，如果人民容忍私人权力膨胀到比民主国家本身

---

① 杰斐逊致威廉·布兰奇·贾尔斯，1825 年 12 月 26 日，见 https://founders.archives.gov/documents/Jefferson/98-01-02-5771。

更强大的程度，那么民主政体的自由就会失去保障。这本质上，就是法西斯主义——政府的所有权掌握在某个人、某个集团或任何其他具有控制力的私人权力手中……今天在我们中间，私人势力以史无前例的程度集中起来，并且不断膨胀……不幸的是，工业帝国的建设已经演变为银行家对工业的控制。我们反对这种情况。

只要政府拒绝（或被阻止）对经济进行监管，人民的生活就会因金融势力压倒了民主国家和工业而被金融财富掌控。美国最高法院2010年1月21日的"联合公民"裁决将企业视为"人"，让企业及其所有者成为政治捐献阶层，通过无限的资金来控制选举活动。结果使得投票权与财富成正比，财富阶级则高举自由主义的财产权大旗来反对公共税收，从而捍卫其食租/食利收入。

食租阶级动员民粹主义者反对向食租/食利收入征税的最成功的实践，是加利福尼亚州的第13号提案。该提案于1978年通过，冻结了所有类型的房地产税收，包括商业地产和住宅，结果房地产价格大幅上涨。政府却没有对不断上涨的土地价值征税，商业地产业主和银行因此发了大财，因为不断上涨的租金被用作利息支付给了银行，而州政府和地方当局则不得不削减公共服务支出。

2020年，在那场新自由主义的税收反抗发生42年后，州政府提出了第15号提案，让选民投票决定是否结束税收冻结，并估计"每年为公立学校、社区大学和市县政府增加65亿~115亿美元拨款"，一位倡导者解释说，"当我们迫切需要投资于基础设施、应急设施、公共卫生和公共教育时，我们不能继续让大企业享受他们不应享有的减税政策"[1]。

---

[1] 康纳·多尔蒂（Conor Dougherty）：《加州税收反抗40年后面临撤退》，《纽约时报》2020年10月28日。

但加州选民最终投票决定，不废除这项送给食租/食利者的税务优惠。

选民们还投票否决了一项要求优步（Uber）和其他出租车公司，将其司机视为雇员并支付医疗保险、社会保障和其他职业福利的法律提案。将司机视为自雇型劳动者，优步就摆脱了正常的雇主义务。而劳动者则转型成为看似专业的阶级——计件工人，被排除在过去被视为社会契约的保障之外。

自1980年以来，由于工会成员持续减少，工资水平一直停滞不前，而食租/食利阶级的收入和财富却在飙升。这就是金融部门的商业计划：推翻20世纪的民主改革，将经济引向债务奴役之路。

以美国为中心的国际公司化国家的布道理想

20世纪30年代，路易斯安那州的煽动家休伊·朗（Huey Long）被问及法西斯主义是否会在美国出现时，他回答说："当然可以，只是我们会称之为反法西斯主义。"[①] 正如贝托尔特·布莱希特（Bertolt Brecht）所说："知识分子为资产阶级民主的独裁特性披上了一层面纱，尤其是通过把民主描绘成法西斯主义的绝对对立面，而不仅仅是资产阶级独裁以一种更公开的形式显露出来的又一个自然阶段。"[②]

新自由主义政策认为，如果民主法律迫使企业考虑公共利益，例如，让企业对其造成的损害承担责任，那么这些法律就侵犯了自由。对于企业来说，最理想的状态是设立第七章中所提到的ISDS法庭，能够否决

---

① 《某些仇恨的声音》（*Some of the Voices of Hate*），《生活杂志》1939年3月9日。
② 加布里埃尔·洛克希尔（Gabriel Rockhill）：《自由主义与法西斯主义：犯罪伙伴》（*Liberalism and Fascism: Partners in Crime*），《反击》2020年10月14日。

民主国家制定本国法律的权力。新自由主义者所推崇的那种"政府干预",是世界银行最近敦促各国政府遵循的路线——通过将风险社会化来保证私人企业的利润,从而吸引外国投资。①

要建立全面的亲食租/食利阶级的国际经济新秩序,亲食租/食利阶级就需要把公司国家理想化,从而改变人们的信念。民主党官员乔治·鲍尔(George Ball),曾在1961—1966年于肯尼迪和约翰逊政府中担任负责经济和农业事务的副国务卿,他用现代自由主义术语阐述了这一逻辑。鲍尔说:"民族国家是一个非常陈旧的概念,它很难满足我们当前复杂世界的需要。"②他敦促说,现代社会需要一个更现代的规划者,即跨国公司,并取代政府成为全球市场的新组织者。在联合经济委员会的一次听证会上,他抨击了主权的概念,抱怨政府制定政策是"基于狭隘的(在地性的或自私的)考虑"。他极力鼓吹把分配资源和塑造市场的权力移交给跨国公司的好处,并主张:

> 跨国公司要充分发挥其潜力,就必须在经营中摆脱各个国家政府施加的限制……
>
> 当然,其中隐含着对僵化的国家主权概念极大的侵蚀……我所建议的并不是世界政府那样不切实际和理想化的东西……但似乎毫无疑问的是,现代企业由现代技术支撑和加强,已经超越了世界上大多数国家和地区陈旧的政治结构的限制,这本身就是一个不能忽视的政治事实。跨国商业的爆炸式增长将会创造需求并制造压力,

---

① J. K. 苏达拉姆(Jomo Kwame Sundaram)、阿尼斯·乔杜里(Anis Chowdhury):《世界银行敦促各国政府保证私人利润》,2020年11月23日,见 https://www.ksjomo.org/post/world-bank-urges-governments-to-guarantee-private-profits。

② 《跨国公司的承诺》(*The promise of the Multinational Corporation*),《财富杂志》1967年6月,第80页。

从而有助于倒逼政治结构改革，使政治结构更能适应现代人的需求，远比现在这样的小民族国家更能胜任。同时，商业、货币和反垄断的政策，甚至横跨地球对跨国公司的本土进行监管都将不得不越来越多地委托给超国家机构……①

由于民族国家之间的对抗导致了第一次世界大战和第二次世界大战，于是，全球性的公司化国家被描述为民族国家的理想替代品。但实际上，这变成了由美国的民族主义来指导其他国家发展食租／食利型经济，在以美国为中心的全球经济的车轮上充当辐条。

新自由主义者说服人们将控制权交给公司化国家时编的一套话术，是企业承诺将"通过投资技术来提高生产力，从而提升人民生活水平"。但是，自1980年以来生产力水平大幅提高，美国劳工的工资却停滞不前，工作环境更加恶劣，工作也更加辛苦。由于金融部门垄断和侵占了经济剩余，大多数人正被逼入更深的债务。正如讽刺性刊物《洋葱》上的一幅漫画的标题所说："如今活着的成本超过了收益。"②

---

① 马特·斯托勒（Matt Stoller）：《"自由贸易"协定总是为了削弱民族国家以促进跨国公司的统治》(*Free Trade' Pacts Were Always About Weakening Nation-States to Promote Rule by Multinationals*)，《赤裸的资本主义》2014年2月21日，见 https://www.nakedcapitalism.com/2014/02/matt-stoller-free-trade-never-trade-eroding-nation-states-advance-rule-multinationals-stealth-colonialism.html。文中引述的1967年7月20日"美国对外贸易政策的未来"听证会的国会记录，可在此下载：http://obamatrade.com/wp-content/uploads/1967-NAFTA-discussion.pdf，第 272～273 页。斯托勒指出，通过肯尼迪回合谈判推动减少贸易壁垒，进而在2016年推动TPP和TPIP，与其说是为了自由贸易，不如说是为了重组世界，让企业能够管理资源，实现鲍尔在国会演讲中所说的"造福人类"。

② 见 https://www.theonion.com/cost-of-living-now-outweighs-benefits-1819567799。

削弱民主党派遏制食租／食利阶级利益的能力

实际上，只有两个官方政党可以在美国国会发挥重要作用。伯尼·桑德斯等独立候选人必须与民主党或共和党结成党团，要么投票支持民主党，要么支持共和党，这样做的目的是防止任何替代性政党获得比例代表权，就像欧洲议会曾发生的那样。企业实际控制了两大官方政党，而选民只能选择那些经过精英阶层审查的候选人，也就是说，充其量只能两害相权取其轻。

有两位新闻记者曾关注民主党领导层如何阻止马萨诸塞州参议员伊丽莎白·沃伦（Elizabeth Warren）担任财政部部长，因为此前她在竞选中呼吁在金融方面保护消费者，防止银行滥用职权，并敦促对真正统治美国的 1% 的富人征收财产税。

保罗·杰伊（Paul Jay）：汤姆·弗格森（Tom Ferguson）做了大量有关金钱如何影响政治的研究。我有一次问他："金融界是愿意接受特朗普正在走向的那种法西斯主义，还是愿意忍受沃伦？"他回答："一旦财产税被提上议程，他们就会走向法西斯。"也许这实际上是沃伦的策略性失误。考虑到右翼势力是如此强大，现在还不是提出财产税的时候。

马特·泰比（Matt Taibbi）：我认为显然他们会更喜欢特朗普，而不是沃伦，因为他们不认为特朗普是一个非常危险的人物。疫情救市、税务政策和军费开支，他们想要什么便给什么。而且，沃伦的财产税对他们来说是个问题，因为征税方案里面没有可供逃税的漏洞。这正是该提案的意义所在，确保企业按实际赚到的所得来缴税，而不是任它们申报有多少利润可以课税，又或者任它们选择在哪里报税。[①]

2016 年，民主党全国委员会宁愿让可能会输给特朗普的希拉里·克林顿做该党的总统候选人，也不愿为了赢得选举而推举桑德斯参议员。2020 年，他们再次操纵党内初选，又一次抵制桑德斯，推举了老朽年迈的拜登，以及同样不受欢迎的副总统候选人卡马拉·哈里斯（Kamala Harris），结果只是险胜特朗普，同时失去了部分国会议席，这威胁到了民主党的多数席位优势。

拜登当选后，民主党上演了"长刀之夜"，排挤众议院中的左翼"小团体"。民主党全国委员会干脆取消了对他们的资助，不再让他们出任重要的职位。

食租/食利阶级政治权力的复兴威胁着西方文明。西方倒退回一个狭隘的以金融为基础的阶级所控制的社会。在新自由主义者可以自由地从零开始创造他们的理想市场的地区，政治危机表现得最为明显，如1991 年后的俄罗斯。当时新自由主义者建议俄罗斯采用休克疗法，制造一场危机，使自然资源租私有化，并将公共事业以象征性的价格卖给听话的内部人士。这些内部人士又转手将他们的大部分股份卖给了西方买家，把他们所得的价值美元化。这被誉为创造财富。诚然，它确实为美国投资者在后苏联的股市和房地产中创造了财富。正如第十一章将会详述的，新自由主义化的后苏联国家的经验教训应该成为前车之鉴，各国应避免重蹈西方模式的覆辙。

与 20 世纪 20 年代的情况不同，现在的美国、欧洲和后苏联经济体，

[①] 马特·泰比：《民主党的危险时刻》（*A Dangerous Moment for the Democratic Party*），the Analysis. news, 2020 年 11 月 10 日, 见 https://theanalysis.news/interviews/a-dangerous-moment-for-the-democratic-party-matt-taibbi/。

已经没有必要再用武力阻止工业资本主义朝向社会主义发展了。它们只需要散播歪曲的历史和经济理论，蒙蔽公众，让人们看不清今天以食租/食利阶级为基础的金融资本主义将他们引至何方就可以了。

因此，我们又回到了罗莎·卢森堡对问题的总结：现在不是迈向社会主义，就是在野蛮主义中灭亡。美国外交的一个基本目标是，扶植私有化的窃国政体充当美国的附庸寡头，通过控制国际货币和金融体系来锁定自己的权力——这将是第十章的主题。

第十章　美元霸权：创造"纸黄金"的特权

想象一下，如果只需给卖家打个白条，就可以去商店购物、在餐馆吃饭、租房子、购买汽车和家具，那情况会变成什么样？但是人们在现实中无法这样做，因为没有人会长期接受欠条，除非卖家有法律追索权，就像银行签订贷款协议时所做的那样，可以没收签署人的收入和财产。

但是，如果杂货店或其他企业接受了欠条，并且可以用欠条来支付供应商的部分费用，那么欠条可以像真正的货币一样流通。

这就是美国在对外关系中搭的"货币便车"。美国的军事和民用经济在海外支出的大部分多余的美元，最终都流入了外国中央银行。收到这些美元的外国出口商，在本国中央银行将这些美元兑换成本币来开展业务。外国的中央银行除了通过购买美国国债让美元回流美国之外，没有其他途径花掉这些美元。美国不允许它们购买美国的重要经济部门，以免其掌握美国的经济制高点。例如，美国告诉欧佩克国家，它们可以用美元盈余以小股东身份买入美国股票，但不能收购美国任何关键资产的实际控制权。同样，中国也被禁止购买美国重要的信息技术公司。[①]

历史上每一个帝国都从其附属国那里榨取金钱和资源。这种权力总是以军事力量为后盾，大部分进贡都被帝国用在了维持军事力量上。美

[①] 本章总结了笔者的《金融帝国》一书的主要观点。

国在世界各地设立 750 个海外军事基地就属于这个传统的延续。这些军事基地需要外国的资金维持，而美国的军工复合体则消耗了大部分的国内财政预算。

支撑美国军事力量的实际上是它对国际金融体系的控制。美国因此可以免费搭乘国际金融体系的顺风车，每年花费 1 万亿多美元来进行军事行动，这么大的军事开支足以使任何其他国家的汇率崩溃。美元也确实曾因海外军事开支而在 1971 年与黄金脱钩。从 1950 年的朝鲜战争开始，美国的国际收支赤字便不断扩大，并因其后越南战争的军事支出而加剧。尽管 1971 年美元与黄金脱钩，美国的外交却一直保持对世界经济的金融主导地位——只是不再作为世界主要债权人，而是作为最大的债务人统治世界。美国政府和私人投资者花在海外的美元，实际上是在为美国对世界的军事和经济包围买单。不管各国是否想要这些美元，这些美元都作为储备货币堆积在外国中央银行。人们对这些美元回流所资助的军事冒进主义感到越来越担心。

正是这种金融安排使美国成为"特殊的经济体"。当其他国家深陷债务时，国际货币基金组织和债券持有人就会施加财政压力，强行支配它们的经济政策，强迫它们把自然资源和公共企业私有化，并且对劳动力实施紧缩政策。但美国不一样，美国的官员一直拒绝外国试图对其国内政策和外交政策发号施令。

由于不需要赚取外国货币来执行其军事政策，美国享有类似于第三章中所述的古雅典幸运的货币地位。古雅典利用劳里昂的银矿铸造"猫头鹰"银币，因此能够建造昂贵的三列桨座战船，雇佣佣兵，支持军事盟友。而美国财政部甚至不必生产或出售白银和黄金，就可以直接印美元（即财政部借据）充当"纸黄金"在国外消费。

与其他国家的外债不同，没有人指望美国会偿还它们的欠条。事实上，美国的官方美元债务几乎不可能被清偿。这正是美国的特殊之处。过去 50 年来，美国一直在享受这种自我融资、不受约束的免费午餐。

然而，面对各国对"美元外交"目标日益增长的异议，越来越多的国家正在寻求打破僵局，使本国经济"去美元化"，中断为美国对其领土的军事包围提供资金，并限制美国投资者收购本国最赚钱的产业和自然资源。

政府间帝国主义与私营部门帝国主义的对比

在第一次世界大战之前，政府对外国土地的干预遵循私人贸易和投资的路径。政府用武力夺取矿藏丰富、热带作物和其他原材料丰富的土地，并扩大其国民在这些地区的利益。私人资本主动出击，政府政策紧随其后。

但是，第一次世界大战后，美国政府坚持要求债务国清偿债务，政府间的债务远远超过了私人外国投资的价值，而且政府的战略目标与私人投资者的目标截然不同。政府的还债要求挤掉了私人投资机会。在现代历史上，国际金融首次被一个政府所主导。美国政府因其盟友在美国参战前对其欠下的军备债务，成为世界上最大的债权国。美国政府的货币债权远远超过了私人贷款和投资。

政府利益优先于私人利益被认为是理所当然的，因此，对美国政府的债务偿还应该优先于私营部门。这种观点甚至造成了严重失业和大萧条，为第二次世界大战的爆发埋下了伏笔。世界牺牲了经济增长和社会稳定，以满足公共和私人债权人的要求。过大的债务规模使债务国只能紧缩经济，抽干经济盈余来偿还美国政府的债务。

之前没有一个人预料到,主要的不稳定和剥削因素会是政府,而不是私人资本。"一战"期间,列宁在《帝国主义:资本主义的最高阶段》中预测,私人资本的日益集中将成为未来冲突的主要原因。在许多观察者看来,世界和平的希望应该主要寄托于政府间合作,以抑制私人商业和金融的竞争。

然而,在战后新兴的金融资本主义中,政府的政策却是背道而驰的。美国外交的首要关注点是世界权力,为了防止大权旁落甚至不惜破坏经济繁荣,进而损害了美国私人银行家和投资者的利益。这就是当赫伯特·胡佛(Herbert Hoover)总统在1931年宣布美国允许暂停盟友偿还债务和德国偿还"一战"赔款后,全世界的股票市场应声上扬的原因。暂停政府间的债务索偿恢复了外汇稳定,其收益高于美国在名义上放弃的2.5亿美元债务损失。

华尔街的银行家们希望美国政府的债权能让路,留出空间恢复私人信贷。双方在1933年伦敦经济会议前夕爆发了冲突。富兰克林·罗斯福即将取代胡佛出任总统,而胡佛与共和党时任财政部部长奥格登·米尔斯(Ogden Mills)是支持东部的银行利益的。以摩根的合伙人罗塞尔·勒芬韦尔(Russell Leffingwell)为首,华尔街试图推举国务院民主党人诺曼·戴维斯(Norman Davis)担任有影响力的职位。但罗斯福的顾问雷蒙德·莫里(Raymond Moley)对此表达了质疑,他指出戴维斯"想把政府债务清除掉,以促进恢复欧洲的私人借贷"。最终罗斯福拒绝了戴维斯的建议。[①]

美国的目标是让外国利益服从于美国政府债权人的要求,同时提高美国的保护性关税和配额。批评人士抱怨说,罗斯福政府的"美国优

---

① 雷蒙德·莫里:《七年之后》(After Seven Years)(纽约:1939),第96~100页;《首个新政》(The First New Deal)(纽约:1966),第52页。

先"政策,阻碍了债务国通过向美国出口更多产品挣得美元来还债,因此拒绝了世界领导的角色,甚至拒绝了世界复苏。但是,罗斯福和他的顾问们并不希望美国担当利他主义、国际主义的领导角色,以免英国、法国和其他国家的政府及经济恢复到能与美国平起平坐。在美国看来,容许欧洲不必向美国偿还战争债务,只会让欧洲政府有更多的钱重新武装起来,再次发动战争威胁世界。

当然,战争确实爆发了。美国政府在"二战"结束后组织了一系列行动,从而获得了比欧洲及日本更强大的地位。1944—1945年间,美国政府着手将英镑和法郎地区纳入以美元为中心的金融体系。从美国民族主义观点来看,任何其他国家或国家集团都不应该对美国的经济或外交政策发号施令。美国外交官坚持保留单边的国家自主权,并不想建立一个平等的国家集团。他们希望美国拥有单极统治地位,从那时起便一直以此为目标。

在"二战"末期,美国官员再次利用政府的债权人权利作为塑造战后外交的杠杆,着手进行全球规划。轴心国战败,成为促使盟友臣服的契机。但是,美国官员并没有寻求让盟友直接偿还战时贷款(否则将会重演"一战"后的债务纠葛),而是开始以一种更"开明"的方式征服它们,要求它们做出商业和政治性质的让步,首先是向美国出口商和投资者开放市场。

由于认为大英帝国的利益与美国的利益对立,美国第一个目标就是让美元取代英镑成为世界主要货币,甚至成为全球货币体系的基础。美国的债权人权利仍然是关键的筹码。战争初期,时任财政部部长小亨利·摩根索(Henry Morgenthau Jr.)"开始向英国人施压,要求他们出售由他们控制的大型企业——壳牌石油公司(Shell Oil)、利华兄弟公司(Lever Brothers)和布朗·威廉姆森烟草公司(Brown & Williamson

Tobacco）"。1941年1月28日，参议院外交关系委员会报告声明："如果阿斯特子爵和夫人在纽约拥有房地产，他们的资产将与其他资产一起被拍卖。"①

租借法案和布雷顿森林体系：遏止取代美国经济主导地位的方案

美英的第一场交锋是关于美国为资助英国参战而提供的租借贷款。租借的基本原则是自由贸易，被称为"多边主义"，但从美国的角度来看其实是民族主义。美国要求英国郑重承诺无歧视的对外贸易，并结束大英帝国特惠制（British Empire Preference），即英国与其殖民地和英联邦内前殖民地之间的特惠关税安排。

保护主义制度的终结使英国和欧洲殖民地的原材料资源和进口市场全部开放，当然是向以美国投资者为首的地区开放。英国当年通过武力打开了中国市场，而美国则趁英国陷入战争急需物资的时候，通过"要钱还是要命"的条件，敲开了大英帝国的大门。《租借协议》第七条第（2）条款要求"消除国际贸易中一切形式的歧视性待遇；以及（3）降低关税和其他贸易壁垒"。② 1941年7月28日，当凯恩斯收到《租借协议》第七条的草案时，他注意到，该草案"完全没有提到美国应遵守的

---

① 罗伯特·斯基德尔斯基（Robert Skidelsky）：《凯恩斯，第三卷：为自由而战 1937—1946》（*John Maynard Keynes, Vol. III: Fighting for Freedom, 1937—1946*）（纽约：2001），第99、102页。
② 哈尔·拉里（Hal Lary）及合伙人：《世界经济中的美国》（*The United States in the World Economy*），美国商务部《经济丛刊》第23号（华盛顿特区：1943），第12页。英国要求《租借协议》具有追溯力，以便收回它在《租借协议》项目开始之前支付给美国的大量费用。美国拒绝了该请求，因此，英国要承担在此之前为了获得军事和经济支持而产生的大量欠款。

基本对应政策——降低对英国的关税，避免英国战后的严重萧条"。[1]

时任美国参议院战争调查委员会主席哈里·杜鲁门（Harry Truman）在 1943 年 11 月要求，在英国偿还《租借协议》约订的和美国给予的其他贷款时，"如果英国不能为所需的石油向我们支付美元，并且由于航运短缺或其他原因，不能从其控制的亚洲、南美和荷属东印度群岛的石油资源中采购所需的石油时，就应该考虑是否可以把等值的外国石油储备的所有权转让给我们，或者把拥有这些储备的企业的证券转让给我们，来支付从美国获得的石油……"[2]

美国政府坚持，随着"二战"敌对状态的结束，租借协议提供的贷款支持也要停止。到 1945 年，美国对英国的租借协议索赔达到了 200 亿美元。美国谈判代表为 1946 年 37.5 亿美元的英国贷款铺垫了基础，在"二战"宣告结束时就终止了对英国的租借协议。英国的经济因此面临破产，除了同意新的贷款条款外，英国别无选择。这笔贷款成为撬开大英帝国特惠制度的杠杆。到 1944 年年底，印度、埃及、阿根廷和其他国家积累了近 100 亿美元等值的战时英镑账户被封锁了。这些英镑余额（英国在战争期间为了从英镑区国家获得物资而欠下的债务）被限制不得用于购买英国的出口产品。

每个国家的经济理论和外交政策，自然会反映当前的境遇和自身的利益。美国外交官为国际货币基金组织（加入该组织是英国得到贷款的

---

[1] 理查德·N. 加德纳（Richard N. Gardner）：《英镑美元外交》（Sterling-Dollar Diplomacy）（牛津：1956），第 57 页。"帝国特惠"制度是在 1932 年渥太华会议上制定的，是英联邦成员国之间的低关税制度，目的是在盟国间债务混乱的情况下，保持大英帝国内部一定程度的支付稳定性。

[2] 阿瑟·D. 盖尔（Arthur D. Gayer）：《租借协议的经济层面》（Economic Aspects of Lend-Lease），载于雅各布·布维纳等（Jacob Viner et al.）的《跨国经济中的美国》（The United States in a Multinational Economy）（纽约：1945），第 140 页。参考《国防计划调查特别委员会补充报告》（Additional Report of the Special Committee Investigating the National Defense Program）（华盛顿特区：1943），第 78 届国会第 1 次会议第 10 号参议院报告第 12 点，第 13 页。

一个条件）制定规则，试图将这些英镑余额用于购买其他国家（主要是美国）的出口产品。从美国的角度来看，帮助本国的产品打入外国市场是实现国内充分就业的前提条件。如果允许外国实行保护主义政策促进自身的经济增长，美国的出口就会受到限制。为了防止它们在短暂的过渡期后颁布保护性关税、配额或金融壁垒法案，例如，竞争性贬值、多轨汇率、双边清算协议或封锁货币等，美国带头成立了 IMF，以确保战后的固定汇率体系。

英国和其他接受美国、IMF 或世界银行援助（对各国加入 IMF 的额外激励）的国家，必须被迫放弃自给自足的理念，保证不会恢复保护主义政策和政府对贸易的控制。任何希望加入世界银行的国家都必须同意加入 IMF，并向外国债权人偿还所有未偿还的债务及未来的官方政府债务和政府担保债务。IMF 基金的资金将由成员国以本国货币进行认购，成员国的投票权与认购配额成正比。美国拥有最大的投票权（因此拥有否决权），其逻辑是美元是饱受战争蹂躏的国家最需要的东西。

最终，英国得到贷款的条件是禁止英镑在 1949 年之前贬值。英镑的价值一直维持在被高估的水平，迫使英国的国际收支赤字不断扩大。此外，贷款条款还阻止了英镑地区的储备货币（包括英镑余额）用于购买大英帝国的商品。自此以后，英镑成为美元的附属货币，扭转了自 19 世纪以来的局面。凯恩斯认为，美国制订的开放性国际经济计划，"为了自由贸易和金本位制而牺牲了英国国内就业"，将英镑锁定在高汇率水平，要求英国在其国内实行紧缩政策，以此限制它在进口方面的开支。[①]

英国向这些条款投降，与美国一起组成了针对欧洲大陆的统一战线，就布雷顿森林机构和拟议的国际贸易组织的运作理念进行谈判。之后，

---

① 斯基德尔斯基：《凯恩斯》，第 130 页。

发达国家作为一个整体，在自己的经济压力下接受了美国的条件。如此一来，剩下的欠发达国家只能面对既成事实。这为美国的出口打开了饱受战争摧残的市场，并根据确保美国的领导权和支配权的原则，为世界大部分地区建立了战后秩序。

美国反对独立于美元和美国黄金储备的国际货币

作为英国财政部的代表，凯恩斯在1944年的布雷顿森林会议上提出了一个国际清算联盟计划，通过向债权国（主要是美国）而不是赤字国（如英国）施加压力来解决多边支付问题。他的计划是让IMF发行一种法定的国际货币——班科（Bancor），为国际收支赤字融资。清算联盟将提供信贷，帮助各国投资以促进生产性扩张。与美国的美元和其他国家的货币基金计划不同，凯恩斯的计划不要求各国政府用本国货币来认购资金，相当于一个综合性的透支机构。要实现国际支付时，清算联盟会对支付国进行借记（Debiting），并同时对受款国贷记（Crediting）。

最重要的是，凯恩斯希望设立一项稀缺货币条款。他的基本理念是，债权国有义务通过从债务国进口货物来让后者有能力偿还债务。如果债务国的国际收支失衡到无法控制的地步，那么这些信贷可以被彻底取消，从而使赤字国家摆脱无法偿还的债务。这将防止债权国垄断世界货币。

然而，这种金融垄断恰恰是美国官员所希望的。通过提供新的美元信贷来补充欧洲枯竭的黄金储备，美国使黄金这种金属得以继续作为国际金融的基础，而不是凯恩斯提议的管理纸币本位。在黄金—美元兑换标准下，美元和黄金同样具有价值，35美元可以兑换成1盎司黄金。因此，美国的政策必然会竭力遏止出现替代美元的情况，并保证近乎垄断黄金储备的格局。

由于国际收支赤字，欧洲的黄金迅速流失到了美国财政部，使美国的黄金持有量稳步增加。1945 年战争结束时，美国持有约 200 亿美元的黄金，占世界黄金储备的 59%。到 1948 年，美国持有的黄金增加了 43 亿美元。到 1949 年，其黄金储备达到了 248 亿美元的历史最高水平，反映了自战争结束以来有近 50 亿美元等值的黄金流入。

无论是世界银行的重建贷款，还是 IMF 的国际收支稳定贷款，都不足以满足欧洲复苏的资金需求。法国在 1946 年至 1947 年间损失了 60% 的黄金和外汇储备，瑞典的储备减少了 75%。世界银行和 IMF 向哪些国家提供多少国际贷款，以及在什么条件下提供贷款，大部分重大决定权都在美国政府手中。

对外战争使美国的国际收支陷入赤字

自 1950 年朝鲜战争爆发以来，美国的国际收支一直处于赤字状态。私营部门的贸易和投资接近平衡，因为美国的对外援助通常与购买美国的出口产品挂钩，所以实际上产生了收入流。美国的国际收支赤字完全来自军事开支。

开始的时候，欧洲和其他国家欢迎美元的净流出，这有助于它们增加国际货币储备，并促进经济增长。但是，随着美国赤字的扩大，欧洲和其他国家开始重建黄金储备。这使它们摆脱了为防止汇率下降而不得不限制进口而放慢经济增长的压力。

到了 20 世纪 60 年代，越南战争和在亚洲的相关军事开支，使美国的黄金储备严重流失。每个星期五，联邦储备委员会都会公布黄金储备的统计数据，即美国财政部的黄金储备所能支持的纸币数量。美国法律要求每发行一张美元，都要相应有 25% 的黄金储备。黄金不断流失，一旦外国政府要求用美元盈余来兑换黄金，美国将无法兑现。

戴高乐将军在兑换黄金方面最为高调。他把从越南、老挝和其他前法国殖民地的银行流入法国的美元盈余都兑换成了黄金。由于这些地区没有美国银行，美国政府便要求大通曼哈顿银行在西贡建立分支机构来解决这个问题，这间银行建得就像一座堡垒。这不是一个商业决定，而是大卫·洛克菲勒（David Rockefeller）的爱国表现。他从乔治·钱皮恩（George Champion）手中接管了这家银行，而钱皮恩是最直言不讳地批评越战及相关军费开支的人之一。他指责美国政府在财政上不负责任。事实上，对美国军事政策的政治支持并非来自华尔街，而是来自劳工运动和国家安全部门的冷战倡导者。在欧洲，人们针对新闻报道揭发的战争暴行组织了大规模的反美示威活动。

1965 年 1 月，林登·约翰逊总统宣布了一系列限制资本外流和强行控制企业进行海外投资的"自愿"的国际收支控制措施，事态发展到了危机的地步。政府通告美国银行和企业，在未来一年内，它们的海外贷款或投资增加额不得超过 5%，这打乱了它们的商业计划。银行通过增加贷款来赚取利润，但如今受到了限制。石油行业也受到了严重的影响，它们担心外国对手会通过新投资取得优势。

美国在进行东南亚战争时，并不了解会对美国商业部门产生什么样的影响。多家企业指出，许多所谓的"海外投资"项目，其实并不真正构成美国国际收支的赤字。比如说，虽然石油企业（或航空公司或制造业公司）向海外转移美国的设备和机器，或向它们的外国分公司或附属机构贷款美元，以支付美国的管理费、利息和其他费用，包括进口美国设备的费用，但这些美元从未真正离开过美国经济。在贸易和 GDP 数据报告中，海外贸易和投资表面上是以现金支付的，但实际情况是，在计入美国商品和服务的出口收入并与此互相抵销后，几乎没有资金流出，这些支付给海外的金额不过是体现在资产负债表上的数字。由于石油业的游说集团向国会解释了这些国际商业的事实，石油业得以豁免于约翰逊的"自愿"计划之外。

但是银行业和民用工业受到了冲击，美国企业被军事政策所束缚，利率上升。1968年，公众的反战情绪迫使约翰逊总统宣布不会再次参选，民主党一边倒地输给了承诺结束战争的理查德·尼克松（Richard Nixon）。

然而，时任国务卿亨利·基辛格（Henry Kissinger）却说服尼克松将战争扩大到老挝和柬埔寨，希望"用轰炸把敌人逼到和平谈判桌上"。随着美国军事升级，其他国家也加紧了购买黄金。德国尽管没有像戴高乐主义者那样公然进行口头对抗，但也紧跟法国的步伐，不断用美元盈余兑换黄金。

美国为军费赤字融资的"免费午餐"策略

到了20世纪60年代末，美国外交官重新提出了凯恩斯关于建立国际法定货币的想法，于是IMF提出了特别提款权（SDRs）。其构想是，按照成员国在IMF的配额比例，给予它们透支便利。特别提款权将使美国能够利用IMF，为造成国际收支赤字的国际军事开支融资。不同之处在于，凯恩斯的计划旨在为欧洲的经济复苏和经济扩张提供资金，以创造生产资料，而不是像美国那样用于军事开支，针对对手国家摧毁其经济。可以理解的是，各国都不愿接受这项改革。

最后，到了 1971 年 8 月，形势已然明朗：美国继续进行战争的代价是，财政部要么容忍黄金储备不断减少，要么让美元与黄金脱钩。尼克松选择停止向伦敦黄金交易所供应财政部的黄金储备，来压低迅速飙升的金价。这一行为实际上终结了以每盎司 35 美元的价格兑换黄金的承诺。

许多美国的政治家担心，这意味着美国对世界金融体系的外交影响力的终结。自第一次世界大战以来，美国一直以债权国的地位主导世界外交，垄断了世界上大部分的黄金，因此也垄断了全球的货币基础。其他遭受黄金外流的国家不得不实行紧缩政策。于是，信奉"硬通货"理论的经济学家预测，持续的国际收支赤字将推动美元贬值并导致通货膨胀。事实上，时任财政部部长约翰·康纳利（John Connally）在停止出售黄金的同时，将美元汇率贬值了 5%，开启了美元汇率下跌的势头。这降低了欧洲各国以本币衡量的美元储备的价值。康纳利调侃欧洲人，说："这是我们的美元，却是你们的问题。"

然而，1971 年美元与黄金脱钩的事态走向完全出乎人们的预料。它为一种新的美元霸权开辟了道路，而这种霸权建立在美国作为世界主要债务国的杠杆基础上。

美国的美元外交使外国央行陷入两难境地

对于如何处理美国通过军费开支和投资收购外国公司向世界货币体系注入的过剩美元，各国中央银行根本没有选择。各国中央银行不会买股票，也不打算收购美国企业或房地产，因为当时还没有主权财富基金。因此，欧洲和其他经济体如何应对新一轮美元过剩，成为最大的大问题，因为它们不能再拿美元来换取黄金了。

直到最近几年，各国中央银行的投资标的通常仅限于其他政府的债券。而20世纪70年代以来，政府债券的主要供应者正是美国，这也是外国中央银行用美元盈余仅能购买的东西。在没有金本位的情况下，世界进入了美国国债借据（Treasury-IOU）本位的时代。

外国经济体面临的问题是，如果它们的中央银行不通过购买美国国债将美元回流至美国经济，那么它们的货币对美元的汇率就会上升。这将提高它们对美元区经济体的出口价格。于是，为了防止美元过剩给美元区出口带来价格优势，获得美元盈余的国家只好用美元来购买美国国债，以支撑美元汇率。

与一般的经验相反，这种美元循环意味着，美国的大部分由军事开支导致的国际收支赤字，反而有助于为美国国内预算赤字提供资金。而令人感到不安的是这两方面的赤字在很大程度上都来自军工复合体的支出。

这是一种新型的国际循环，往往束缚着外国中央银行。其他国家央行购买的美国债券越多，一旦美元贬值，损失就越大（以本币计算）。美国官员鼓励各国央行购买美国国债、私营部门的债券和股票，但不能成为美国主要公司的大股东。只有作为世界上"特殊国家"的美国才能对其他经济体这样做（虽然偶尔会遭受国外民族主义的反弹）。

到了1973年年底和1974年年初，美国明确要求外国将所持美元回流至美国债券市场。当时，欧佩克石油生产国为了应对美国把谷物价格提高两番，将石油价格也翻了两番，以保持购买力。美国国务院官员告诉沙特阿拉伯和其他阿拉伯产油国的官员们，只要这些国家同意将美元盈余回流至美国金融市场，美国就不再反对石油涨价，否则这将意味着战争行为（当时笔者被邀请参加白宫和国防部的多次会议，官员们在会上阐述了这项协议的细节）。

于是，从美国外流到石油出口国和欧洲的美元，最终又以公司股票和债券、美国国债等流动性金融投资的形式回到了美国，并以前所未有的规模流入了美国商业银行。这些流入的资金大部分被借给了第三世界国家，用于购买日益昂贵的进口粮食和石油，以及偿还为了弥补国际收支赤字而向 IMF 和世界银行欠下的越来越多的外债。

华盛顿共识的目标是发展国际食租／食利型经济

美国官员巧妙地采用了新兴债权国外交和债务国外交两种政策。他们一边对贸易顺差国使用新的以债务人为基础的美元外交政策，一边在处理第三世界国家和其他出现国际收支赤字的国家时采取了亲债权人的外交立场。20 世纪 80 年代出现的华盛顿共识，要求 IMF 和债券持有人对存在国际收支赤字的国家实行紧缩政策，迫使他们私有化低价抛售的资产、不断使本币贬值——因此，他们的劳动力价格也会贬值。

华盛顿共识引起的破坏性和掠夺性效果，与公开的欧洲殖民主义同出一辙。正如昔日欧洲帝国主义将殖民地和附属国变成贸易和货币卫星国，为欧洲的投资者攫取自然资源、榨取垄断租一样，指导 IMF 政策的新自由主义华盛顿共识也产生了类似的效果。第三世界和其他出现国际收支赤字的国家的外币债务负担，阻碍了它们按照美国和西欧的路径发展工业资本主义。华盛顿共识将这些国家变成了食租／食利型经济体，同时也使西方的先进经济体金融化。在西方经济体中，财富也越来越多地通过榨取租来获得。

这种金融化的食租／食利型经济被视为步入了后工业社会而备受推

崇。但这正是从斯密到穆勒、马克思、阿尔弗雷德·马歇尔（Alfred Marshall）和索尔斯坦·凡勃仑（Thorstein Veblen）等古典经济学家希望避免的经济形态。在他们看来，工业资本主义的动力是将经济和市场从寻租中解放出来。当时人们的预期是，富裕国家将向欠发达国家投资，传播民主政治，加强公共投资，帮助殖民地和其他欠发达经济体迎头赶上，实现现代化。但是，美国外交政策和华盛顿共识非但没有帮助这些国家发展工业经济，反而加剧了它们的落后，并扶植了由寡头统治的独裁政权。这不是进步，这是一种新形式的落后，几乎是倒退回了债权阶级占有财产的封建时代。

美国官员对第三世界的债务国采取了亲债权人的立场，以保卫美国的债券持有人和持有美元债券的外国代理人的利益。秃鹫基金以几分钱的价格收购机构抛售的债券，伺机强制没收它们能攫取的所有政府抵押资产。这种情况在保罗·辛格（Paul Singer）针对阿根廷的所作所为中表现得最为淋漓尽致。

2020—2022年的新冠病毒大流行使整个西方国家的工业生产锐减，因此，许多第三世界的债务国几乎或根本没有办法按期偿还债务。于是，我们又遇到了1982年墨西哥宣布无力偿还外债之后的那种拉丁美洲债务危机。当时国际贷款中断，导致阿根廷和巴西在1990年需要为其美元债务支付45%的利息（可以肯定的是，主要债权人是那些利用避税天堂账户暗箱操作的寡头），墨西哥则要为中期美元债券支付超过22%的利息。新冠病毒导致世界经济放缓，全球对原材料和出口的需求下降，造成了新一轮第三世界的国际收支赤字。

今天第三世界债务国面临的问题是，是否会再次被迫采取阻碍经济复苏的紧缩政策？是否会再次被迫将自然资源和公共企业私有化，并出售给贸易顺差国和美国投资者？

在过去，强国只能通过军事征服将这种经济要求强加于弱国身上。今天，强国通过金融即可征服弱国——考虑到因寿命缩短、自杀率上升和移民导致的人口下降，金融政府的破坏力同样巨大。这种破坏主要是金融和知识上的，而不是军事上的。美元外交使美国能够使用财政紧缩和金融制裁这些致命的货币武器来取得经济控制权，并获得随之而来的"免费午餐"。

这就是食利金融资本主义的全球化趋势。债务国无法"通过通货膨胀来摆脱债务"，因为债务主要是以美元或其他外币计价的，而债务国家的中央银行无法印刷这些货币。它们可以创造本国货币，但不能创造支付这些外债所需的美元和其他硬通货。即使增加国内税收也无助于偿还外币债务，因为税收是以当地货币征收的。

这就是凯恩斯在 20 世纪 20 年代所说的转移问题。当时欧洲协约国要求德国摧毁自己的经济来支付战争赔款。亲债权人假设的理论是，更高的税收将使劳工和企业陷入贫困，这样就可以减少消费品和资本品的进口了。但这只是促使债务国更加依赖债权国的一个幌子。一个国家从来不可能通过贫穷来实现经济增长。这么做只会给掠夺者带来好处，债务国即使能实现经济增长也只是短期的。

第一次世界大战后，欧洲试图强制德国偿还它们无法偿付的高额外债，但以失败告终。凯恩斯指出，除非协约国同意购买德国的出口产品，否则德意志帝国银行不可能创造或征收美元来还债。然而，今天的 IMF 和美国外交遵循的正是这种破坏性的"硬通货"政策，坚持认为债务国通过财政紧缩和资产抛售，就可以偿还外债。结果就是敲骨吸髓。

现在，欧元区成员国也在实行长期的财政紧缩政策，欧元沦为美元的卫星货币。欧元区将预算赤字限制在不超过 GDP 的 3%，这使欧元的发行量不足以抗衡作为各国中央银行储备工具的美元。这项规定也阻止了欧元区成员国通过凯恩斯主义财政支出来拉动停滞的经济。结果是各国被迫穿上了限制社会支出来促进经济增长的货币"紧身衣"。也许这些国家的人口和生活水平必须大幅下降到一定程度，选民才能意识到这种限制是不必要的，财政紧缩政策是不必要的。

如果欧洲各国政府继续限制发行超过边际数量的货币，而且没有其他替代性的货币集团出现，那么全球货币创造将仍然依赖美国的军事支出和其他支出造成的国际收支赤字——这些美元最终流入世界各国的央行。这就是今天的美元本位制和美国近乎单极主宰全球货币创造的本质。

今天，民族主义和全球主义出现在一个与20世纪四五十年代完全不同的背景之下。当时的讨论是在第二次世界大战后形成的，欧洲一体化似乎是一个好主意，这样欧洲内部就不会再遭受战争之苦。于是6个国家组成了欧洲经济共同体，它们特别关注制定共同农业政策，摆脱对外国（主要是美国）粮食生产商的依赖。

美国一直试图打破共同农业政策，并资助建立了一个由英国（一如既往地作为美国外交政策的代理人）和斯堪的纳维亚地区领导的欧洲自由贸易区（European Free Trade Area，EFTA），对抗共同农业政策。美国希望这个自由贸易区将为进步的社会民主或社会主义的欧洲大陆提供另一个选择。

今天，英语区和斯堪的纳维亚地区成为北约右翼联盟的一部分。现在，北约和欧元区已经向东扩展，纳入波罗的海国家和波兰。因此，布鲁塞尔的欧盟政治家无法自主选择与美国计划相悖的政策，特别是涉及俄罗斯、中国和其他被美国视为对手或被视为潜在贸易竞争对手的国家的政策。

那些被美国制裁或被视为与新自由主义政策对立的国家对这一现状的反应是，恢复之前的方式来结算国际收支盈余或赤字。

抵制美元霸权

每个经济体都需要外汇储备。现在各国的外汇储备不少都是美国债务，而美债主要来自美国的军事支出、冷战外交和对外国经济的投资收购，其中投资收购以对公共基础设施私有化过程中产生的自然资源租和垄断租为主。

各国面临的问题是，如何保护自己免受美国军事支出和投资收购带来的美元大量流入的冲击，事实上它们得到的只是"纸面美元"。如前文所述，那些不赞成美国军事政策和不让美国接管其资产的国家面临两难境地：如果不把流入的美元回流到美国资本市场，这些国家自己的货币就会升值，就会导致出口产品因价格上涨而被挤出世界市场。俄罗斯、中国和其他国际收支盈余的国家可以采取的阻力最小的办法是去美元化。去美元化的一个要素是，恢复黄金作为结算国际收支赤字的手段。因为黄金是一种纯粹的资产，在资产负债表的另一侧没有对应的负债，所以不会为美国的国内预算和国际收支赤字提供资金，不会为美元霸权融资。在向另一个替代性货币集团的过渡中，使用黄金来结算国际收支赤字可能是最顺畅的途径。

对于第三世界债务国来说，最紧迫的问题是如何避免债权人要求摧毁经济，正如 20 世纪 20 年代德国的战争赔款和协约国间的军备债务摧毁了欧洲经济那样。IMF 和美国的外交手段只提供了一些微不足道的纾困措施，例如，降低贷款利率、延长分期偿还年限，以及索性借给各国一笔新债来偿还到期的旧债。随着第三世界债务总量的不断积累，债务减记是最终的唯一的解决方案。这需要一套新的国际法原则，确保任何国家都不应被迫以摧毁自己的经济为代价偿付外国债权人。该原则应承认，亲债权人的法律是类似于战争行为要求进贡的条件。

1648 年结束了欧洲 30 年血腥战争的《威斯特伐利亚和约》(Treaty of Westphalia)，必然导致"主权国家"的标准最终成为当前争议的焦点。该和约规定，任何国家不应干涉其他国家的内政。现在面临的问题是，一个国家的政治和经济的独立性，究竟是通过防止外国干涉本国事务来掌握自己的命运，还是只能面对今天的金融"市场"两难困境——"要钱还是要命"。

美国的金融外交否决了自 1648 年以来《威斯特伐利亚和约》制定的国际关系原则，取而代之的是美国单方面对世界贸易和投资的控制。此外，除非拥有否决权，否则美国拒绝加入任何国际机构，以免外国控制或谴责其政策。这就是为什么美国在第一次世界大战后拒绝加入国际联盟；而美国后来同意加入联合国，条件就是必须拥有否决权。1944 年，美国为确保对世界银行和 IMF 的类似权力，将美国的配额设定得很高，足以否决美国代表认为不反映美国国家利益的任何决策。在这种逻辑下，美国也没有加入国际法院。

美国扭曲了人们所理解的传统意义上基于规则的国际秩序。美国官员坚持单边权利，认为他们有权指令其他国家应该怎样制定国内和外交政策。2021 年 3 月 18 日，美国和中国官员在阿拉斯加的安克雷奇会谈时，剑拔弩张。国务卿安东尼·布林肯（Antony Blinken）所谓的新的"基于规则的国际秩序"，实际上是指美国可以随意发动制裁、对其他国家的选举进行政治干预，以及支持独裁者、附庸寡头和新自由主义窃国政权的军事挑衅。实质上，他指责的是中国补贴工业和避免私有化的政策威胁了以美国为中心的新自由主义秩序。布林肯声称："如果与基于规则的国际秩序背道而驰，那么这个世界将变成一个强权即正义、赢家通吃的世界。对我们每一国而言，那都将会是一个更加暴力的、动荡不安的世界。"①

可是美国并不承认，几十年来，在全球挑起军事对抗、施加暴力、破坏全球规则和稳定的主要国家正是美国自己。中方代表杨洁篪回答说，美国为了自己的国家利益单方面强加一套"基于规则的秩序"是不可接受的：

> 世界上绝大部分国家不承认美国所说的普遍价值，不承认美国的言论就是国际舆论，不承认少数人制定的规则就是所谓以规则为基础的国际秩序。

杨洁篪敦促美国官员遵守以国际法为基础、以联合国为中心的秩序，而不是少数国家主张的、由美国撑腰的新自由主义原则下所谓的"基于规则"的国际秩序。

谈及这次中美会谈，俄罗斯外交部长拉夫罗夫表示支持中国的立场，即美国的目的不是建立一个共同的、对等的秩序，而是确保自己的单边主导地位。他说，美国外交官"想用他们自己的规则取代国际法，而这些规则与全球范围内的法律至上毫无共同之处"。他指出，他曾向美国前国务卿雷克斯·蒂勒森（Rex Tillerson）投诉美国支持俄罗斯国内的反普京运动和乌克兰援助法案，"他告诉我，这完全是另一回事。我问他为什么，他说因为我们认为俄罗斯提倡威权主义，而他们传播民主。就

---

① 《美国国务卿安东尼·布林肯、国家安全顾问杰克·沙利文、中共中央外事工作委员会办公室主任杨洁篪和中国国务委员王毅举行高层会谈》，美国国务院，2021 年 3 月 18 日，见 https://hk.usconsulate.gov/n-2021031801/。

是这样"。①

　　与坚持外国不能干涉美国国内事务的态度相反，美国外交官坚持称，他们作为"例外国家"，有权对其他国家的政策发号施令，有权推翻那些主张不符合美国新冷战目标的政治和经济政策的民选领导人。同样例外的是，美国坚持"美国必须是任何贸易协定的净得益者"（在这一方面，特朗普总统表达得最为直接）。这种对单极世界主导地位的要求，拒绝了公平对等的传统准则，促使各国不得不做出应对，建立一个更加多极的世界经济秩序。

　　道貌岸然的美国外交官喜欢用《圣经》语录来描述他们的政策。而笔者认为基督教神父拉克坦提乌斯（Lactantius，约250—325年）在《神圣教规》中对古罗马帝国的描述更适合美国，揭露了今天金融资本主义的内在动力：

> 　　为了奴役众人，贪婪者开始侵占和囤积生活必需品，并把它们藏得严严实实，这样他们就可以为自己保留这些财物。他们这样做不是因为人性（人性在他们身上根本就不存在），而是因为贪婪，他们要掠夺一切。为了压制民众的力量，他们以正义之名订立了不公平和不公正的法律，使他们的偷窃和贪婪合法化。这样一来，他们从权力中得到的好处，不亚于武力和公然行恶。②

---

① 《外交部部长谢尔盖·拉夫罗夫接受第一频道"Bolshaya Igra"（大游戏）谈话节目的采访》，《约翰逊的俄罗斯名单》2021年4月2日第20号，见 https://www.mid.ru/en/press_service/minister_speeches/-/asset_publisher/7OvQR5KJWVmR/content/id/4662534。
② 拉克坦提乌斯：《神圣教规》（*Divine Institutes*）（1964：72）。

第十一章　对那些把货币和土地作为公用事业的国家发起战争

近半个世纪前，尼可洛·马基雅维利（Niccolo Machiavelli）的《君主论》描述了战胜国可以采取三种办法对付那些被打败但"已经习惯于在它们自己的法律之下自由生活"的国家："一是毁灭它们，二是直接驻军，三是允许它们在以前的法律下生活，但是要在那个国家中扶植一个傀儡政府，并征收贡赋。"[①]

马基雅维利更倾向于第一种选择，他援引了古罗马毁灭迦太基的例子。这就是美国在2001年后对伊拉克和利比亚的所作所为。但在当今世界，美国也以成本比军事战争低得多的方式造成了致命的破坏，比如，对古巴、伊朗和委内瑞拉实施的贸易封锁和制裁，以及对俄罗斯和中国的不太成功的制裁。制裁的目的是封锁对手获得信息技术、原材料和信贷的途径。

第二种选择是军事占领。这部分由美国在海外的750个军事基地的驻军完成。更有效和更具收益的占领方式是，通过企业收购对方的基础设施、土地和自然资源、银行和公共事业。这样做的效果是抽走它们的经济租、利润和利息，并将这些输送回国。

[①] 尼可洛·马基雅维利：《君主论》（1532）第五章《怎样统治占领前在自己的法律下生活的城市或君主国》。

前总统特朗普说，他想夺取伊拉克和叙利亚的石油，来补偿摧毁它们社会的成本。他的继任者乔·拜登在2021年上任后试图任命希拉里·克林顿的忠实支持者尼拉·坦登（Neera Tanden）出任政府要职。尼拉·坦登曾敦促美国应该逼迫利比亚交出庞大的石油储备，用于资助美国发动"新冷战"的开支。"我们有庞大的预算赤字，它们有大量的石油。大多数美国人都会因为巨大的国内预算赤字而选择不介入国际事务。如果我们想继续参与国际事务，那么让石油丰富的国家支付我们的部分成本，这样的立场在我看来并不疯狂。"[1]

美国战略家通常更关注马基雅维利的第三种选择：让被打败的对手在名义上保持独立，但通过附庸寡头来统治它，由控制当地经济的企业和驻扎于当地的军事基地来支持寡头。吉米·卡特（Jimmy Carter）总统时期的国家安全顾问兹比格涅夫·布热津斯基（Zbigniew Brzenzinski）把上述这类国家称为"附庸国"——按照传统意义，就是指忠于美国金主的国家。寡头与背后金主在被资助国家的经济私有化和金融化方面有着共同的利益。

后两种方式往往是通过摧毁对手实现的。1991年后，苏联加盟共和国的休克疗法，为附庸寡头的私有化政策扫清了障碍。这是通过彻底破坏整合苏联各经济体之间的联系而进行的一种私有化掠夺[2]。其效果是阻止国家自力更生，防止将经济盈余留在本国以促进繁荣。"用一个术语来说，它可以追溯到古代帝国更为残酷的时代，"布热津斯基解释说，"帝国地缘战略的三大要务是，防止附庸国家相互勾结，保持它们在安全方

---

[1] 尼拉·坦登：《利比亚应该向我们赔偿吗？》（Should Libya pay us back?），给法伊兹·沙基尔（Faiz Shakir）、彼得·尤尔（Peter Juul）、本杰明·阿姆布鲁斯特（Benjamin Armbruster）和NSIP核心的备忘录（2011年10月21日）。值得称赞的是，沙基尔在回信中写道："如果我们认为可以从入侵中赚钱，我们就会这么做？我认为这是我们外交政策的一个严重的道德问题。"
[2] 译注：针对私有化（Privatization）新创的一个词。

面对帝国的依赖；保持称臣国家的顺从并向它们提供保护；防止野蛮民族联合起来。"①

在"二战"中打败了德国和日本之后，美国外交使大英帝国英镑区在 1946 年沦为附属国，随后开始针对西欧其他国家及它们的前殖民地体系（如第十章所述）。再下一步就是孤立俄罗斯和中国，同时防止这些"野蛮民族联合起来"。布热津斯基警告说，如果它们联合了起来，"美国可能不得不做出决定，如何对付那些试图将美国赶出欧亚大陆从而威胁美国全球大国地位的地区联盟"。这就是今天"新冷战"的基本逻辑。②

新自由主义的意识形态促进了食租／食利阶级的窃国统治

对于如何在通往共产主义的道路上管理社会主义经济，马克思并没有给出具体方案。他的著作侧重于分析资本主义如何通过组织工业和银行业，为社会主义奠定基础。他出于对效率的考虑，认为工业与银行业将会自然地朝向社会化。可以肯定的是，在俄国和中国，要像马克思设想的那样发展出最有效的工业和农业组织，需要一场革命，才能使经济摆脱旧有既得利益者的控制。这就是 1917 年俄国的十月革命。

但苏联官员较少钻研马克思有关资本主义的著述，因为他们更专注于如何从电气化和工业的逻辑出发发展本国的经济。国有企业作为公共

---

① 兹比格涅夫·布热津斯基：《大棋局：美国的首要地位及其地缘战略》（*The Grand Chessboard: American Primacy and its Geostrategic Imperatives*）（纽约：1997），第 40 页。另见佩佩·埃科瓦尔（Pepe Escobar）：《对利维坦来说，阿拉斯加如此冰冷》（*For Leviathan, It's So Cold in Alaska*），Unz.com，2021 年 3 月 18 日。
② 布热津斯基：《大棋局》，第 55 页。

事业单位，负责为劳动力提供食物、休闲等服务。住房、教育、医疗和其他基本需求被视为公用事业，而不是迫使家庭向银行部门负债的寻租机会。虽然住房供应一直有限，住房条件仍然拥挤，但至少苏联没有房地产投机者。

货币和信贷也被视为公用事业。国家信贷被用来建造工厂、推动电气化和满足民众的其他基本需求。这些信贷不收取利息，因为国家的首要目的不是追逐利润。这正是古典经济学家希望推行的政策。苏联领导人限制劳动者每周的工作时间，并提供带薪休假和培训，从而提高国民的读写能力，以提高劳动生产率。

苏联最大的公司就像政府的缩影，它为职工提供住房、餐饮和娱乐。一些地区整座城市都被当地的企业覆盖，例如，位于萨马拉州托格利亚蒂的俄罗斯最大的汽车制造基地 AutoVAZ 工厂。将这些企业私有化就剥夺了它们所提供的社会功能，员工失去了企业负责提供的保障，却得不到任何补偿。

苏联经济的问题在于缺乏市场反馈，也没有中国自邓小平以来的改革所创造的产品创新机会。到 20 世纪 80 年代末，苏联中央计划的低效导致无法与美国的消费繁荣比肩，官员士气低落。他们看到了引入市场的必要性，但没有预见金融化和寻租将扭曲市场价格、收入和财富分配。人们没有认识到苏联最具积极意义的成就——废除了房地产和工业的经济租和利息收费。

可能正是这种不受食租/食利阶级剥削的自由，导致苏联官员在同意通过新自由主义休克疗法引进西方金融资本主义时，没有认识到金融化和地主制的陷阱，以为这就是替代苏联官僚主义的唯一选择。

休克疗法承诺只要瓦解苏联经济的连接体系和协作职能，就会把经济引向适者生存的状态，弱肉强食将促使最有效率和生产力的商人创造一个像美国那样繁荣的经济。只要将国家财产转移给内部人士，就会创造一个经济意义上的合理经营企业、实现利润最大化的管理阶层。新自由主义者声称，俄罗斯一旦从中央计划中"解放"出来，它将在消费品、住房和生活水平方面变得更加富裕，不需要像20世纪80年代之前西方常见的那样，制定反垄断法、保护劳工或实行累进税，这些政策都是对新自由主义"自由市场"的"侵害"。这种自由主义市场作为西方经济新理想被兜售给了俄罗斯。

这一建议把积累了财富和资本的俄罗斯，变成了一个任由唯美国马首是瞻的代理人食租阶级自由地榨取地租、自然资源租、垄断租和利息的市场。苏联中央集权的工业规划变成了窃国政客的寻租计划。食租／食利阶级的大部分收益，很快就落入了外国投资者和银行的手中。结果是一场大崩溃，正如纳奥米·克莱因（Naomi Klein）在《休克主义：灾难资本主义的兴起》(*Shock Doctrine: The Rise of Disaster Capitalism*, 2007年) 中描述的那样。[1]

休克疗法之后的新自由主义"改革"，使后苏联国家的生活和商业成本急剧上升。没有被私有化的商品和服务干脆就停止生产了。过去苏联将生产设施分布在各个成员国，这些设施把从东德到太平洋的各地区都相互联系了起来。改革以后，俄罗斯能出口的只剩下了自然资源，但自然资源租也被私有化了，出口所得无法用来支持后苏联时代的公共开支。俄罗斯流失的人口数量不亚于"二战"中的死亡人数。在物价飙升的同时，由于工厂被关闭或停止支付工资，工人得不到报酬。工厂不再提供膳食、医疗保健和其他社会功能，这些福利以前都建立在苏联工业

---

[1] 对此问题最透彻的讨论可参阅彼得·雷德韦（Peter Reddaway）和德米特里·格林斯基（Dmitri Glinski）:《俄国改革的悲剧：反对民主的市场布尔什维克主义》(*The Tragedy of Russia's Reforms: Market Bolshevism Against Democracy*)（华盛顿特区：2001）。

体系之上。随之而来的是艾滋病蔓延、出生率和健康水平下降。这些正是贫困的典型反映——吸毒、卖淫和自杀共同肆虐。

20世纪90年代的这10年对于俄罗斯来说是一个血泪教训。它展示了通过私有化促进资产掠夺而形成的华盛顿共识所造成的经济和社会危害。由新自由主义者资助的窃国阶级只有寥寥数人，却将俄罗斯的自然资源和土地据为己有，并且不用纳税。

这种疯狂有它的一套方法。冷战时期的策划者们认识到，控制一个国家财富的寡头阶级越狭窄，其成员的行为就越国际化，他们的资本外逃的规模也越庞大。这个特权阶级通过私有化获得"免费午餐"越是容易，其成员就越渴望在国外出售股票来套现。用这些套现收益购买外国房地产和金融资产，是俄罗斯窃国集团躲避国内税收机关（和检察官）的最简单的方法。

30年后的今天，俄罗斯和其他后苏联国家的命运仍然是土地、矿产资源和公共企业的私有化。与诺曼人入侵英国和西班牙、征服秘鲁和墨西哥不同，现在没有必要通过军事入侵来抢夺以前属于公共资产的财产所有权。苏联的主要资产被金融手段剥夺了——就像诺曼征服时期的土地掠夺和西班牙征服新大陆一样，后苏联的资产掠夺创造了一个新的贵族阶级。它们有权为一己私利侵吞土地租和自然资源租，而且越来越代表给它们撑腰的美国和其他外国股东的利益。

俄罗斯人称之为"私有化掠夺"，而西方新自由主义者则把它当作成功故事来宣扬。它使俄罗斯在1994—1997年间成为世界上最赚钱的股票市场。内部人士纷纷以自己的名义注册了公司，七大银行家以几分钱的价格获得了关键自然资源的所有权（主要用俄罗斯中央银行的存款支付）。但他们只能通过向西方出售股票来高价"套现"，因为美国发起的休克疗法造成的恶性通货膨胀，已经使俄罗斯国内的储蓄化为泡影。

因此，新的私有化掠夺者只能靠美国的金融机构来收购他们的股份。

俄罗斯政府本来可以遵循西方政府进行私有化的做法和风险投资者在首次公开募股中使用的正常做法：一开始只向私人买家发行一小部分股份，先为剩余股份确定一个符合实际的价格，从而使私有化的回报最大化。这就是沙特阿拉伯把沙特阿美石油公司（Saudi Aramco）股票私有化时的做法。但是，西方顾问和经纪公司却建议俄罗斯不要通过推延销售全部股份来保护自己的利益。为了给美国投资者保留几乎所有的价格收益，美国顾问坚持要求俄罗斯，一次性出售所有新成立的自然资源公司和垄断企业的股票，也就是说，以低价贱卖，不能等到这些企业可以被资本化的资产显示出资产价格收益的合理利润（或经济租）。承销商希望自己的客户和基金经理尽可能多地获得攫取租金收益的特权，于是压低整体股票发行的价格，迅速把资产瓜分殆尽，然后美国投资者蜂拥而至。

私有化者和外国投资者最想要的是原材料和房地产，而不是工业企业，因为这两个领域可以快速轻松地占有经济租。与之相比，通过投资和重组工业提高生产效率所获得的利润太慢也太费力了。俄罗斯工业被摧毁，削弱了它的军事潜力。俄罗斯变成了美国时任参议员约翰·麦凯恩（John McCain）所说的"一个伪装成国家的加油站"。像俄罗斯这样肢解工业、出售土地和自然资源，正是新自由主义的目标——让西方实现赚快钱的梦想。

当工厂被关闭并被当作废品出售时，后苏联的俄罗斯制造了现代史上最大的房地产泡沫。建造新住房、办公楼、商店和酒店是为了掠夺者和外国人，而不是为了广大民众。工业被肢解致使就业率急剧下降。俄罗斯在整个20世纪90年代，每年有约250亿美元的资本外逃，这种情况一直持续到了21世纪。

苏联的悲剧在于，领导人没有能力制订另一种方案来替代西方新自由主义者所推销的激进的结构调整方案。苏联领导人认为，美国顾问会复制使美国繁荣的那种资本主义，而不是企图掠夺它，把它变成一个由当地附庸寡头统治的向美国进贡的卫星国。苏联的领导人不明白，资本主义有很多种，而美国的金融资本主义在1945年后的巨大扩张已接近尾声，这一终结因其自20世纪80年代以来的新自由主义趋势而被按下了加速键。

切断后苏联经济体之间的联系实现私有化

现在回过头来看，令人触目惊心的是，新自由主义者构想的将苏联工业连根拔起的图景是多么清晰，他们事先已经毫不讳言地阐明了。1990年12月19日，IMF、世界银行、经济合作与发展组织和欧洲复兴开发银行，应休斯顿高峰会议的要求进行研究，编写了一份联合报告——《苏联经济》(The Economy of the USSR)[①]，并由IMF出版。这份报告对苏联的影响犹如《凡尔赛条约》之于"一战"后的德国，给予冷战中的苏联最后一击，结束了自1917年俄国革命以来的局面。

士气低落的俄罗斯领导层接受了新自由主义者断言的没有办法改革或"在旧体制下提高绩效"。休斯顿报告将苏联的社会民主描述为妄图塑造一个公平社会的错误尝试。它声称："从来没有一个成功的现代中央计划经济的案例。"所有的政府计划都"被证明是适得其反的"——只有窃国寡头才能创造一个真正的"自由市场"！

---

① 笔者在《新自由主义的税收和金融政策如何使俄罗斯陷入本不必陷入的贫困》中讨论了这个问题，见《转变中的世界》(俄语) 2012年第3期，第49~64页。

历史真相是，除了顶端的掠夺阶级，没人会认为食租/食利型经济是成功的。只有相互制衡的混合经济才能防止经济两极化，防止财富集中使社会陷入贫困。然而，该报告的自由市场视野过于狭隘，声称不知道有任何"渐进式改革路径可以最大限度地减少经济动荡，并早日收获经济效率的成果"。毕竟，只有激进的震荡才可以玩这套把戏——让由内部人士组成的寡头，自由地不受法律和监管约束地获得私有化企业的所有权。

企业雇员和政府机构都没有在由此产生的自由市场中发挥任何作用。休斯顿报告警告说："工人在企业中的所有权……与企业改革的预期目标背道而驰。"它反对所有权的民主化，声称只要避免员工与管理层相互制衡，企业就可以获得最高的效率。一个在很大程度上属于象征性的"产权凭证"（Voucher）计划，为私有化掠夺者提供了瓜分资产的机会。据说大多数产权凭证只以一杯伏特加的价格被出售了，因为至少一杯伏特加是实实在在的东西。

休斯顿报告坚持认为，最佳的市场经济"必须伴随着快速和全面的价格自由化"。然而，随之而来的恶性通货膨胀，使俄罗斯人的储蓄、养老金和相关的社会保障系统荡然无存——这些福利被定性为"产生不良影响的问题"。资本外逃导致卢布汇率崩溃，进口商品因此更加昂贵。IMF同时要求限制货币供应量，结果导致就业和生产萎缩。累进税被否决，取而代之的是征收单一所得税，几乎不征收财产税。所以，对于大多数俄罗斯人来说，"改革"一词具有负面含义。

最终，新自由主义者在苏联集团实现了他们在美国和欧洲无法完全实现的目标：创造一个食租/食利型的公司化国家。由此产生的财政紧缩政策，甚至比IMF、"芝加哥男孩"和美国赞助的"秃鹰行动"在20世纪70年代强加给拉丁美洲的更为严厉。他们谎称，物价上涨将激发更多的生产来解决短缺问题,而降低人民的购买力(通过消灭苏联时期的储蓄)将使更多的产出用于出口。但实际上,俄罗斯的工业被关停,再没有工业产出可供出口。

俄罗斯政府本来可以自己经营这些企业,至少可以产生同样多的收入和更多的外汇。但实际情况与此相反,俄罗斯经历了"失去的十年",由于资本外流和逃税损失了5 000亿美元。对比工业解体及因此失去的机遇,从前的官僚主义国家的成本显得微不足道。到2020年,在改革开始30年后,俄罗斯人终于意识到他们犯了一个多么严重的错误:

> 戈尔巴乔夫总统1985年的改革政策在华盛顿备受赞扬,受到西方的热烈欢迎。现在,在2020年,几乎一半的俄罗斯人认为,如果这一切从未发生过,这个国家会变得更好。根据列瓦达中心(Levada Center)的一项民意调查,47%的俄罗斯人认为,改革前的生活更好,只有39%的人不同意。如果把55岁以上的人(他们在1985年改革开始时都是成年人)的回答分离出来,几乎三分之二(约61%)的人认为以前的生活更好。①

将各国变成美国经济卫星国的新自由主义计划

新自由主义政策认为,将采矿权、土地、公共基础设施和制造业出售给外国人,会提高效率,因为理论上外国管理人员可以提高生产力,

---

① 乔尼·蒂克尔(Jonny Tickle):《如果戈尔巴乔夫的改革从未发生,生活会更好吗? 新的民意调查显示,今天几乎一半的俄罗斯人说"是"》,2020年11月3日,见www.rt.com。引自《约翰逊的俄罗斯名单》2020年11月4日。

从而为俄罗斯创造更多的外汇。但实际情况是，美国和其他西方买家购买企业的所有权后，新的管理者就剥离了企业资产，并把所得转移到了国外。

将金融、房地产和其他产生租金收益的资产私有化，将食租/食利阶级控制经济的关键环节从公共监管中"解放"出来，甚至不对它们的收益征税，已经成为美国国际开发署、世界银行和 IMF 赞助的以美国为中心的"法治"使寻租合法化的基石。由此产生的态势，使各国经济在缺乏本地公共银行的情况下，只能向美国银行和债券持有人负债，导致东道国经济在不断加深的金融和财政负担下崩溃——这又成为迫使这些国家进一步私有化、抛售公共资产和背负新债务的杠杆。

新自由主义政策包括以下 11 个主要目标。

（1）私有化，占有公共资产。将银行和信贷系统私有化，是把房地产、自然资源和基础设施转让给政治内部人士的关键。这些侵吞者通过向美国和西欧的买家出售股份来获取收益。股份以低价贱卖，西方买家有很大的空间赚取资本收益。

（2）基本公用事业私有化，通常从资本高度密集的运输和通信部门开始，这些部门的服务可以提高价格来榨取垄断租。医疗和教育也同样可以被私有化和垄断。通过利用互惠的债务融资，使基础设施私有化者与金融部门形成共生关系，获得政治支持，俘获公共监管机构。

（3）将对劳动者和消费者的保护以及对环境的监管标准降到最低。允许债权人、房东和雇主将租金和利润最大化，并将收益以资本外逃的方式转移到伦敦、纽约和特拉华州、塞浦路斯及其他避税天堂。

（4）在本来可以靠本国中央银行创造信贷的情况下，却依赖美国和欧洲的银行为本国政府、银行和企业创造信贷，代价是在未来的日子里随着债务开支增加和收益外流而造成的外汇流失。

（5）增加债务负担，特别是以外币（美元、欧元或其他）计价的房地产、企业和金融债务，随着当地货币的贬值而按比例增加。

（6）对房地产和其他产生租金的财产只是象征性地征税，推翻经典的累进税原则（该原则主张税负主要针对土地租、自然资源租和垄断租）。

（7）累退的单一所得税落在劳动力身上。一方面，对于劳动力来说，劳动力成本的增加会使他们退出海外市场，并最终被挤出国内市场；另一方面，对于附庸寡头和外国投资者来说，有利于榨取食租/食利收益和积累财富。

（8）由房地产泡沫推高住宅和商业地产的准入价格，从而提高经济的成本结构，同时扩大银行的房贷市场。这使国内经济不得不承担不断上升的住房抵押贷款债务，生活和商业成本也随之提高。

（9）由金融化推动去工业化。金融化的特征是金融上的短线主义和私有化，表现为征收累退的所得税和消费税而不对经济租征税，以及高债务负担（所有这些都提高了生活和商业成本，导致本国劳动力和工业被挤出世界市场）。这被微妙地称为"朝向后工业经济的进步"。

（10）增强贸易依赖性。由于去工业化和单一作物经济往往缺乏基本的经济自给自足能力，导致贸易依赖性日趋严重，进而引起结构性国际收支赤字。由此产生的外债导致国家对 IMF 和外国债券持有人的依赖不断加深，使它们趁机在经济恶性循环中推动更大程度的新自由主义化。

（11）推动资本外逃和劳动力移民，特别是熟练劳动力移民。

与 19 世纪末和 20 世纪初进步时期的改革相反，上述为经济开出的"自杀处方"的目的是，让美国引领的轨道上的民众和商业越来越多地负债，并依赖于金融和房地产食租/食利者。

俄罗斯本来能够为后苏联的繁荣奠定基础

苏联的大部分资源都投资在了工业和军事上。虽然苏联的住房长期短缺、过度拥挤，但至少住房费用比西方国家低得多，而且没有投机市场。自1928年以来，俄罗斯的土地评估价值一直没有变化。租金一直维持在较低的水平，到1991年时，租金仅"占家庭收入的不足3%"。[①] 当时既没有房贷债务，也没有非自住房东，因为住房被视为公共事业，是一种自然权利。

如果苏联各加盟共和国坚持这一原则，在1991年后将住房和办公空间移交给现有的居住者和使用者，那么人民将会被赋予中产阶级地位，住房成本也能维持在最低水平。实际的情况却相反，优质房地产以近乎免费的价格出售，卖给了内部人士和腐败的机会主义者。土地税可以使银行通过创造信贷（债务）哄抬房地产价格的余地最小化。后苏联政府本可以对上涨的房地产价格征税，收回这些以贪腐的方式获得的利益。但事实恰好相反，房地产价格飙升，后苏联的城市跻身世界住房成本最昂贵的城市之列。

在波罗的海国家，当地购房者为获得房屋所有权而申请的信贷是由瑞士银行提供的。瑞士银行以低贷款利率为由，说服贷款人以美元、欧元或瑞士法郎计价按揭债务，从而加剧了债务问题。这是一个糟糕的选择，因为硬通货兑换后，苏联国家货币的汇率迅速上升，加重了外币贷款的债务负担。

[①] 雷德韦和格林斯基：《俄国改革的悲剧》，第179页。

军事和政治后果

米哈伊尔·戈尔巴乔夫（Mikhail Gorbachev）之所以接受美国提出的帮助苏联经济私有化的"建议"，一个主要原因是，他希望结束拖累苏联经济的冷战开支。他认为结束军事对抗可以将政府开支转向社会和经济投资，使"和平红利"成为可能。美国时任总统老布什（1989—1992 年）和时任国务卿詹姆斯·贝克（James Baker）向戈尔巴乔夫承诺，如果俄罗斯解散华沙条约组织并同意让东德和西德合并，北约将不会向东扩张。但后来上任的克林顿政府（1993—2000 年）打破了这一承诺。他们提醒这位苏联领导人，双方没有任何书面协议。戈尔巴乔夫天真地相信了美国，忽视了制定国际协议的基本规则。撕毁条约是美国自建国以来的一贯风格，从 19 世纪美国政府与原住民部落签订的几十项条约悉数被撕毁，到今天美国退出与伊朗的核协议《联合全面行动计划》（Joint Comprehensive Plan of Action），都说明了这一点。

美国的冷战斗士声称，要保护民主，就要让俄罗斯将强势的叶夫根尼·普里马科夫（Yevgeny Primakov）赶下台，作为获得 IMF 贷款的条件。① 后来，由于美国对普京总统结束叶利钦时代的公共资产大赠送政策感到失望，所以开始塑造米哈伊尔·霍多尔科夫斯基的民主英雄形象。他曾是俄罗斯最富有的寡头（2003 年《福布斯》预估他的财富达 150 亿美元，当年他因税务欺诈和贪污被捕），曾利用进口贸易的利润购买私有化凭证，并成立了 Menatep 银行。该银行为进一步的收购提供资金，其中最重要的收购案是尤科斯石油公司（Yukos），它管理着西伯利亚的

---

① 凯文·墨菲（Kevin Murphy）：《斯蒂芬·F.科恩帮助我们了解俄国革命和尼古拉·布哈林》，《雅各宾》（Jacobin）2020 年 12 月 5 日。他补充说："当叶夫根尼·普里马科夫总理在 20 世纪 90 年代末推进国家监管和财政赤字支出时，IMF 拒绝提供资金援助。在他仅仅执政 8 个月就被毫不客气地赶下台后，IMF 才重新提供援助。"

巨大石油储备。当霍多尔科夫斯基准备将尤科斯石油公司卖给埃克森美孚公司（Exxon Mobil）时，普京画了红线，阻止了收购。

奥巴马总统支持的比尔·布劳德（Bill Browder）是隐庐基金（Hermitage Fund）的前负责人，该基金是当时俄罗斯最大的外国股票投资者。布劳德发起了马格尼茨基法案，以布劳德的律师——"白手套"谢尔盖·马格尼茨基（Sergei Magnitsky）——命名，后来马格尼茨基因金融欺诈而入狱。[①] 西方对俄罗斯实施制裁，表面上是为了捍卫"民主"，但民主隐含着窃国代理人偷税漏税和"洗钱"的自由。

与战时孤立或关税的作用一样，美国和北约对俄罗斯的这些贸易制裁反而刺激了俄罗斯的国内生产。例如，在农业方面，俄罗斯发展了自己的奶酪生产，取代了从立陶宛和其他外国乳制品生产商进口，并成为世界主要的粮食出口国。美国的制裁也在加强，试图阻止俄罗斯出口主要产品——石油和天然气。如第七章所述，美国官员向德国施压，试图阻止"北溪-2"管道向德国供应廉价的俄罗斯天然气，并坚持要求欧洲拨出约10亿美元专款来建设航运码头，以更高的价格进口美国液化天然气。

美国希望像打败苏联那样征服中国

随着苏联的解体，美国前任国家安全顾问布热津斯基夸耀说："不久前还是一个令人望而生畏的超级大国，现在它的经济甚至政治命运，正逐渐地被西方接管。"正是因为这个背景，美国希望中国也像苏联一样上

[①] 露西·科米萨（Lucy Komisar）在她的博客中持续讲述了美国对布劳德和马格尼茨基的支持，见 https://www.thekomisarscoop.com。

钩，采取新自由主义政策，将国家财富私有化并卖给美国人。正如第六章所述，里根政府的前贸易顾问普雷斯托维茨阐明了这种希望："自由世界在2001年欢迎中国加入自由贸易机构（世界贸易组织）时所期望的是，从邓小平在1979年采纳一些市场手段开始，特别是在1991年苏联解体后……中国的贸易和投资的增加，将不可避免地导致中国经济的市场化和国有企业的消亡。"①

当美国在2001年邀请中国加入世界贸易组织时，期望中国加入该组织能成为中国接受"民主"的契机。所谓民主，不过是容许美国在金融上占领中国经济制高点的委婉说法。毕竟在1997—1998年亚洲金融危机后，中国已经出售或重组了一些不赢利的国有企业。

世贸组织对中国加入提出了许多硬性条件，特别是在专利和知识产权方面。但中国坚持，如果外国制造企业要在中国建设生产设施，就必须共享技术。② 美国和其他国家的跨国公司对国家的忠诚度很低，它们同意这样做，因为这样就可以用中国大量的低价劳动力取代美国工人，降低劳动力成本，获得更丰厚的投资收益。所以，美国企业愿意将本国经济去工业化，以便在与中国的贸易中获得更多收益。它们在美国以尽可能接近美国劳动力生产成本的价格出售产品，从国际"劳动力租"中获益。

美国期望银行能够随同投资者一起打入中国市场，为当地的商业、房地产甚至政府预算提供信贷。在这种情况下，中国将把贸易收入拱手让给外国投资者和美国银行。届时，中国的贸易和国际收支将会陷入赤字。接着IMF和外国债权人就可以强迫中国出售公共基础设施，就像俄罗斯和其他后苏联经济体发生的情况一样。然后于1997—1998年的亚

---

① 克莱德·普雷斯托维兹：《摧毁全球贸易体系》。
② 参阅拙作《中国未来30年》，中央编译出版社2011年版，第2～29页。

洲金融危机中曾经上演的剧情又会重演，中国的亿万富翁买办们将会趁机篡夺经济大权。

但是，中国政府并没有遵循1991年后美国强加给苏联经济体的新自由主义路线，而是保持了对工业投资的控制，并由国家掌握货币和信贷。普雷斯托维茨抱怨说，这"与自由的、基于规则的全球体系相悖"。"更根本的是"，他这样总结道（这里重复第六章中的引文）：

> 中国经济与当今世界贸易组织、国际货币基金组织、世界银行以及一连串其他贸易协议中所体现的全球经济体系的主要前提格格不入。这些协议认为经济主要以市场为基础，国家的作用必须受到限制，微观经济决策主要由在法治下运行的私人利益决定。这个体系从来没有预料到，会纳入像中国这样的经济体：国有企业占生产的三分之一；政府推进军民融合发展战略；五年计划引导投资流向目标行业；一个永远占主导地位的政党，任命三分之一甚至更多的大公司的首席执行官，并在每一家大公司设立党组织；政府管控货币价值；而国际贸易可以出于战略目的随时变成武器。

这是令人瞠目结舌的虚伪——就好像美国的民用经济没有与它的军工复合体相融合一样，仿佛美国没有管理其货币，或将国际贸易当作武器以实现战略目的。至于美国工业独立于政府的幻想，普雷斯托维茨是这样敦促拜登总统的："援引《国防生产法》，指导美国增加本土生产的关键商品，如药品、半导体和太阳能电池板。"

中美冲突是社会主义与食租／食利型金融资本主义的冲突

目睹了"美利坚治世"（Pax Americana）的分崩离析，布热津斯基在 2016 年承认，美国"不再是全球帝国主义强国"。[①] 正因如此，美国与中国、俄罗斯、伊朗和委内瑞拉的对抗变得如此迫切。这种冲突比起国家间的贸易竞争更为深入。问题的关键在于，货币和信贷、土地和自然资源是会被私有化并集中在食租／食利寡头手中，还是会被用于促进社会共享的繁荣和增长。这基本上属于金融资本主义与社会主义之间的经济体系的冲突。

当美国贸易战略家将自由世界的"民主"与所谓的"专制"相提并论时，两者的主要冲突集中于政府对货币和信贷的控制。中国避免了对外国的依赖，因为它没有将道路、通信系统和其他自然垄断的基础设施变成收取租金的收费站——这正是西方食租经济的特点。中国得以通过国有企业使基础设施服务维持低价。

最重要的是，中国还将人民银行及其附属银行控制在国家手中，没有让它们私有化，使银行业最终可以控制非金融经济部门。随着美国经济的金融化和去工业化，中国已经意识到了金融化的风险，并采取了措施加以遏制。国家对银行业的控制使政府能够缓解债务压力，而没有像现在的北美和欧洲一样，特别是在新冠病毒大流行之后，任由债务危机造成公司倒闭和裁员。

中国提高劳动力和资本生产率的方式，与美国和德国在 19 世纪超越英国并取得工业领导地位时所采取的方式相同：加大对教育、卫生、交

[①] 布热津斯基：《走向全球格局重组》（Towards a Global Realignment），《美国利益》（The American Interest）2016 年 4 月 17 日。有关讨论见迈克·惠特尼（Mike Whitney）：《破碎的棋盘：布热津斯基放弃帝国》（The Broken Checkboard: Brzezinski Gives Up on Empire），《反击》2016 年 8 月 25 日。

通和其他基础设施的公共投资，并以补贴价格（或免费）提供这些服务。[1] 这一点，以及对货币和信贷的公共控制，是工业资本主义的经典信条。它使中国得以避免瓜分后苏联经济的"华盛顿共识"。实际上，自20世纪80年代以来，西方国家也一直把华盛顿共识套用在自己的经济上。结果造成了两边鲜明的对比：一边是西方经济增长在萎缩，另一边是中国由政府支持的经济在腾飞。这正是当今世界陷入经济和准军事"新冷战"的原因。

从长远角度来看，食租/食利寡头和寻求维持经济韧性的压倒性中央权力之间的冲突，早在2500年前就已经存在了，就像中东王权与古希腊、古罗马寡头之间的对比一样。自古典时代以来，西方经济一直由拥有生租资产的私人所主导，这些资产主要包括货币和银行（以债权人利益为导向的规则来管理债务止赎）、土地和自然资源。

在古代，食租/食利寡头政体一直反对"王权"的概念；在近代，寡头又反对民主政府和社会主义政府的权力。古希腊和古罗马的寡头统治者担心王权（或"僭主"）和民主改革者的权力可能会取消债务，以免民众陷入债务的束缚和依赖（最终沦为农奴），并重新分配土地，防止财产所有权集中在债权人和富有的地主手中。

中国在很大程度上是以实事求是的务实方式，来提高国民的福利和生产力的，而且没有试图改变使它如此成功的逻辑。中国的逻辑很像开始时的苏联，由工业工程师进行中央规划，从电气化开始，延伸到供水系统和其他基本公共设施。这纯粹是实用主义，并非基于意识形态。中国的意识形态只限于官方强调社会公平的政治和道德理想，以及避免出

---

[1] 中国也许并非有意识地模仿美国的经验。事实上，西方经济史书鲜有提及美国腾飞的那个时代，因为它属于保护主义，而且在很大程度上由国家主导。这与当今的新自由主义主流形成鲜明对比。笔者在《保护主义：美国经济崛起的秘诀（1815—1914）》（中国人民大学出版社2010年版）一书中详细介绍了这一学派。

现榨取利息和租金的阶级。

所有类型的经济都是有计划的。了解经济态势的关键问题在于：谁在做计划，以及为了谁的利益而计划？决策权是在以国家发展为首要任务、以切合现实的认识指导国家法律的民选政府或国家官员手中，还是交到特殊利益集团手中，任由它们操控一个使社会两极化和贫困化的政府失灵体系？国家是由劳动力和制造业控制，还是由金融和房地产垄断企业控制？国家运行是为了少数精英，还是为了广大民众？在今天的世界，是应该以美国为中心，还是应该推动世界走向多极化？

对于所有经济体来说，威胁社会共享繁荣的内部因素主要是食租/食利阶层的崛起，尤其是助长房地产泡沫的金融利益集团。每个人都应该有一个家，而不需要为此背负一辈子的债务。后苏联国家本来能够避免房价上涨的"西方病"——房价上涨虽然增加了住房拥有者的名义财富，却同时抬高了生活成本，从而推高了新购房者为了维持生计所需的基本工资（最终必须由雇主支付），正如第四章和第五章所述。

为什么食租/食利资本主义把中国特色社会主义经济视为威胁

美国从1945年领导重组世界经济以来，就迫使其他想要留在单极自由世界货币和贸易体系的国家，必须重塑经济、接受华盛顿的控制。在1971年之前，金本位锁定了各国对美国的金融依赖。其后这种金融依赖又被锁定在美元本位（美债本位）上，而贸易依赖则迫使各国从粮食到信息技术都基本依赖从美国进口。

今天，许多国家正在采取行动，希冀建立一种替代美国干预和控制各国经济的新秩序。当前的分崩离析超出了20世纪60—70年代不结盟国家的范围。当时不结盟的国家虽然有大量人口，但缺乏经济多样性和自给自足的能力，因此无法独立于美国体系之外。但自20世纪90年代以来，特别是中国加入世贸组织以来，美国的手段就只剩下炮舰外交、在各国策划政变推动"政权更迭"，以及操纵北约卫星国对俄罗斯、中国和其他不遵守华盛顿共识的国家实施制裁。与此同时，美国不再向世界提供信贷，而是要求外国中央银行无限制地接受美元借据（美国国债）来支持美国。对于美国无法控制的国家，美国政府、私人投资者以及银行就会试图破坏和孤立它们。

金融资本希望有一个为自己服务的强大政府，而不愿见到为劳工、消费者、环境或社会进步服务的政府，因为后者意味着侵蚀了金融资本的利润和租金。这就是为什么美国外交政策认为中国和俄罗斯威胁到了以美国为中心的食租/食利阶级财富的全球扩张。因此，美国的目标是，阻止中俄和上海合作组织的邻国成员将国家的金融系统、土地和自然资源社会化，并阻止它们保持基础设施的公共性质（防止基础设施被私人垄断并被榨取经济租）。

这场冲突越来越带有侵略和军事性质，正在撕裂世界贸易和货币关系，甚至是美国和西欧之间的关系。德国对反对"北溪-2"管道项目的美国的屈服，极大地促进了俄罗斯转向亚洲，主要是转向中国。正如俄罗斯外交部部长拉夫罗夫在2020年12月8日的讲话中所说的："显然，欧盟已经放弃了成为新兴多极世界秩序中心之一的任何尝试，现在只是照美国的吩咐行事。"[1]

不管来自中国的竞争是否存在，美国经济都正在去工业化。美国的

---

[1] 《俄国外交部部长拉夫罗夫在俄罗斯国际事务委员会全体会议上发表讲话》，莫斯科，2020年12月8日，见 https://www.mid.ru/en/press_service/minister_speeches/-/asset_publisher/7OvQR5KJWVmR/content/id/4470074。

政策似乎注定弄巧成拙，因为美国一方面反对中国的成功体系，另一方面却支持本国的经济变成金融化的寻租私有化经济——这正是它用来控制"附庸"国家的政策。美国财政部前部长——高盛集团（Goldman Sachs）首席执行官亨利·保尔森（Henry Paulson）指出了美国政策的困境：美国的经济力量正在减弱，而中国的经济实力却在增强。2001年，当中国被接纳成为世贸组织成员时，美国企业看到了将生产设施转移到国外将会增加它们的利润。这确实发生了，但代价是美国的工业中心区变成了铁锈带。

面对去工业化，美国的反应不是重建自己的经济，而是更多地打压那些不遵循新自由主义金融化、不愿本国劳动力参与竞劣的国家。保尔森说："当世界各地的投资者从投资中国的股权证券中获益时，华盛顿却让美国投资者更难这样做。除非发生重大变化，否则中国仍将是世界上增长最快的主要经济体，并且在可预见的未来，它的经济规模将超过美国"，而反观美国，"华盛顿政府将无法承担自己的财政开支"。[①]

最重要的是，美国发动的经济战和制裁，正在促使中国、俄罗斯和其他国家为了保护自己而推动经济去美元化。这有可能结束美国国债本位下享受的国际收支"免费午餐"。

中国正在努力实现必需品的自给自足，以保护自己的经济免受美国实施的贸易和金融制裁的影响，包括技术自主、粮食自给自足和保障能源供应，从而使中国经济在与美国集团脱钩的情况下也能维持运行。此外，还需要建立一个替代 SWIFT 系统的银行清算系统。

同样，自 20 世纪 90 年代末以来，俄罗斯面临的任务一直是让财富服务于国家利益，而不是眼睁睁地看着财富在资产剥离、资本外逃到伦

---

① 亨利·保尔森：《中国想成为世界的银行家》（*China Wants to Be the World's Banker*），《华尔街日报》2020 年 12 月 10 日。

敦和西方的过程中消失殆尽。问题是，普京总统不得不面对的局面是财富集中在少数人手中。俄罗斯可能需要另一场革命来制定监管和税收政策，从而实现广泛的繁荣。

由来已久的挑战：如何防止食租／食利阶级侵蚀繁荣？

中国乃至所有国家的政府，都面临着来自国内或国外支持的富豪家族的威胁，这些家族试图通过金融手段获取财富。他们利用权力通过高利贷、地主身份和类似的扈从关系剥削人民。这种威胁是几千年来人类文明的特征。从历史传统来看，政府通过控制信贷和债务关系、土地使用权和基础设施与之抗衡。

政府对于上述领域的控制也是社会主义的基本原则。然而，这种方式其实已经有几千年的历史，可以追溯到青铜时代中东的宫廷经济。为了防止寡头崛起并威胁以王宫为中心的经济，统治者通过征税或重新分配大量积聚的财富削弱权贵与王宫对抗的能力。宫廷的利益在于保护广大的人民，通过分配每人自给自足的土地，让他们共享经济发展的成果，从而实现人口增长和税收的最大化。

在公元前7世纪和公元前6世纪，当西方在爱琴海和地中海开始其独特的历史发展轨迹时，上述传统被打破了。当时这个地区没有"神圣统治"的遗风，但早期人们自发的革命曾经一度解决了来自富裕豪强的威胁。改革派领袖（"暴君"）动员群众，推翻了统治古代城邦的地方军阀。但是，他们需要采取措施防止自己被寡头家族推翻。其中关键的一步，是通过支持反对寡头政治的民主，将人民纳入自己的阵营。

在米利都（位于小亚细亚，与萨摩斯岛遥望），据说色拉西布洛斯

(Thrasybulus)在公元前 7 世纪接见了他的同伴——科林斯改革者佩利安德(Periander)派来的传令官。这两个人都因为取消债务和重新分配土地的政策而被反对他们的人贬斥为"暴君"。据希罗多德记载，色拉西布洛斯带使者来到一块麦田，用镰刀割下最高的谷穗。[①] 佩利安德就明白了，色拉西布洛斯的建议是，通过流放或其他手段削弱科林斯贵族阶层中最富有的人（现在被称为"枪打出头鸟"[②]）。

10 世纪的拜占庭也有类似的政策。公元 976 年，皇帝约翰·世齐米斯基思（John I Tzimiskes）驾崩，内战爆发。出身于富裕家族的将军巴尔达斯·斯科莱努斯（Bardas Scleros）意图夺取皇位。他在军事贵族的支持下，于公元 977 年被拥立为皇帝。巴西尔二世（Basil II，976—1025 年）和君士坦丁堡请求巴尔达斯·福卡斯（Bardas Phocas）来保卫都城，对抗斯科莱努斯。经过连番战斗后，两位将军在 987 年结盟。但福卡斯随后逮捕了斯科莱努斯，并在 988 年挥军挺进君士坦丁堡，却于次年战死。历时 13 年，斯科莱努斯的叛乱终于在 989 年被平息。

斯科莱努斯也顺势向巴西尔二世投诚，并被授予仅次于皇帝的地位，他承诺不再起兵叛乱。11 世纪的编年史学家米海尔·普塞洛斯（Michael Psellus）记载，他们二人在 991 年举行了一次和解之宴，二人促膝长谈。期间，巴西尔问如何防止他的帝国在未来再生"阋墙之乱"。

对此，斯科莱努斯有自己的答案，尽管这样的建议不像是出于一位将领之口……"除掉那些过度倨傲的总督"，他说，"不要让任何掌握军权的将军有太多的资源。以不合理的要求让他们疲于奔命，让他们忙于处理自己的事务……不要让任何人接近你，只向少数人透露你最私密的

---

① 希罗多德：《历史》5.92。亚里士多德在《政治学》(3.1284a26-33 及 5.1311a) 中调换了两者的角色。在他笔下，是佩利安德向色拉西布洛斯提出的忠告。
② 译注：原文"Tall Poppy Syndrome"，直译为"高罂粟综合征"。

计划。"①

这成为巴西尔的政策。"凡是有助于他自己（皇帝）的福祉，或有利于国家的法规，都被允许保留。另一方面，所有那些关于赐予恩惠或尊贵地位的法令，现在都被废除了。"对土地精英征税有助于拯救小农户，使他们不至于陷入人身依附，这样才能服兵役和纳税。

这种冲突到了今天依然没有什么改变。在俄罗斯，普京总统正试图引导寡头们用它们的财富来建设经济，而不是掏空国家把红利、利息和资本转移到西方。中国的伟大革命遗产创造了巨大的繁荣，但这不可避免地使一些家庭先富起来，并寻求将他们的经济收益转化为政治影响力。应该警惕，一个新自由主义式的自由市场可能会发展成助长寡头窃国统治和榨取租金的体制。

一个经济体应该如何应对这看似永恒的历史发展趋势呢？很少有人会建议打死所有的"出头鸟"，使人人平等。我们的目标应该是创造一种市场机制，每个人都能通过发挥生产性经济作用获得财富，从而让整个社会得益，并防止有些人利用寻租剥削他人。古典政治经济学的理想是，创新者只能从必要的生产成本——支付劳动力、设备、原材料的费用（即成本价值）——中获利，而不是通过金融借贷和取消赎回权，或建立地主、债权人和垄断权的关系，收取高于基本价值的价格。

---

① 米海尔·普塞洛斯的《编年纪》(*Chronographia*) I.29，梭特（E.R.A. Sawter）翻译成了《十四位拜占庭统治者：普塞洛斯的编年纪》(*Fourteen Byzantine Rulers: The Chronographia of Michael Psellus*)（伦敦：1966）。"不合理"一词无疑是普塞洛斯自己插入的价值判断。

反食租 / 食利者方案

为实现经济的公平增长需要一个强大的政府,通过明确区分劳动收入和非劳动收入,以及生产性和非生产性的资本与信贷／债务,对经济进行监管和调控。反食租／食利的政策方案包括以下 11 个步骤,与前文所述的新自由主义政策的目标相对应。

(1) 建立自然垄断部门的公有制,特别是货币和信贷创造特权,防止落入私人手中形成垄断并产生寻租。

(2) 建立基础设施(包括银行业)公有制,以补贴价格或免费提供交通等基本服务,最大限度地降低生活成本。把高质量的教育和医疗服务作为基本人权提供给人民,防止这些基本服务在私人所有和管理下变成垄断寻租和金融化的工具。

(3) 国家自己创造货币和信贷,防止某些国家随意创造信贷,避免从 IMF 和以美国为中心的国际银行体系借款所附带的政治条件。

(4) 保护消费者和劳动者权益,避免寻租行为和剥削性就业条件。

(5) 实施资本管制,防止借入外币或背负以外币计价的债务。借入的外币在国内消费时,需要中央银行对冲增发国内信贷。在这种情况下,外国货币是不必要的,只是增加了负债。当政府需要外国信贷来稳定汇率时,需要确立一项国际法原则,确保任何政府都不应该以被迫实施财政紧缩政策和经济衰退为代价来偿还外债。

(6) 税收应该主要落在不劳而获的收益(经济租)上,因为它是不必要的生产成本。对经济租征税,可以防止其成为间接成本。

(7) 对收入和财富征收累进税,从而预防经济两极分化以及由此产生的不稳定性;避免对劳动力和制造业征税,尽量降低劳动力和制造业成本。

（8）征收土地税，征收的区位价值源于政府的公共基础设施支出，而不是来自业主的投资。征收土地税将防止不断上涨的土地租被抵押给银行，从而抬高房地产价格，并避免出现共生的金融、保险和房地产部门。

（9）将经济盈余用于有形资本投资，从而提高生产力和改善生活水平，并提高经济韧性和环境的可再生性，而不是以经济所有权的形式创造金融财富。

（10）国家在粮食和其他基本需求方面要做到自给自足，保护经济不受外国胁迫性贸易和相关经济制裁的影响，不必担心世界粮食和其他必需品价格的波动。

（11）实施财政和资本管制，预防针对本国货币的投机性攻击，以及资本外逃和利用离岸银行中心避税。

防止食租／食利阶级通过货币主权控制国家

国家主权的根基之一是由公共部门掌控银行和信贷。希腊对 IMF 和欧盟的官方债务，以及阿根廷和其他严重负债国家的债务，足以反映陷入对债权人的依附关系的危险性。金融利益集团声称，反劳工的财政紧缩政策将使债务国更具竞争力，能够使其"摆脱债务"，但真正目的是推动金融接管。

为了避免这种命运，各经济体（如前文所述）应该阻止本国借款人为获得较低的利率而以外币计价借贷。因为一旦本币汇率走低，偿还成本就会提高。此外，还要避免为了国内消费或投资而向外国银行或债券持有人借款。外国信贷的涌入往往会推高本币汇率，使出口产品对外国人而言更加昂贵，他们要求降低价格，就会导致贸易平衡恶化。这样的资本投资还迫使中央银行对冲增发本国货币，同时持有美元储备，为美国财政部提供免费信贷——实际上这等于美国对全球征税，美国能够轻易地利用创造出来的货币为自己的炮舰外交融资。

问题在于如何建立一套广泛的国际法原则，让各国在面对外国债权人的索求时能够保护国家主权。任何国家都不应该被强迫实行紧缩政策，用出售公共资产的方式来偿还外债。如果这是偿还债务的唯一方法，那么这些贷款就应该被视为坏账，由债权人承担风险。按照这种思路建立的现代国际法体系，将是1648年《威斯特伐利亚和约》结束欧洲30年战争之后，支配国际法的国家权力理念的延伸。

美国拒绝接受"国家不得干涉其他国家政策"的主权原则，尽管它既不服从国际法，也不容许其他国家"干涉"内部事务。美国以自身是"例外国家"为理由，在全世界支持政变，进行各种干涉，强迫他国遵守新自由主义秩序——所谓的"基于规则的秩序"。这种美国例外论正是造成今天世界经济分裂的政治和军事紧张的根源。

美国一直拒绝加入任何国际外交、司法或经济机构，除非它拥有否决权，可以不接受任何国家影响它的外交和国内政策。因此美国在第一次世界大战后没有加入国际联盟。美国同意加入联合国的条件是要拥有否决权，它通过将否决权扩大到其他安全理事会成员（苏联、中国、英国和法国）而得到了这项权力。1944—1945年，美国在世界银行和IMF中也获得了类似的否决权，通过将美国所占的配额设置得足够高，手握足够票数的美国代表可以否决任何不符合美国国家利益的政策。

由于受制于美国的否决权，联合国无法惩罚美国的战争罪行，也无法阻止它对各国发动生物战（美国在越南曾使用"橙剂"，在哥伦比亚也曾使用类似的致癌毒药），无法阻止它对环境的破坏（石油泄漏和污染），无法阻止它侵略伊拉克等美国战略家试图攫取资源的国家。美国自诩享有国际法规则的豁免权，并且可以任意违背外交承诺。用普京的话说，美国没有能力达成任何协议。

的确，美国外交可以被称为"破坏协议的艺术"[①]。从撕毁共和国早期与美国原住民部落签订的土地条约，到背叛1990年口头承诺"如果苏联同意德国统一，北约就不扩张"；从特朗普总统退出伊朗核协议到退出《巴黎气候协定》；从美国退出艾森豪威尔政府与俄罗斯达成的军备弹道导弹协议，到2002年退出《反弹道导弹条约》、2019年退出《中导条约》，美国从不认为有义务履行所签署的任何契约。

因此，很难指望美国会同意签署现代版本的《威斯特伐利亚和约》。基于威斯特伐利亚精神的国际条约，应该保护各国不受外国要求将租金提取私有化的压力，并宣布攻击他国的货币汇率、实施贸易制裁以及动用其他经济胁迫手段为非法行为。这种国家主权原则与美国主张的外交政策背道而驰。"新美国世纪计划"（PNAC）是一个右翼智库，背后是那些支持入侵伊拉克的极端鹰派人士。它所赞扬的美国的国际关系基本哲学在于展望：

> 与中国进行战略对抗，在世界每个角落建立更大规模的永久性军事基地。我们的目标不仅仅是为了权力而权力，还要拥有控制世界自然资源和市场的权力，拥有将世界各国的经济私有化并放松管制的权力，拥有将不受约束的全球"自由市场"的福祉强加在包括北美在内的各地人民背上的权力。我们的最终目标不仅是要确保全球资本主义的霸权，而且是要防止出现任何其他潜在可以竞争的超

[①] 译注：这里讽刺特朗普的一本畅销书《特朗普：交易的艺术》(Trump: the Art of the Deal)。

级大国，确保美国全球资本主义的霸权地位。①

背后支撑这种"帝国福音"的是以美元为中心的金融和货币体系。这个体系使美元外交乃至美元霸权成为可能。它定义的国际"调整"就是强迫各国实施紧缩政策，从其他国家负债累累的工薪阶层和企业身上榨取越来越多的债务，同时通过债务杠杆化抬高股票、债券和房地产的价格。

这样造成的结果是，加深了国家之间以及国家内部的不平等。为了摆脱这种态势，各国必须避免使用美元和美国银行，同时拒绝 IMF 和世界银行的新自由主义要求。这意味着要退出美元区的单极外交，因为目前的体系是无法改革的。正如俄罗斯外交部部长拉夫罗夫回应美国强加给世界的要求时所说的，世界需要一个新的开始：

> 由于西方主要国家意识到，不可能在联合国的框架内将单边或集团的优先事项强加给其他国家，试图逆转多中心世界形成的趋势，减缓历史进程。
>
> 为此，它们提出基于规则的秩序的概念来替代国际法。应该指出的是，国际法已经是一套规则，并且这些规则是在共同的平台上达成的，反映了共识或广泛协议。西方的目标却是以封闭、非包容的方式制定的其他规则，来反对国际社会所有成员的集体努力，然后把这套规则强加给各国。对于这种绕过联合国、试图篡夺唯一能

---

① 凯特琳·约翰斯通（Caitlin Johnstone）：《如果拜登获胜，通俄门将神奇地演变成通中门》（*If Biden Wins, Russiagate will Magically Morph into Chinagate*），《凯特琳时事通讯》（*Caitlin's Newsletter*）2020 年 10 月 26 日。其中引用了迈克尔·帕伦蒂（Michael Parenti）的《超级爱国主义》（*Superpatriotism*，2004），见 https://caitlinjohnstone.substack.com/p/if-biden-wins-russiagate-will-magically。

够声称具有全球意义的决策权的举动,我们看到的只有危害……

西方引入独裁的另一个例子是,在没有任何法律依据的情况下实施单边制裁,其唯一的目的是惩罚"不受欢迎的政权"或排挤竞争对手……我们认为,这样在全球事务中加强极权主义的做法是不可接受的。但我们越来越多地看到我们的西方同伴,尤其是美国、欧盟等盟友,在全球舞台上拒绝一切民主和多边主义原则。仿佛在说,要么按照我们的方式行事,要么就要承担后果。

令人震惊的是,西方领导人在公然破坏国际法的同时,还毫不犹豫地主张,世界政治的主要任务应该是,对抗俄罗斯和中国"改变基于规则的秩序"的企图……换句话说,他们转换了概念:西方不再关注国际法的准则,而是要求所有人都遵循它的规则,遵守它的秩序。更重要的是,美国代表坦率地承认,美国和英国在制定这些规则方面扮演着最重要的角色。[1]

拉夫罗夫表示,俄罗斯愿意在平等条件下与德国、法国和意大利等国家的政府打交道,但已经放弃试图通过布鲁塞尔与欧盟打交道,因为欧盟的泛欧政策致力于支持美国发动的冷战对抗。这种由美国主导的全球主义,反映了它已经与"二战"后传播的"同一个世界"的理想主义彻底决裂。当时大多数人认为战争是民族主义的产物,他们希望全球主义是"解药",带来世界和平和经济互利。但始料未及的是,全球主义会以一种强加于全球的美国利己主义的形式出现,仿佛凡是有利于美国

---

[1] 《维护国际和平与安全:维护多边主义和以联合国为中心的国际体系》视频会议上的讲话,《约翰逊的俄罗斯名单》2021 年 5 月 9 日。拉夫罗夫补充说:"顺便说一句,只要我们建议不仅在国家内部,而且在国际舞台上与我们的西方同事讨论民主的现状,他们就会失去对话的兴趣。"见 https://www.mid.ru/en/press_service/minister_speeches/-/asset_publisher/7OvQR5KJWVmR/content/id/4721942。

企业和银行的也会有利于全世界。

有些人现在仍然认为民族主义是一种倒退，但对各国来说，摆脱当今以美国为中心的金融化单极体系，是建立可行的替代方案的唯一途径。这个方案需要抵御"新冷战"，抵抗美国试图摧毁任何替代性体系并将附庸于美国的食租/食利独裁统治强加于世界的企图。因此，国际经济离拥有一个集体的世界政府还很遥远。

最合乎逻辑的替代性选择是，由一些国家组成集团，以各自的贸易和投资为基础创造互利的区域性繁荣。为实现这一目标，各国政府需要控制本国的银行业和信贷创造，将其作为公共事业为实体经济增长提供资金，并使国家有足够的外汇储备抵御国际大鳄或敌对势力的投机性攻击。

要做到这一点，这个体系就必须通过一个有权创造货币的区域性银行来组织双边国际收支结算（正如凯恩斯在 1944 年提出的 Bancor 信贷方案）。正是欧元区没能实现这种扩张性的区域信贷，导致欧洲债权国与负债累累的"欧猪五国"（葡萄牙、意大利、爱尔兰、希腊和西班牙）之间关系破裂。

无论是美国还是欧洲等美元区的卫星国，都不可能赞同这样的区域性机构。以美元为中心的体系要求其他自由世界国家默许私有化贱卖公共资产、反劳工政策和亲美国的贸易方式（当然还包括国债本位的世界货币储备提供给美国的"免费午餐"）。摆脱美元体系，我们需要重拾 19 世纪古典经济学的目标——创造一个没有食租/食利阶级成本的世界。各国是否能成功实行必要的改革，取决于是否有能力建立去美元化的替代性机构。

第三部
替代性方案

第十二章　复兴古典经济学的价值、租和虚拟资本概念

　　今天的后工业经济通常被委婉地描述为，受过良好教育、积极性较高、生产效率较高的白领劳动力取代了"无技能的"（指低工资）蓝领劳动力。这种现象被称为服务经济。"服务"的词源是"servile"，即"仆人"，意味着一种依附的状态。今天的后工业服务经济确实是一种依附——金融依附，因为除了某些幸运地继承了新兴食租/食利贵族成员身份的人，今天的劳动者几乎无法在不负债的情况下生活。

　　这个世袭特质日益增强的贵族阶层自称为精英阶层。他们声称财富以及由此产生的经济两极分化，是接受更好的教育和掌握技术的自然结果。但我们需要明白的是，最赚钱的"服务"是从负债日益严重的经济体中收取利息和租金，这种收入不是一种技术现象，而是一种榨取性的、非生产性的收入。

　　和"自由贸易"一样，所谓的"自由市场"只是一种委婉表达由现有财富分配方式主导的现状的说法。企业雇主将生产设施转移到国外（主要是亚洲），使美国经济从工厂劳动的苦难中"解放"出来。失业者被要求学习计算机编程、开优步出租车、从事家庭护理或其他后工业服务。尽管有报道称生产力有所提高（主要是由于劳动强度的提高），精英阶层的收入和财富飞速增长，但大多数人的工资和生活水平并没有提高。所谓的"进步"，实际上是向寡头政治及寡头政治统治下的劳动力

剥削的倒退。

随着新冠病毒大流行加速了债务危机，西方国家自 1945 年以来长达 70 多年的经济增长正在以大量涌现的破产而告终。美国目前的情况是，州和地方预算短缺，以及租金和房贷欠款导致租户和房贷违约者即将被驱逐出住所。1980 年以来，过去 40 多年的新自由主义使 1% 的人通过垄断控制了房地产、工业和之前属于公共部门的基础设施，将经济变成榨取地租、自然资源租和垄断租的工具。

食租/食利阶级声称自己的收入和财富有益于社会，说如同"涓滴效应"一般（形容涨潮时所有的船都会随水位升高），GDP 的增长会让每个人都更加富有。但是，批评者却调侃说："我看到了股票经纪人的游艇升高了，但他们客户的船在哪里？"金融财富的过度增长与贫困的加剧息息相关，主要是因为金融财富的形式是向公司业务、房地产和个人索取利息的债务，以及索取股息的股票，所有这些收益都是以消费和固定资本投资的下降为代价的。由此产生的收入和财富的两极分化，导致既得利益者（和媒体）只强调 GDP 总量，而不关注其分配。

官方的 GDP 和国民收入统计数据显示，美国经济正在增长。但自 2008 年金融危机以来，这种增长完全归最富裕的 5% 的人群所有。[1] 奥巴马总统（时任）选择救助华尔街的银行和经纪公司，而不救那些受害者。他拒绝将垃圾住房抵押贷款债务减记到实际的房价估值水平，遂导致 1 000 万人被驱逐出住所。在应对 2008 年的金融危机时，以及 2020—2021 年的新冠病毒大流行期间，美联储为银行提供了流动性，通过增发

---

[1] 利维研究所（Levy Institute）的帕夫林娜·切尔涅娃（Pavlina Tcherneva）指出，自 2008 年以来，几乎所有的 GDP 增长都被最富有的 5% 的人占有，其余 95% 的人所占的 GDP 都下降了，见 http://www.levyinstitute.org/publications/inequality-update-who-gains-when-income-grows。参阅查克·柯林斯（Chuck Collins）：《美国亿万富翁的财富自新冠病毒大流行开始以来激增了 1 万亿美元》，美国政策研究所（Institute for Policy Studies）2020 年 12 月 9 日，见 https://ips-dc.org/u-s-billionaire-wealth-surges-past-1-trillion-since-beginning-of-pandemic/。

货币降低利率（最终转向零利率政策）来推高房地产、股票和债券市场。美联储甚至有史以来第一次自己购买垃圾债券，而不是将钱用于帮助实体经济复苏。美联储的政策为 1% 的人创造了前所未有的资产价格收益。据统计，他们占有了当今美国资本收益的 75%。自 2020—2021 年疫情使大量企业倒闭以来，大多数人的生活水平在下降，而富有的金融阶层的财富却在不断飙升。

2020 年美国家庭财富情况见图 12-1。

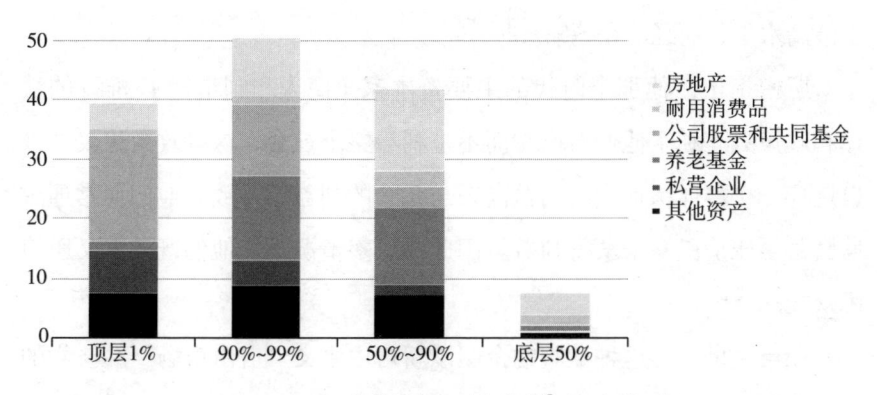

图 12-1　2020 年美国家庭财富分布[①]（万亿美元）

人为的低利率并没有促进就业。除此之外，个人储蓄只能得到较低的固定收益回报，并且为了确保达到期待的养老金水平，不得不增加养老基金预留款。对于企业而言，较低的利率提高了企业被恶意收购者利用借贷进行收购的风险，成为潜在收购目标的企业被迫以恶制恶，也利用信贷来收购其他公司，从而使收购者无法承担更多的债务来偿还垃圾

---

① 《1989 年以来美国家庭财富的分布》(*Distribution of Household Wealth in the U.S. since 1989*)，美国联邦储备系统理事会，见 https://www.federalreserve.gov/releases/z1/dataviz/dfa/distribute/chart/#quarter:125;series:Corporate%20equities%20and%20mutual%20fund%20shares;demographic:networth;population:1,3,5,7;units:levels。

债券买家提供的收购贷款。当然,近乎零的利率鼓励人们借更多的钱来购买房地产、股票和债券,为富人带来了上述资本收益,同时也为整体经济带来了债务污染的海啸。

上层越来越富裕,底层越来越贫困,两者之间的反差并不是新鲜事。1776年,亚当·斯密将其描述为资本主义的内在动力:"利润率并不像租金和工资那样随着社会的繁荣而上升,随着社会的衰败而下降。"他说:"相反,它在富国中自然是低的,在穷国中自然是高的,而在那些最快速走向毁灭的国家,利润率往往是最高的。"诚如今天,资本收益处于最高水平,而经济在萎缩。[1]

斯密指出,他那个时代的主要资本家(商人和制造商)推行的法律和政策只有利于他们自己,而不是利于整个社会。这些政策建议"来自这样一个群体,他们的利益向来与公众的利益不一致。他们通常通过欺骗甚至压迫民众来获得利益。因此在许多情况下,他们既欺骗又压迫民众"。

在当今世界,这种欺骗的企图以新自由主义"自由市场"经济学的形式出现。它的捍卫者认为,收入和财富平等将会损害经济,因为是金融资本和财产所有权推动了经济增长。言下之意,富人的财富飙升是他们应得的,是对生产有所贡献的结果,就好像创造了真实的产出,而不是在榨取经济租似的。

为了支持这一观点,经济学已经变成了一门抽象的学科。它仿佛在描述一个平行宇宙,从而转移人们对现实的注意力,使人们无视食租/食利FIRE部门的本质是榨取经济租。相反,富人的资本收益上升不仅被视为与就业率增长相关,而且被视为以美好的向下涓滴的方式间接促进了就业率的增长。这一主张构成了奥巴马政府支持华尔街的理论基础。

---

[1] 亚当·斯密:《国富论》第三卷第十一章。

奥巴马总统的经济顾问委员会主席杰森·福尔曼（Jason Furman）曾经轻松地评论："我不想看到股票市场走低和失业率高企。"采访他的记者评论道："换言之，富人财富的增加是维持低利率以支持经济和创造就业的一个不可避免的副作用。"[1]

但是，两边的趋势实际上朝向相反的方向发展，原因是显而易见的：大多数人的负债越来越多，房屋所有权率下降，而股票和债券所有权却更加高度集中在美国最富有的 10% 的人口手中。

美国家庭财富分布情况见图 12-2。

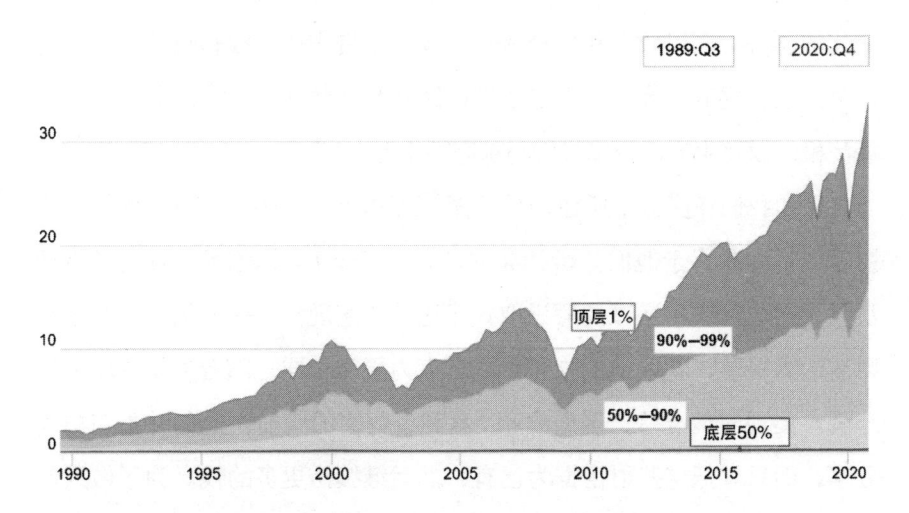

图 12-2　美国家庭财富的分布——公司股票和共同基金份额[2]（万亿美元）

---

[1] 阿兰·斯隆（Allan Sloan）、塞扎里·波德库尔（Cezary Podkul）：《美联储如何加剧财富不平等》，《为了人民》（Propublica）2021 年 4 月 27 日，见 https://www.propublica.org/article/how-the-federal-reserve-is-increasing-wealth-inequality。
[2] 《1989 年以来美国家庭财富分布》，联邦储备系统理事会，按财富百分比分组的公司股票和共同基金份额，见 https://www.federalreserve.gov/releases/z1/dataviz/dfa/distribute/chart/#quarter:123;series:Corporate%20equities%20and%20mutual%20fund%20shares;demographic:networth;population:1,3,5,7;units:levels;range:1989.3,2020.4。

美国收入分配不均的背后，是财富集中在由食租/食利者主导的人口日益缩小的阶层手中。为了证明他们的榨取行为是合理的，并神化他们自私自利的行为，GDP的统计就必须把所有类型的收入都描述为通过生产贡献获得的。这就是19世纪末由约翰·贝茨·克拉克（John Bates Clark）和奥地利学派领导的反古典经济学革命。它否认了古典经济学对生产性和非生产性的劳动与投资的区分。

所有的收入都是生产性的劳动收入，这意味着所有财富都是以公平的方式获得的生产性收入的积累——财富膨胀不是得益于金融工程、债务杠杆和中央银行补贴，也不是以其他非生产性方式占有的。为了掩盖分化的态势，国民收入和生产账户以及记录资产所有权和负债的国家资产负债表，要避免像古典经济学那样区分实际财富与成本、劳动收入与经济租，以及生产性资本投资与掠夺性金融。

正如我们在序言中所述，柏拉图、亚里士多德和其他古希腊作家将财富成瘾现象置于他们分析社会的核心。而今天的亲食租/食利学术经济学，用边际效用递减的假设取代了这一普遍现象——仿佛富人对金融财富的满足感，就像他们吃香蕉或巧克力蛋糕一样，随着数量的增加而下降。但现实情况是，随着食租/食利者财富的增加，他们并不想与人分享，而只想把这些财富据为己有，然后继续捞更多的钱。为了做到这一点，他们反对政府用监管权力来限制他们的财富，或制定有利于较不富裕的99%的人的法律。

富人和社会其他阶层之间的紧张关系一直以来都由政府调解。所有的经济体都是混合经济。要理解任何经济体，以及设计任何国民收入核算格式，需要从政府与私营部门的关系入手，从把私营部门划分为非生产性FIRE"服务"部门和向FIRE部门支付经济租和利息的生产性经济部门开始。公共政策要么支持顶层的富人阶层，要么支持整体经济。政府的任何"中间路线"都不过是借口，只是为了掩盖其维持有利于富人现状的公共政策，而富人总会利用他们的财富来影响和控制政府和公共政策。

政治民主国家尚未表现出能够有效地抵制变成金融寡头政治的能力。要避免这种命运，人们需要一个强大的没有被坐拥资产的金融阶层所俘获的中央集权。综观西方历史，只有青铜时代中东的王宫统治者或今天的社会主义经济体才能实现这一目标。

I. 经济各部门之间关系的模型

GDP 统计数据显示，银行、债券持有人、非自住房东和垄断者的食租／食利收入在 GDP 中所占的比例不断上升。他们收取的利息费用、对债务人的罚款、房地产租和垄断租，在 GDP 中反映为一种"金融服务"形式的产品。

这些支出减少了工薪阶级和企业在实体经济中用于生产和消费的可支配收入。这就是第四章和第五章讨论的债务通缩和租金通缩现象。这种支付与增加真实产出背道而驰，只是从收入者向食租／食利者的转移支付。

政府的财政角色：向经济供应货币，然后通过征税回收货币

政府向经济投入资金和从经济中收回资金之间存在着货币的循环流动。分析任何现代经济体的收入和财富的分配，都基于政府通过提供基

本服务和补贴向经济投入资金,以及通过征税回收这些资金(图 12-3)。政府接受人们用货币来支付税收,这赋予了货币公共价值。

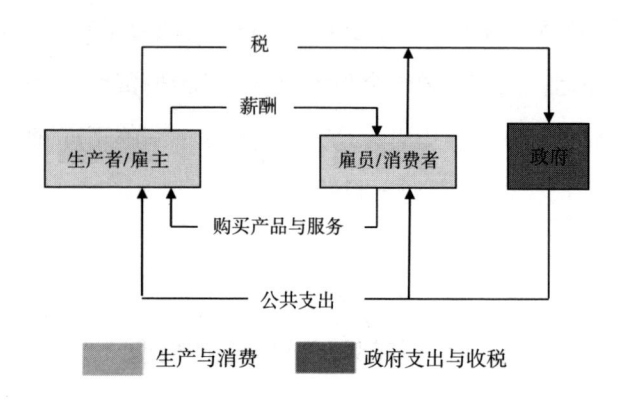

图 12-3 第一层经济和政府

注:无 FIRE 部门参与,有政府介入的实体经济。

美国流传着一个笑话:美国的两党制包括一个主张政府"先征税再支出"的政党(民主党),以及一个主张"先借贷再支出"的政党(共和党)。但是,政府的财政支出其实既不需要借钱,也不需要征税。政府可以发行货币。这样做对于物价的影响,跟政府发行国债向富有的投资者借钱或向公众征税是一样的。政府不论是发钞还是借款或征税,钱都会被政府支出并花掉。

然而,两者对于财政和收入的影响却不一样。向富有的储蓄者借钱并不会导致他们削减消费,甚至不会减少生产性支出,所以不会降低产品价格。但是,向他们支付债务利息会造成通货紧缩,因为负债的政府为了偿付利息,不得不削减财政支出。

最重要的垄断特权是创造信贷和货币的特权,它背后是一系列管理债务支付的法律,以及对债权人享有一般经济福利的权利的立法。这就是为什么货币和信贷系统应该是公共事业。正如现代货币理论阐释的，政府为了弥补生产性赤字开支而发行的货币不需要支付利息，甚至不需要偿还。中国的货币和信贷系统目前仍然由政府控制，这是它相对于西方金融化经济体的巨大优势。

尽管政府有能力通过发行本国的货币来为财政支出提供资金，但仍有充分的理由征税。古典经济学的目标是最大限度地减少经济租，降低经济的成本，因此税基应该主要是土地租和自然资源租，而不是工资和生产性资本投资。更现代的原因包括控制通货膨胀，以及对奢侈品消费、污染和其他不良社会活动征税。通过公共投资和定价，而不是让私有化者将这些部门变成寻租机会，也可以避免在基础设施等自然垄断部门寻租。

银行业游说集团反对公共货币的发行和公共银行

新自由主义意识形态坚持要求政府放弃发行公共货币，依靠私人创造信贷，以支付利息的形式向私人储蓄和银行借款，而不是用自己发行的货币为预算赤字提供资金。这样，金融部门就可以接管政府职能，将发行货币和创造信贷的功能转移到银行。

金融部门还主张降低税收。经费严重不足的公共预算为高端金融业及其客户打开了大门，它们乘势接管政府暂停的公共职能，从以前属于公共的基础设施中榨取垄断租，并游说政府最大限度地减少对市场操纵公共价格的监管。

为了阻止政府通过发行货币为财政预算赤字融资，奥地利学派和芝加哥学派的私有化提倡者声称，这样做必然会造成通货膨胀。魏玛德国、津巴布韦和委内瑞拉出现了更极端的游说集团，高举恶性通货膨胀的大旗。但实际上恶性通货膨胀几乎都是由货币贬值造成的，而不是单纯地发行国内货币造成的，除非是在绝境下试图以此手段偿还外债①，因为政府无法通过发行本币来获得外汇，偿还以外币支付的债务。这些国家的国际收支赤字可能会降低本币汇率，增加国内进口成本，从而提高国内的总体价格水平，使债务状况变得更糟糕。

基于这个原因，政府不应借入自己无法创造的货币。政府可以用本国货币来计价债务，从而避免破产的威胁，因为政府可以发行足够多的新货币来偿还债务。而为了避免各国政府陷入20世纪20年代德国那样的困境，国际金融规则应该采纳以下基本原则：任何政府都不应该被迫以实施紧缩政策和经济两极分化为代价向债权人偿还债务。

指责政府发行货币的群体回避了这样一个事实：银行信贷的确具有强烈的通货膨胀属性，但它主要推高的是资产价格，而不是商品和服务的消费价格。商业银行主要为资产购买者创造信贷。在美国和英国，大约80%的银行贷款发放给了房地产买家。作为抵押品，这些房地产所产生的租金和利润将作为利息支付给银行。银行就是这样通过利息获取了大部分的地租。

利息费用就像税收一样，吸收了经济中的购买力。正如下文将会讨论的，银行信贷创造所导致的资产价格膨胀，造成了生产和消费部门的债务通缩。因为人们通过信贷来竞价，抬高了住房和其他资产的价格。这样一来，可用于生产和消费的支出就减少了。

因此，银行信贷的效果有别于政府支出——美国和欧元区中央银行自2008年以来，一直沉溺于量化宽松政策，向银行供应货币储备，将利率降至接近零的水平，从而支撑债券、房地产和股票的价格。新自由主义政府发现，现代货币理论可以被用来为食租/食利部门的增长提供资金，

---

① 史蒂芬·扎伦加（Steven Zarlenga）：《失落的货币科学》（*The Lost Science of Money*，2002）。本文从历史的角度详细地反驳了这种指责，因此，各经济体应该避免以外币计价的债务。

此前却拒绝用现代货币理论支持工业经济,即生产和消费的实体经济。

II. 榨取租金的 FIRE 部门和具有生产价值的经济部门

后古典主义意识形态避免承认,工资和利润的循环流动(生产和消费的经济)被包裹在金融、保险和房地产(FIRE)部门及其食租/食利的兄弟部门(提取自然资源租的石油和采矿部门,以及获得垄断租的部门)之内。这些经济租并不是真正的"产品",而是由于享受特权(可理解为"私法")而从经济中提取的转移支付。

图 12-4 和图 12-5 追溯了通过政府、FIRE 部门和实体经济进行的信贷供应和债务偿还的流动过程。

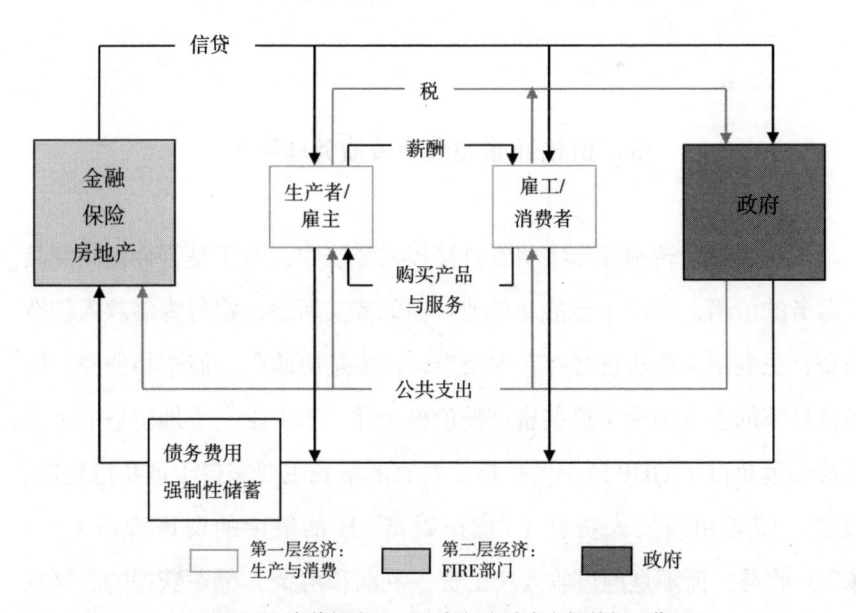

图 12-4　实体经济、FIRE 部门和政府之间的相互作用

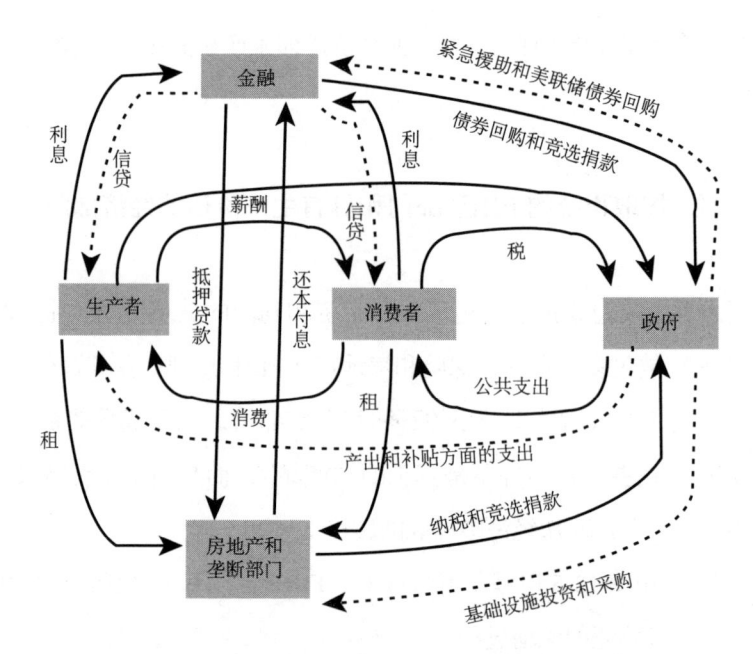

图 12-5　FIRE 部门、生产者、消费者和政府的整体模型

资产价格通胀如何导致债务通缩？

政府通过运转预算赤字将钱直接投入经济中，对于是否会提高商品和服务的价格，取决于产能和就业。但如前文所述，银行为借款人创造信贷，主要用来购买已经存在的资产，主要是房地产、股票和债券。债务杠杆率的上升加速了这些资产的价格上涨。事实上，土地价格的上涨已经远远超过了 GDP 或消费价格。财富的增长主要来自土地和房地产、股票、债券和债权人贷款（"虚拟财富"）估值中的资产价格（"资本"）收益，而不是通过收入（工资、利润和租金）储蓄获得的。这些资产价格收益的规模，使利润和租金收入的规模相形见绌（图 12-6）。

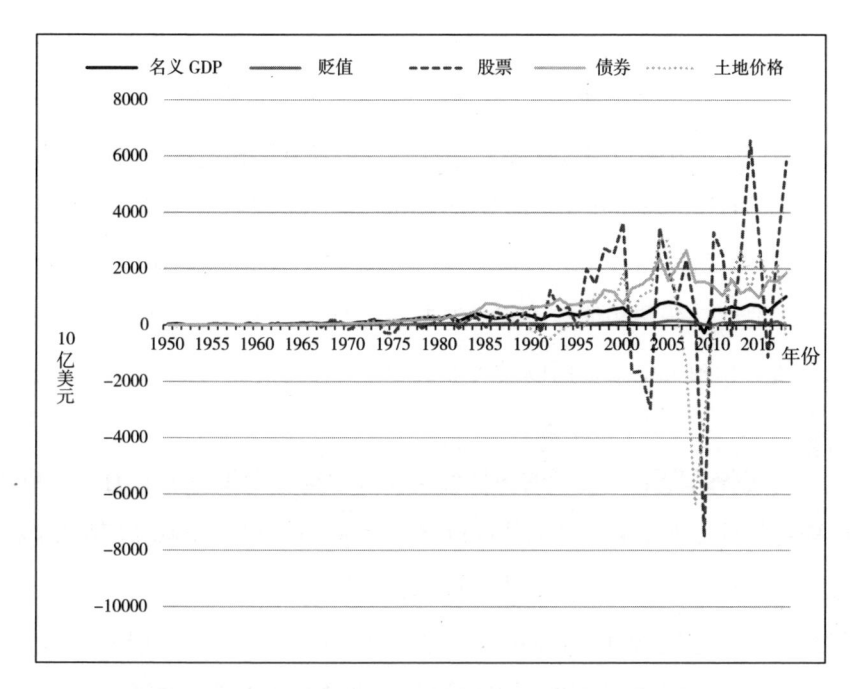

图 12-6　名义 GDP 的年度变化和资产价格收益的主要组成部分

数据来源：Democracy Collaborative，Washington DC。

这一事实，以及对资本利得的税收宽松政策，解释了为什么房地产投资者愿意把他们的大部分租金收入作为利息支付给银行部门。他们的主要获利方式是，在某个时间点出售房产从而获得资本价格的收益，而不是租金收入。现代金融资本主义关注的是总回报，即当前收入加上资产价格收益。

房屋或其他资产值多少钱，取决于银行向它提供多少贷款，由此可见，财富主要是通过金融杠杆创造的；只要作为抵押品的资产估值上升，银行便可以借出更大比例的贷款。债务杠杆化经济就是这样被创造出来的。资产价格的增长主要源于债务融资，这一事实解释了为什么美国和欧洲经济的实际增长正在放缓，而股市和房地产价格却因信贷而上涨。

通过将利率降低到接近零的水平，中央银行使投资者能够通过套利来"免费"获得金融收益，即以低利率贷款购买拥有更高收益的资产。这与生产和消费过程毫无关系。由此产生的债务杠杆，通过创造呈指数级增长的食租/食利开支（债务费用和租金）增加了"虚拟"财富——金融证券的价格和对资产的索债权。结果是财富的所有权集中在了债权人和房地产、股票和债券所有者手中。正如第二章所述，他们的财富建立在债务和相关金融费用以及对非食租/食利经济部门施加的罚款的基础上。

在这些条件下，更多的银行信贷实际上往往会相对降低消费价格。因债务杠杆化而不断上升的住房价格，要求新的购房者和租房者把越来越大比例的收入作为购房的抵押贷款利息支付给银行，或作为租金支付给房东。这些支付给 FIRE 部门的款项，使可用于商品和服务的支出减少。因此，随着经济杠杆率的提高，资产价格膨胀最终会导致债务通缩。

由此可见，债务通缩是资产价格膨胀的副产品。房价上涨使一般消费支出减少，给消费价格带来了下行压力，但生活成本仍然居高不下。这就是为何政府应该限制 FIRE 部门获取资产价格收益的行为，并应该维持住房价格稳定。

当银行信贷被用于购买股票和债券时，也会出现类似的资产价格膨胀导致的通缩结果。信贷使资产价格上升，意味着降低了任何特定资产的当前收益率（即回报率）。当央行降低利率以维持资产价格上涨时（主要是为了保持银行的偿付能力），较低的资产收益率会使养老基金为了获得给定的当期收入而需要增加供款。因此，公共部门和私营企业雇主不得不预留更多收入为养老金计划供款，从而减少了新的资本投资，又或者他们索性转向在金融市场上进行投机以寻求资本收益。

即使在租金下降的情况下，房地产泡沫也能继续。因为随着资产价格的上涨，房地产所有者会把新创造出来的"资产净值"（信贷膨胀的资本利得）抵押给银行，借钱来支付利息费用。为了维持负债房东和投机者的偿付能力，中央银行不断把新的信贷注入资产市场，使银行客户能够"借新债还旧债"。为了防止金融系统崩溃，这样的借钱偿债方式需要债务以指数级增长。这就是"复利的魔力"所固有的数学机制。金融化经济体维持偿付能力的唯一方法，就是变成庞氏骗局，不断吸引新的信贷流入。这需要中央银行的协助。

III. 联邦政府与地方州、市预算的关系

许多国家正面对一个共同的难题——财政紧缩。州政府和市政府没有发行货币的权力，只有中央政府可以这样做。只有国家才能创造货币。地方政府被迫在财政支出超过收入时通过征税或发债来平衡预算。它们必须受预算平衡的约束，要么以未来的税收为抵押发债，要么出售公共财产，如果幸运的话，可以接受中央政府的援助。①

各州、市地方政府处理这一财政问题的方式，往往决定了它们未来多年的经济命运。许多美国城市的政府在困境中不得不向金融部门出售未来的税收收入。一个恶名昭著的例子是，芝加哥政府把长达75年的街道停车收费权卖给了华尔街。

2008年，理查德·戴利（Richard M. Daley）市长与包括摩根士丹利

---

① 财政困难的城市，长期以来，一直试图创造应急的地方货币，例如，德国在20世纪20年代初发行的"Notgeld"或"应急货币"。它们在某地区通行，当地政府接受用这些货币支付税收和购买其他公共服务。问题是，除了商店老板或其他企业可以使用这笔应急资金支付税收或购买当地提供的商品和服务外，很少有人接受。

(Morgan Stanley)、安联资本（Allianz Capital Partners）和阿布扎比主权财富基金（Sovereign Wealth Fund of Abu Dhabi）在内的投资财团——芝加哥停车计时器有限责任公司（Chicago Parking Meters LLC）——达成了一项协议，将停车收费计时器私有化。停车的价格以及执法的力度直线上升。市议会成员签署这份价值10亿美元、为期75年的合同之前，只有2天的时间来研究它。芝加哥监察长早期估算，该市以实际价值的一半出售了这项财产。后来一位市议员指出，市政府的售价大约只是这项财产价值的四分之一。最后，在2010年，《福布斯》报道称，事实上，该市的所得甚至还不到实际价值的十分之一。[①]

这样的私有化大幅提高了芝加哥的驾驶成本。而邻近的印第安纳州也早已将主要的州际公路变成了收费公路，获得收费站使用权的金融公司将收费提高到了许多车辆宁愿选择走较慢的辅路。"2014年，印第安纳州收费公路的私人运营商——最著名的公私合营项目（PPPs）之一——在需求下降后申请了破产，至少部分原因是不断上涨的收费。其他地区也发生了备受瞩目的PPP破产事件，包括加利福尼亚州的圣地亚哥和弗吉尼亚州的里士满，以及得克萨斯州"。[②]

中国的农村地区和小城镇也面临类似的财政预算紧缩问题。许多地方已将公共土地以长期租赁的方式出售给房地产开发商。这些合同的租期通常长达70年，而且开发商还试图阻挠地方政府提高土地税来反映土

---

① 里克·珀尔斯坦（Rick Perlstein）：《在私有化的前沿》（On Privatization's Cutting Edge），《国家》（The Nation）2013年9月5日，见http://www.thenation.com/blog/176043/privatizations-cutting-edge#。

② 威廉·马利特（William Mallett）：《印第安纳州收费公路破产使公私合作的氛围变冷》（Indiana Toll Road Bankruptcy Chills Climate for Public-Private Partnerships），美国公私合作伙伴关系委员会，2014年9月29日，见http://www.ncppp.org/wp-content/uploads/2013/02/CRS-Insights-。引自艾伦·布朗（Ellen Brown）：《为人民服务的银行业：数字时代的货币民主化》（Banking for the People: Democratizing Money in the Digital Age），民主合作组织（华盛顿特区：2019），第282页。

地租金收入和估值的不断上涨。正如温铁军研究团队总结的：

> 除了个别发达地区的省市以外，很多地方政府长期面临财政紧缩问题。2020年年初这一现状进一步恶化。2020年2月和3月，全国财政收入同比下降了21.4%、26.1%，是自2008年以来最差的情况……2020年首季度地方财政赤字可能达到了56%。[①]

缓解这一问题的方法是中央政府向地方提供资金。美国联邦政府和各州之间的收入分成安排早已有之。欧洲也正在提出类似的建议，敦促欧洲中央银行资助欧元区成员的国家和地方预算。如果没有中央政府的援助，那么除了贱卖主要的地方资产——土地，似乎没有其他选择。正如温铁军研究团队阐述的，财政问题对经济的整体发展有广泛影响：

> 要使地方政府摆脱对土地财政的过度依赖，改革税收制度至关重要，因为税制说到底是社会的财富再分配机制。土地财政通常以农村土地资源向城市部门转移为代价。土地价格上涨意味着将对中下层阶级征收隐性的土地税，因为他们的生活和营商成本也在上涨。……合理的税收制度应该对来自实体经济的劳动收入（包括工资和制造业、商业利润）保持低税率。相反，应该对食租/食利阶层的非生产性非劳动收入（寻租）和资本利得征税，比如，征收房产税或资产持有税。只有改变有利于投机的税收结构，才能防止经济空心化，才能使社会朝着有利于中下阶层的财富再分配方向发展。

[①] 温铁军：《十次危机：中国发展的政治经济学 1949—2020》（*Ten Crises - The Political Economy of China's Development 1949-2020*）（伦敦：2021），第五章。书中引述："2019年，31个省市中只有8个地方政府的财政收入/支出比率超过50%。"

国家收入分成或直接补贴，可以使地方不必将公共领域拱手让给私有化者"圈地"并征收租金。除了中央政府提供补贴使地方不必在困境中被迫租赁或出售土地和税权外，还有一个方法可以防止食租／食利阶级控制地方政府，就是对租金和土地价格收益征税。

IV. 创建后食租／食利经济应避免的问题

政府通过课税将非生产性服务获得的食租／食利收益征收掉，与商业银行的隐性商业计划本质上是对立的，即发放贷款和收取利息，直至最终占有所有的地租、自然资源租和垄断租。

对这些租金征收的税率越高，银行系统扩大债务市场的回旋余地就越小。从银行和其他债权机构的角度来看，它们的目的是通过放宽信贷条件来扩大贷款市场，提高债务与收入、债务与资产的比率。由此产生的债务杠杆将推高住房和其他食租／食利阶级资产的价格，同时通过扩大其他部门对银行、债券持有人（例如通过垃圾债券）和其他债权人的债务来控制经济中的其他部门。这会削减政府的财政收入，最终导致经济增速放缓，却会使食租／食利阶级富得流油。

要避免债务激增及相关资产价格膨胀，显而易见的方法是由国家财政部掌控货币和信贷创造，或者至少要严格监管。第二个同样不言而喻的方法是，通过课税将经济租从源头上征收掉，限制经济租的金融化。只要税务当局放弃不予课税的项款，都有可能被支付给银行；而被征收掉的经济租，可以减少被资本化为银行贷款的金额。这样的税收将扭转20世纪20年代以来新自由主义的倒行逆施——不对经济租征税，让租金作为抵押贷款利息支付给银行。

维持土地、自然资源和自然垄断部门的公有制，是最大限度减少寻租的传统方式。虽然中国政府是土地的名义所有者，但政府并没有征收全部的地租。这就是为什么中国的住房和商业房地产的价格会上涨到如此高的水平。政府不收经济租，任由其私有化，就会提高整体经济的成本。撒切尔和布莱尔执政时期的英国发生的正是这种情况，结果导致住房、公共汽车、铁路、饮用水和各种公共需求的价格飙升。

即使在土地和未来的税收权已经被政府预先出售的情况下，中央政府也可以对不断上涨的租赁价值征收"暴利税"（即资本利得税）。为了夺回"免费午餐"，中央政府可以编制土地价格和租赁价值地图，制定统一的土地和租赁税率，从而防止地方政府竞相压低价格以吸引来自其他司法管辖区的投资。

在美国，地方之间的这种竞争已经成为一个严重的问题。城市向大企业提供税收优惠，说服它们搬迁到当地并雇佣当地劳动力。2018年，纽约州答应亚马逊，如果搬迁到长岛市，就会给它一笔巨额的税收减免，结果引发了公众示威游行，要求阻止这样的大赠送。所有州都在相互竞争，争相推出特殊的地方税收宽免期和相关的激励措施。这样的竞劣导致许多公司将总部设在了特拉华州，因为特拉华州的法律对企业有利，监管宽松，而且没有所得税。同样，信用卡公司注册在南达科他州，因为它们可以借此收取迄今被各州反高利贷法律禁止的高额利息。①

允许这种地方主义竞劣的结果是，制造了财政大赠送的历史遗留问题，拖累了一个国家现在乃至未来的发展。如果中国政府让目前的低土地税或低地租的租约延续60年左右，就等于放弃增长，而食租/食利者

---

① 关于该州宽松的银行法律，参阅安·苏利文（Ann Sullivan）：《花旗银行如何使南达科他州成为美国营商环境最好的州》，《大西洋报》(*The Atlantic*) 2013年7月10日。

将获得政治影响力，并试图使有利于他们的现状永久化。

当今世界，新自由主义者试图建立一种扩大债权人权力，以及国际银行、IMF、世界银行和美国国际开发署等国际金融机构权力的单极外交。要给世界找到一条成功的出路，就需要用一种更加基于现实的经济学，来取代新自由主义正统学说中的亲食租/食利者的理论，恢复古典政治经济学关于价值、租和虚拟资本的概念。任何经济统计方式，最重要的特征都应该是能够显示经济两极分化和发展不平衡的趋势。这种趋势应该让政府了解到，当平衡被破坏时，需要采取什么行动来恢复平衡。

V. 恢复经济平衡需要"债务大赦"

社会两极分化和经济失衡的主要原因是债务的指数级增长。如前文所述，这种增长源于复利的发展趋势（复利意味着债务翻倍的时间）和一般未付账单的累积，以及内生的新增银行信贷。从长远来看，这种动态是趋向自我毁灭的，因为不断上升的债务开销会导致债务通缩，从而减缓经济增速，使经济无法支付债务利息，更不用说偿还本金了。

庞氏阶段的食租/食利型经济背后的逻辑是，只要银行不断增发更多的贷款，人们就可以有能力偿还贷款，作为抵押品的资产价格因债务膨胀而上涨就可以支撑游戏继续下去。其中关键的是，债权人不会有损失，因为他们可以在债务人无力偿还的情况下没收债务人的房地产和其他抵押品。此外，债权人已经俘获了中央银行，这使他们在面对2009—2016年的止赎浪潮时得到了救助。当垃圾房贷的受害者无家可归时，奥巴马的救市政策和美联储却使债权人和黑石集团这类私募股权房地产投资者大发横财。

2020年新冠病毒肆虐的时候，美国和欧元区已经达到了1945年以来经济扩张的终点，进入了债务通缩时代。遭受财政紧缩的经济体已经无法"通过增长来解决增长中的债务问题"，因为对现有收入的债权没有足够的经济剩余来进行新的直接投资。在这样的情况下，只剩下一条出路：取消坏账。

取消债务并不会改变经济的净值。因为资产负债表一侧的债务减少，资产也同时抹掉了同等数量的债权。债务人的净资产恢复，而债权人的净资产则会恢复到不良贷款、收购贷款和相关金融管理费用急剧膨胀之前的水平。

但是，由于西方债权人既得利益集团已经掌握了巨大的权力，抹去资产负债表中资产一侧的储蓄（即债权人的债权），在政治上是极其困难的。中国的金融系统至今还保持着公共事业的属性，可以将这种困难降到最低水平。因为当你自己就是债权人时，减记债务是很容易的。中国经常减记符合公共利益但暂时陷入困境的企业的债务，而不是迫使它们倒闭。

不过，即使经济恢复平衡，两极分化的趋势也会自然地再次开始——因为以复利计算的债务仍会呈指数式增长，商业活动和个人收入的中断会造成债务拖欠。但这些经济现象的不利影响，可以通过针对食租/食利收入（最终债权人是国家政府和国有银行）的税收政策加以抑制。

欠外国债权人债务的国家则没有这种选择。政府只能在国内经济范围内消除债务。债务国无法拒还欠国际组织或受它们保护的债务。IMF的中央计划制定者和美国外交的官僚执行者，奉行亲债权人规则，至今仍遵循20世纪20年代以来的模式，完全不顾债务国的支付能力，尽可能从它们身上榨取资金偿债。他们的指导思想是强迫债务国实施财政紧缩政策，通过对劳动力和制造业征收重税，使债务国国内市场萎缩，以期让更多的产品用于出口创汇。

但实际的情况是，紧缩计划阻碍了新的资本形成，削弱了教育、卫生和生活水平。这增强了债务国对外国供应商和债权人的依赖，实际上是损害而不是有助于国际收支平衡。随之而来的是经济呈螺旋式下降。在恶性循环下，紧缩政策继续被强加在债务国之上，结果又一次导致上述恶果。自20世纪20年代德国承担战败赔款以来，情况一直如此。当时财政紧缩理论已遭驳斥，而历史也已证明这会导致灾难性后果。

一个世纪以来，这种反劳工的紧缩政策造成的恶果已被充分证明，近几十年来，世界各地的受害者纷纷发起"反IMF暴动"，但这些政策仍然继续被推行。这一事实表明，它是一项蓄意的金融征服政策。它的掠夺性和破坏性效果仍然是主流经济政策的核心目标，可能是20世纪最成功的政策"错误"。

可以肯定的是，对于掠夺性的银行和债券持有人来说，这不是一个"错误"。对第三世界经济造成的破坏不是计划中的漏洞，而是必然的结果。因此只要IMF、世界银行和美国国际开发署仍然受美国控制并且固守新自由主义经济学的理论，就无法进行改革，而这些经济学理论就是破坏性政策的基础。

第十三章　遏制寡头的强大政府

中国为了促进工业增长和提高生活水平而进行的市场干预，究竟是一条通往奴役的专制之路，还是迈过西方去工业化、经济两极分化和债务奴役陷阱的促进繁荣的古典经济学政策？新自由主义者指责公共企业、保护性关税、价格补贴、遏制寻租和减少经济不平等这些政策没有"自由市场"有效率。我们需要问："所谓的效率指的是什么？"

食租/食利者眼中的效率是经济租最大化的效率。他们衡量经济成功的标准是1%的人的财富。金融和房地产投资者希望通过利息、租金和股息抽走中国的经济盈余。这一目标促使索罗斯敦促美国公司抵制在中国投资，以抗议习近平主席的共同富裕目标。他认为"通过将富人的财富分配给普通民众来减少不平等"，将人民利益放在首位，"对外国投资者而言不是一个好兆头"。[①] 在他看来，阻止工资和生活水平的提高，才能让食租/食利阶级的收入最大化。

同样被认为不可接受的，是中国为了降低生活成本和工业出口的市场价格而补贴公共服务的政策。美国外交官主张"公平贸易"和"公平竞争环境"，抱怨以这种方式提供低成本的基本服务是不公平的贸易竞争模式。然而，这正是美国和欧洲在工业腾飞时期所遵循的政策。中国

---

① 乔治·索罗斯：《贝莱德的中国错误》（*BlackRock's China Blunder*），《华尔街日报》2021年9月7日。

只是在做美国于19世纪末和20世纪初曾经做过的事情，实际上也是那个时代西方期望实现的社会民主目标。中国对市场的"干预"，遵循了古典经济学把食租/食利者的"免费午餐"降到最低的目标。中国之所以能实现资本投资、生产力和生活水平的显著增长，主要就是因为能够通过公共投资和监管来塑造经济（"市场"），其中最重要的是保持货币、银行信贷创造和其他关键基础设施的公共性质，而不是任由它们私有化，让少数人获取利润和租金。

美国贸易外交官指责中国是美国去工业化的罪魁祸首。但即使没有中国，美国也没有办法恢复昔日的工业霸主地位。1994年，克林顿政府与墨西哥和加拿大签订了《北美自由贸易协定》，随后又于2001年邀请中国加入WTO，其目的就是促进美国制造业向工资较低的国家转移。美国的去工业化无法避免，因为教育、医疗和其他基础设施的私有化，加上债务融资的房地产泡沫，使美国的生活成本太过高昂，工业雇主几乎没有选择，只能把就业和生产转移到国外。

美国自己舍弃了19世纪美国学派的公共基础设施投资政策——正是这些政策推动了美国的崛起，而将投资和经济收益留给由食租/食利阶级及其创造的垄断企业控制的"市场"，这绝不是中国的错。不过，在美国，人们已经再次认识到了公私混合的工业经济的重要性。2021年5月27日，美国众议院通过了一项长达470页的法案，即《确保美国全球领导力与参与法案》（Ensuring American Global Leadership and Engagement Act，EAGLE）。在美国工商界的支持下，参议院转而支持对工业的公共补贴。正如《纽约时报》总结的：

> 意识形态的正统观念已经被中国资助华为等"领军企业"的现实所颠覆。这家电信巨头正在为全世界的国家提供能够将流量导

回北京的 5G 网络……得克萨斯州保守派共和党参议员约翰·科尼（John Cornyn）过去一直批评政府资助工业。他在谈到资助半导体工业时说："坦白地说，我认为中国让我们别无选择，只能进行这些投资。"

……

多年来，美国一直反对政府补贴私营企业，无论是法国的空客还是中国的华为，现在该法案获得支持。"我们试图惩罚中国和他们糟糕的产业政策，"消费者技术协会的国际贸易副总主席塞奇·钱德勒（Sage Chandler）说，"但颇为讽刺的是，我们先是惩罚了他们，然后开始在许多方面完全照搬他们的做法。"①

虽然承认公共投资的必要性是值得肯定的，但问题是，在美国和大多数西方经济体中，获得财富的最有利可图的方式已经不再是形成工业资本。现在，财富通过金融手段获得，主要是资本利得，因为银行信贷抬高了房地产、股票和债券的价格。也就是说，债务杠杆给实体经济带来了利息负担；而企业则将利润用于股票回购和派发高额股息来推高股票价格，而没有把资金用于新的有形资本投资和研发。金融化财富通过公共基础设施私有化获得垄断租而进一步增长。

这种金融化和经济租开销，阻碍了资本投资和有效的公共补贴，因此无法降低经济的成本。美国政府确实承担了研发工作，并以低价向业界提供技术，但面向的都是私营制药企业、信息技术企业和其他竞选经费捐献者，好让它们可以从整体经济中榨取垄断租。

---

① 大卫·E. 桑格（David E. Sanger）、卡蒂·埃德蒙森（Catie Edmondson）、大卫·麦凯布（David McCabe）、托马斯·卡普兰（Thomas Kaplan）：《参议院准备通过大规模的产业政策法案来对抗中国》，《纽约时报》2021 年 6 月 7 日。

这一切的后果是使美国和其他西方经济体去工业化，同时使财富集中在食租／食利精英手中。

把西方的去工业化和两极分化与中国经济的成功进行对比，就会产生一个明显的问题：政府应该限制私人寻租（正如古典自由市场经济学家所敦促的那样），还是应该支持私人寻租（就像新自由主义者要求的那样），哪种社会制度会占主导地位？这个问题是塑造今天中美竞争格局的基本问题。

中美的冲突不在于工业贸易竞争，而是对立的经济体系之间的斗争。中国寻求比美国"做得更好"的方式，没有通过让家庭预算和制造业承担债务、地租和垄断租，来创造更多食租／食利的亿万富翁。中国的政策制定者将美国经济视为一个应该避免的教训，而不是效仿的对象。

金融化市场带来的是经济紧缩，而不是繁荣

新自由主义打着自由市场的旗帜反对中央计划，但其目的恰恰是利用对信贷的控制，把资源分配的权力集中于主要的金融中心。"大政府"仍然存在，但它的作用是保护那 1% 的人的财富不受公共监管，确保食租／食利收益不会被征税，而不是促进整体经济的繁荣。金融部门的目标是促进银行家发挥主导作用的食租／食利阶级寡头政治，利用它们的财富控制国家政治，就像 19 世纪前的土地贵族那样。

克林顿政府（1993—2000 年）在 1994 年支持叶利钦将俄罗斯的自然资源皇冠上的明珠交给"七大银行家"，正是这种理念的典范。俄罗斯政府向这些银行家内部人士提供银行存款，然后银行将这些钱借给政府，政府又将支票重新存回开出支票的银行。实际上，这是免费大赠

送。这场骗局的目的是让政府以石油、天然气、镍和其他资产作为抵押，当西方顾问说服俄罗斯央行不要简单地印钞来按期偿还贷款时，政府就丧失了这些资产的赎回权。

被没收的抵押品逐渐被俄罗斯银行家卖给了美国和其他外国投资者——只有他们才有钱购买私有化的收租企业的股份。结果是美国的银行、投资者和官方债权人成为俄罗斯新的中央计划制定者，他们组织了一场资产掠夺的盛宴。功能失调的国家规划变成了功能更加失调的私有化金融规划。美国官员对这种瓜分大加赞赏，称这是中央计划的替代方案。事实上，计划制定者只不过是从政府官员变成了银行家。

银行家们的目标与美国冷战战略家的目标不谋而合。他们对后苏联时期的俄罗斯经济的梦想，可以用美国参议员约翰·麦凯恩的嘲讽来概括——"一个拥有核武器的加油站"。至于俄罗斯的军备，他们的计划是收购军方的主要供应商并关停它们，以及瓦解苏联时期延续下来的庞大的供应体系，从而解除俄罗斯的军事力量。

美国顾问帮助俄罗斯寡头成员向外国人出售他们掠夺的资源来套现，并将收益安全地藏在国外，使政府鞭长莫及。来自石油、天然气、镍和土地的自然资源租，以及来自公用事业的垄断租，都将作为股息支付给股东，作为利息支付给债券持有人，而不是交给政府用于重建后苏联经济。2001年中国加入世贸组织时，美国投资者对中国经济也抱有类似的新自由主义梦想。

在美国，2008年的垃圾住房抵押贷款崩盘，导致一波驱逐违约房主的浪潮，美国的住房拥有率因此而下降。其后2020—2021年的新冠病毒疫情，又导致新一轮驱逐租房者和抵押贷款违约债务人的浪潮。数以百万计失去工作的雇工拖欠房租和房贷，债务缠身，面临失去家园的威胁。为预防出现大规模的无家可归者，驱逐行动暂时被暂停，但暂缓令到期之日终会到来。从 2020 年 8 月到 2021 年 8 月，美国大都市地区的住房价格上涨了 20%，因为投资者购房转租占美国住房的份额增加了。结果是随着住房变成一种租赁投资工具，美国的住房拥有率正在急剧下降（正如英国一样）。

与此同时，在新冠病毒疫情暴发后的 12 个月里，美国最富有的 1% 的人持有的股票和债券总值增加了 1 万亿美元。结果是形成了一个 K 形经济——1% 的人的财富在增长，99% 的人的财富在下降。房东和股民曾经想象，当住房和股票市场价格上涨时，不仅他们自己，甚至整个经济都会变得更富有。然而，自 2006 年以来，美国的住房拥有率一直在下降，现在美国住房的房贷债务规模已经超过了所有业主的资产净值。银行将不断上涨的租金资本化，提供更多贷款，使债务与房价比率不断上升，越来越多的房贷给价格火上添油。债务融资的房地产价格通胀，让银行和投机者发了大财，但在债务通缩加剧的同时，大多数业主对他们的物业只占小部分的所有权（绝大部分所有权归银行所有）。

国家和地方预算没有分享到房地产价格上涨带来的收益，反而面临财政困难。政府对交通和其他设施的公共投资，一直在提高沿线物业和热门小区房地产的区位租，但政府并没有针对这种坐享其成的收益征收区位租税，以收回进行市政改善所产生的公共成本，而正是这种成本提高了区位租。土地所有权已经变成了一种投资工具和银行的信贷标的。租金被榨取，最低成本的公众生活和住房需求却无法得到满足。

食租 / 食利阶级的问题已经成为一种地方病。美国教育的金融化使学生在进入劳动力市场之前就已经负债累累，沦为债务奴隶。它阻碍了人们通过高等教育实现向上流动的传统途径。大学学位已经成为一种金融化的商品。学生靠累积债务来支付学费，教育不再是一种可以免费享受的公共权利。与其他国家的社会化医疗形成鲜明对比的是，美国的劳动力和雇主分担了私有化医疗保险的高昂费用。一个自诩才能卓越的精英体制正在形成，但是它们的能耐主要是通过信托基金继承财富，以及与之相关的在寡头阶级内形成互开后门的教育和就业网络。

随着住房、教育和医疗等基本需求的金融化，生活成本已经变得如此之高，以至于即使所有美国人都能免费得到食物、衣服等实物消费品，他们仍然无法与中国或其他将金融资本主义的食租/食利负担降到最低的国家竞争。

中国如何避免美国的金融病？

（1）中国没有将自然垄断和关键基础设施私有化，而是将重要部门保留在公共领域，其中最重要的是银行业。央行为高速铁路、学校、交通系统和研究实验室等有形投资提供信贷，从而降低了生活和营商成本。

（2）中国已经开始实行高薪经济政策，通过高质量的教育和较高的健康标准，提高中国的劳动力生产率，从而能够与低工资低生产率的经济体和高开销的食租/食利型经济体进行竞争。

（3）作为一个社会主义经济体，中国的目标是通过强大的政府监管，将经济从寻租和高利贷型银行业中解放出来，从而防止出现不受约束、谋求食租/食利的金融寡头。中国尚待实现的是针对食租/食利阶级收入和资产的累进税政策，其中最重要的是地租累进税。

（4）为了保护自己不受美国和其他国家发起的贸易和金融制裁等相关破坏性企图的影响，中国与俄罗斯正在创建一个替代性的国际支付系统，从而摆脱对美元和SWIFT支付清算系统的依赖。中国和俄罗斯的货币制度、对外贸易和投资的去美元化政策，还包括确保本国在粮食生产、关键技术和其他基本需求方面的自给自足。

美国捍卫食租／食利阶级的特权，反对外国进行改革

新自由主义攻击了昔日整个西方倡导的古典经济学和进步时代的意识形态。美国把针对寻租行为的税收和监管，视为对食租／食利者接管国家经济的关乎生死存亡的威胁。因此美国想方设法孤立中国和其他抵制金融化和私有化的国家。

（1）20世纪80年代，撒切尔和里根的私有化政策的本质是，以低价将公共领域出让给私人，让他们坐享庞大的资本收益，也让投资银行家们赚取了巨额的承销费。这些收益最终来自向劳动力及其雇主收取的垄断租。20世纪90年代，新自由主义者可以在俄罗斯和其他后苏联加盟共和国自由地实践理念。他们让亲西方的窃国寡头瓜分了自然资源、房地产和公共基础设施。在整个西方，新自由主义俘获了政府监管机构，阻碍执行反垄断法，阻碍对私有化的掠夺性垄断租的限制。

（2）自20世纪80年代以来，美国劳动力的工资和生活水平一直停滞不前，原因是劳工权利被削弱、工会化程度下降以及固定福利养老金计划被终结。负债累累的工人害怕罢工或进行任何形式的抗议，因为这可能会导致他们被解雇，从而无力支付不断增加的债务和租金，并失去雇主供款的医疗保障。工薪阶级正逐渐变成优步司机这样的自雇"零工"，缺乏企业承担的医疗保障和社会保障供款、假期和加班费等。

面对FIRE部门费用的不断上升，为了转移人们对工资和工作条件恶化的注意力，基于种族、民族、性别和宗教的身份政治已经取代了工薪阶级的共同身份认同。

（3）古典经济学提倡的财政政策是，通过征税没收地租和自然资源租，同时，为了尽量减少垄断租，应该实施反垄断监管，保持自然垄断部门的公有性质。但新自由主义倒行逆施，扭转了进步时代的税收和监管改革，开启了一个反改革时代。

美国高端金融的主要市场，包括以现有资产为抵押发放贷款（以房地产为首）、企业收购、买卖公司、公共资产私有化，以及股市投机。银行业的主要市场是以产生租金收益的资产作为抵押发放贷款，目前贷款成本已经高到租金几乎完全被用来支付贷款利息。任何针对寻租恢复税收或重新加强监管的举措都有可能降低这些资产的价格，尤其是股票、债券和房地产价格。一旦开始，支撑资产价格的债务势将崩溃。

古典改革者在 19 世纪试图将经济从食租 / 食利者手中解放出来。然而，他们的努力在西方失败了。事实证明，民主改革无法阻止食租 / 食利者主宰选举政治和政党，因为他们已经收编了倾向自由主义的中产阶级，中产阶级渴望晋身食租 / 食利阶级，因此不赞同限制经济寻租或对此征税。有人建议循序渐进地推动古典的税收和监管改革，但这不太可能奏效，因为银行和其他食租 / 食利阶级将有时间利用在反对古典经济学改革中建立起来的政治权力来阻止改革。

2008 年金融危机后，各国中央银行和财政部被金融部门俘获的程度之深已经显露无遗。美联储和欧洲中央银行推行量化宽松政策，补贴债务杠杆化的金融和房地产投机活动。然后，为了应对 2020—2021 年的新冠病毒危机，它们向金融借款人提供近乎零利率的资金重新抬高了资产价格。一旦利率恢复到正常水平，或对目前支付给金融部门的租金征税，房地产、股票和债券的价格都会崩溃，债务杠杆化的投资者和银行将面临破产。因此，央行的政策使住房和其他资产价格维持居高不下。

（4）美国宣称传播民主，但它对外干预一直在推行芝加哥式的自由市场原教旨主义，就像皮诺切特在智利的军事独裁一样，在整个拉丁美洲散布恐怖组织。针对外国推行的替代食租/食利型金融资本主义的方案，美国通过制裁予以遏制，并在必要时，不惜通过武力为金融资本及其寻租者将新自由主义式的"自由市场"强加给其他国家。美国外交官却将美国经济的恶化归咎于中国，对中国及上海合作组织其他成员的军事对抗和制裁不断升级。

"新冷战"针对那些抵抗新自由主义的国家

工业革命的内在逻辑和命运，似乎是要创造一个没有不劳而获收入的经济，为此，国家需要税收和监管政策。但是现在美国倒行逆施，要求各国把基础设施私有化，并将经济规划权交给美国和其他国家的银行。在美国所谓的"基于规则的秩序"的支持下，各国的经济走向两极分化。

对于新自由主义者来说，自由市场意味着让食租/食利阶级成为经济的规划者。如果政府反对，就会被指责为"专制国家"，"民主"的标签就不能给予这样的国家，好像只有让1%的食租/食利阶级垄断经济收益，才是经济发展到后工业化阶段理所应当的特征，甚至是高效率的体现。新自由主义据此自诩为福音布道者，要在全球征服任何试图抵抗被它们接管的国家。

但中国工业的成功，表明金融化、私有化和垄断租的出现不是自然规律，债务通缩、基本需求私有化以及财富和收入两极分化也不一定必然发生。一旦人们产生不必跟随食租/食利者这样的观念，就会威胁到以美国为核心的世界秩序。因此，美国发动贸易和金融制裁，发起针对中国、俄罗斯和其他拒绝美国的"基于规则的秩序"的国家的"新冷战",本质在于孤立反对食租/食利阶级控制本国自然资源租和货币及信贷系统的强大政府。

美国不仅利用经济制裁来孤立这些国家,还会通过"颜色革命"来破坏它们的稳定,以期实现政权更迭。美国支持的所谓持不同政见者上台执政,例如,美国在俄罗斯南部和西部以及在中国西部和香港赞助的各种活动,都是企图破坏中、俄的政治稳定。美国近期的举动是向欧洲施加压力,要求相关国家在2020年年底撤销与中国谈判达成的贸易协定,希望将欧洲锁定在对美国的经济和政治依赖上。

但这种对抗的代价太高,因此对许多国家来说,美元、英镑和欧元正在失去国际货币的地位,而被视为美国冷战外交的武器。一位俄罗斯评论员在论及欧洲议会的敌意时指出,欧盟由于其附庸地位,威胁要切断俄罗斯和SWIFT银行清算系统的联系。他说"欧盟正在失去加强和促进欧元作为更受欢迎的国际支付工具的机会"。[1] 至于英镑,当英格兰银行扣押委内瑞拉的黄金储备并将其交给美国指定的反对派提名人时,英国作为国际金融避风港的角色就已经动摇了。

为了保护自己不受这些伎俩影响,中国和俄罗斯正在推动两国之间的贸易和投资关系去美元化。俄罗斯外交部部长拉夫罗夫在2020年年底总结了当前局势,宣布俄罗斯将与个别欧洲政府保持关系,但不会与欧盟维持关系,因为欧盟支持北约与俄罗斯对抗。他总结说:

> 我们正在推动在过去20年中形成的、我们自己的外交政策。西

---

[1] 伊万·季莫费耶夫(Ivan Timofeev):《与SWIFT割断联系?不,我们没有听说过》,《约翰逊的俄罗斯名单》2021年5月5日。加布里埃尔·加文(Gabriel Gavin):《恶意制裁正在伤害俄罗斯,但莫斯科有计划抛弃美元并放弃对西方的依赖》,《约翰逊的俄罗斯名单》2021年4月4日,见 https://www.rt.com/russia/522685-vicious-sanctions-dollar-dependency/。

方破坏促进俄罗斯经济增长的外部机会的意图有增无减,但是无论如何,世界比西方大得多。在20世纪90年代苏联解体后,我们想成为某些东西的一部分,但我们现在意识到,根本没有什么东西能让我们成为它的一部分。至少,西方并没有建立什么自己的东西……

如果采取西方的发展模式,我们根本没有立足之地。如果其他一切事情还不足以说明,那么冠状病毒肆虐则非常有说服力地显示了这一点。我们需要建立一些自己的东西。这是一个颇为宏大和复杂的目标,需要我们立即行动。①

几十年来,美国外交一直在支持世界上最专制的政府和最暴力的圣战运动,在枪口下推行一种强制的、亲食租/食利者的"基于规则的秩序"。这是一种奇怪的民主和人权,它把附庸寡头的窃国掠夺美其名曰"自由市场"。美国扶植的军阀和军事独裁,导致一浪接一浪的难民潮涌出洪都拉斯、危地马拉和厄瓜多尔。美国与沙特阿拉伯的联盟支持了叙利亚、伊拉克和阿富汗的萨拉菲圣战势力。正如克里斯·赫奇斯(Chris Hedges)总结的:

自1941年以来,美国在全世界推动政变、政治暗杀、选举欺诈、威逼利诱、勒索、绑架、代理战争和军事干预,残酷地镇压起义运动、实施制裁大屠杀、中情局在全球实施酷刑,没有一个的结果是最终建立了民主政府……

说美国是民主、自由和人权的捍卫者,这会让那些目睹他们

---

① 《俄罗斯外交部部长拉夫罗夫在第28届外交和国防政策委员会大会上的开幕词》,莫斯科,2020年12月10日,见 https://www.mid.ru/en/foreign_policy/news/-/asset_publisher/cKNonkJE02Bw/content/id/4478752。

的民选政府被美国颠覆和推翻的人闻之愕然，这些政府包括巴拿马（1941年）、叙利亚（1949年）、伊朗（1953年）、危地马拉（1954年）、刚果（1960年）、巴西（1964年）、智利（1973年）、洪都拉斯（2009年）和埃及（2013年）。这个名单还不包括许多其他政府，这些政府无论是否专制，如越南、印度尼西亚或伊拉克，都因被视为不利于美国的利益而被摧毁。这里列举的每一个案例，都使这些国家的居民的生活更加悲惨。①

寡头为限制民主国家的权力发起反击

从古罗马到现代世界，寡头权力的主要来源一直是金融，后盾为武力。被委婉地称为"财产安全"的东西，实际上是债务人财产的不安全，他们的财产会被止赎或被强制出售。历代寡头都是这样控制土地和租金的，负债的劳动者最终也不得不依附于债权人。

西方民主国家一直无法保护公民不受债权人、地主和垄断者的影响，任由他们创造了一个由债务人和租户组成的底层社会。要想避免这种命运，政府就必须把货币和信贷体系变成公共事业，并得到信贷法律的支持，这样才能保护广大的底层民众。

寡头拒绝这样的政府管制，他们试图将"民主"的含义限制在让所有公民投票的政治领域，同时限制他们投票的内容。古雅典授权一个预选委员会来限制民众大会可以讨论和投票的法律及政策。古罗马宪法允许所有登记的公民在人民议会上投票，但会根据投票者拥有的财产给不

---

① 克里斯·赫奇斯：《美帝国的解体》(*The Unraveling of the American Empire*)，财团新闻2021年4月19日。

同群体加权（即愈有钱的人投票权愈大）。

在历史上，即使平民主义领导人能够当选，或者公民批准了大众支持的改革，寡头统治者也有应对方案来否决投票结果（不用说对改革者使用暴力）。古罗马元老院可以声称出现了各种天启预兆，以此为由中止投票或使投票结果无效。今天，美国最高法院担当了这种类似宗教的职能，有权裁定国会的法律改革无效，正如它在1913年之前的几十年里设法阻止通过所得税提案一样。

正如第八章和第九章所述，美国的寡头制度允许私人为政治竞选提供资金，作为一种"言论自由"的形式（最高法院2010年对"联合公民诉联邦选举委员会"案的裁决结果）。共和党和民主党政治双寡头，根据候选人能从金主那里筹集到多少钱来决定谁赢得选举提名。这使捐献阶级能够切实否定有意义的民主，因为它们可以有效地否决那些会对食租/食利部门的金融化和寻租行为进行征税和监管的候选人，结果就是限制了公民可以投票的范围。这一直是由寡头控制的政治民主国家的基本特征。

政治民主在经济寡头统治下暗淡无光

判断一个社会是否民主，最明显的标准在于选民是否能够让政府颁布他们想要的政策。美国近几年的民意调查显示，人们强烈呼吁加强公共卫生保健和免除学生债务，但是没有政党支持这些政策，这些都超出了民主投票所允许的范围。名义上的政治民主在立法通过限制食租/食利阶级的权力而使大多数人受益的提案上摇摆不定。

西方民主国家往往出现社会撕裂。一边是由债权人、地主和垄断者组成的寡头政治，他们赢得了中产阶级选民的支持，中产阶级担心激进的政策会威胁到他们成为小投资者和财产所有者以谋取食租/食利收益的愿望；一边是底层的普通工薪阶层。维尔纳·桑巴特（Werner Sombart）称这些小资产阶级为 99% 的人中最具有野心的阶层，他们"像一滴滴脂肪一样漂浮在经济的浓汤上"。①一些专业人士、创新者和工匠能够积攒一定的储蓄，并且在住房和股票市场上有所获利。他们的脚踏在工薪阶层，但手却伸向资产持有者阶层，成为资产阶级的拥护者、纵容者和卖笑者。

1% 的富人认为，生活较优裕的人的作用是拉拢普通工薪阶层，鼓励他们幻想社会有足够的向上流动机会来提高生活水平，似乎财富真的会向下涓滴，而不是顶层的有钱人从下层榨取更多的财富。哲学家约翰·杜威（John Dewey）洞悉了这套伎俩，"那些拥有特权和权力的人一定会设法挽救他们造成的崩溃"②，他对人们抱有的这种幻想嗤之以鼻，并将美国政治描述为"大企业投在社会上的阴影"。

寡头一向反对强大的政府权力，除非政府完全被他们控制。古希腊寡头惧怕"暴君"，因为科林斯、梅加拉等城邦的改革者在公元前 7 世纪和公元前 6 世纪通过取消债务并重新分配土地，获得了民众的支持。后来的批评者指责这些改革者为"暴君"，声称他们往往沉迷于权力欲。但大多数古希腊哲学家却警告说，社会面对的主要危险是富人们沉溺于金钱欲望，并且诉诸暴力来保护他们的财富。

---

① 维尔纳·桑巴特：《布尔乔亚》（*Der Bourgeois*）（慕尼黑和莱比锡：1913）。
② 约翰·杜威：《建立新政党的必要性》（*The Need for a New Party*）（1931）。见杜威《后期作品, 1925—1953: 1931—1932》（*The Later Works, 1925-1953: 1931-1932*）（伊利诺伊州卡邦代尔：1985），第 163 页。杰克·约翰逊（Jake Johnson）：《杜威是对的：美国政治不过是大企业投下的阴影》（*Dewey was Right: American Politics is Merely the Shadow Cast by Big Business*），《共同梦想》（*Common Dreams*）2016 年 7 月 21 日。

古罗马从来就不是一个民主政体。古罗马人歌颂传奇的国王们制衡了富豪家族，但在公元前509年，寡头们发动政变推翻了国王，导致了长达5个世纪的内战。民众要求取消债务和重新分配土地，元老院的寡头们杀害了最具威胁和最有可能成功的改革者，指责他们"谋求王权"。这正是寡头们对尤里乌斯·恺撒（Julius Caesar）的指控。他们担心恺撒的声望可能会让他有机会取消古罗马的债务，就像卡提林（Catiline）在几十年前试图做的那样，后来他和大多数追随者都被杀害了。格拉古（Gracchi）兄弟也曾因主张重新分配土地而被杀害。苏拉（Sulla）后来杀死了受拥戴的为部下分配土地的马略（Marius）将军的追随者。

西方文明不愿制衡食租/食利阶级的统治

古希腊和古罗马公民希望摆脱债务和对债权人的依附，重获自由，但寡头统治者拒绝取消债务和重新分配土地，导致经济两极分化，最终帝国崩溃并陷入黑暗时代。后来的西方民主国家也未能阻止经济走向类似结局的态势，因为以复利增长的债务和经济寻租必然导致土地和财富日益集中，经济必然陷入两极分化和贫困。

为了削弱地主阶级从封建时代继承的特权，19世纪的改革者将投票权扩大到了更广泛的选民。但是，古罗马遗留下来的亲债权人精神和法律制度，在今天的西方世界仍然完好。历史的任务落在了社会主义经济体上。它们要抵抗金融资本，夺回政府对货币、信贷、土地使用权和基础设施的控制，从而削弱食租/食利者的权力。

社会主义的这种努力正在拼接一个漫长的历史循环。青铜时代的中东统治者们保护负债的小家庭，以防止豪强大族变成不受约束的寡头并与国王抗衡。数千年来，这是常态。公元9至10世纪的拜占庭统治者也成功实现了这一目标。他们定期宣布"债务大赦"，取消小农户的债务，将债务人从奴役中解放出来，恢复他们失去的土地权。

　　这是一项务实的措施，而非乌托邦空想，旨在调节信贷关系和土地使用权，从而稳定经济，使社会能够自给自足，确保财政收入的流动性和其他经济部门的商品供应。为了避免臣民不得不将作物盈余支付给债权人，并且为他们劳动却无法替王官工作，国王会宣布"债务大赦"，确保臣民优先纳税，为公共建设项目提供徭役和兵役——这通常是得到王官分配的土地使用权而需要履行的义务。

　　那个时代不会出现米尔顿·弗里德曼这样的人主张土地和劳动力应该成为"自由市场"的一部分，或者为了市场效率应该允许富人征占陷入债务的小农户的土地。任何国家若采取这种政策，都会因人民为了逃避债务外逃而人口减少，最终要么被外敌征服或被寡头推翻，要么爆发革命。如果统治者把债务和土地使用权关系留给"市场"来决定，小农户就不可能恢复自由。社会需要强有力的权威来定期减少信贷和债务，防止小农户身陷困境将土地转让给债权人。

　　罗马法对"财产权"的支持，赋予了债权人征收债务人财产的权利。此后，这就成了西方文明的一个决定性特征。只有强大的统治力量，如古巴比伦和拜占庭的统治者或20世纪的社会主义政府，才能够遏制金融和其他食租/食利者的利益。今天西方世界对中国的敌意，如同古罗马人对王权或不受寡头控制的公民政府的仇恨。从古代到现代，只有国王、"暴君"和革命政府能够成功取消压迫性债务，使广大人民享有土地使用权。然而，这些权威被新自由主义者称为"专制"，就好像历史上债务的暴政没有比权威更暴虐地压迫人民似的。

　　表13-1显示了现代社会主义和前古典时代君主制之间的相似之

处——都有能力阻止食租/食利金融阶级控制社会。

表 13-1 古代君主制、寡头政治和社会主义的对比

青铜时代的中东君主制	西方民主/寡头政治	社会主义
市场是由管理土地使用权、信贷和利率的王宫来调节的。但贸易和其他活动则被委托给商人。是由王宫主导的混合经济	金融和地主寡头推翻了国王，将国家权力、公共投资和监管最大限度地弱化。经济两极分化，国家以牺牲整体繁荣为代价为富人服务	国家宏观调控经济，管理基本品的价格和公共服务，给予商业创新创造个人财富一定的机会，但不容许豪强垄断国家的经济增长和繁荣
土地是公共事业，以标准化的方式分配。土地所有者需要承担徭役及兵役，在某些情况下还需要向王宫支付分成。目的是保护小农户，让他们成为有生存能力的纳税人，摆脱债务束缚	土地"商品化"，农作物剩余集中在外地主手中，成为根深蒂固的寡头政治。大庄园由佃农（最初为了偿还债务而劳动）、奴隶和后来的农奴耕作。住房靠债务融资，价格随信贷而膨胀	国家拥有土地所有权，把土地作为公共事业进行管理，但也可以出租土地使用权。通过对地租征税来促进业主自住，不鼓励以租赁租金为目的的所有权和债务融资，因为债务融资会把租金变成利息支付给债权人，而不是作为税收支付给政府
公民在土地上自给自足，但通过为债权人工作和交纳农作物来偿还债务	亲债权人的法律迫使债务人成为仆从附庸，导致债务奴役，最终走向农奴制	公民的基本需求作为人权得到保障，不需要为了住房、医疗和教育而背负债务
货币的起源是为了给债务、公共服务和税收计价，尤其是为了对王宫和神庙的债务和税计价。货币使指定用于支付债务的农产品的价格标准化	货币财富和信贷从神庙转移到了私人所有者手中。银币仍然因为被统治者接受用于缴税和纳贡而具有价值	国家创造作为公共事业的货币和信贷。国有的中央银行为公共建设提供信贷，而不是为金融投机服务
主要产品的价格受到管理，以便支付税金，方便社区与王宫之间的经济交易	食品等基本需求的价格可能受到控制。但大多数服务和价格被私有化，导致了租金和利润的垄断	基本需求和服务免费或以补贴价格提供。目的不是营利，而是促进让广大人民受惠的经济增长
债务及债务人仆从地位是可逆的，新统治者登基或在经济动荡和战争时期可以取消债务	债务不可逆转，因为它们会随着时间的推移不断积累。主张取消债务的人受到寡头政治谴责，并经常遭到杀害。现代破产法只在个案的基础上取消债务	在需要的时候政府会减记债务，从而避免大规模企业倒闭和经济混乱

（续表）

青铜时代的中东君主制	西方民主/寡头政治	社会主义
王宫和神庙是早期的主要债权人。因此，国王颁布债务大赦，主要取消的是民众欠王宫的债	信用私有化，债务只有通过内战才能取消。公民陷入债务依附、沦为附庸仆从、被债权人没收土地	国家通过公共银行成为主要的债权人，并保持信贷的公共属性，以便为实体经济投资和有形资本增长提供资金
"天授王权"因统治者从属于守护神，奉行保护弱者（孤儿寡妇）不受强者（债权人）侵害的正义和公平的伦理而神圣化	随着富人控制了意识形态和宗教，货币财富和贪婪（财富成瘾）挣脱了公共监管。私人慈善机构取代了公共社会福利支出	国家及官员致力于维护整体经济的繁荣，限制富人的权力，防止他们以损害公共政策和繁荣的方式行事
恢复广大民众自力更生和生存的能力，保持经济的韧性。王朝"大赦"和宫廷监管阻止了不受约束的债权人——地主寡头——崛起	社会丧失韧性，因为债权人——地主寡头——控制了国家，制定有利于债权人的法律。他们操纵法庭并阻止取消债务和重新分配土地	经济韧性是通过让个人对财富的追求（尤其是在金融和土地所有权方面）服从于社会目标来实现的。富人仍然受到公众监督
王宫是商人的主要客户，也是债权人。有别于小农户的粮食债务，商人的白银债务不会被"大赦"取消	国家和地方政府成为债权人寡头集团的净债务人，因为寡头已经将税收私有化，并动员国家权力向债务人追讨欠款	国家把货币和信贷作为公共事业组织起来，在不造成经济混乱的情况下，根据支付能力来调整偿债开支
循环时间（王朝周期）：统治者从"市场"之外进行干预，宣布"大赦"以恢复经济平衡，恢复到理想化的原状。逆转了债务累积、奴役和因欠债而被没收土地的情况	线性时间：经济不平等、债务束缚和丧失土地权随着债人的债务和债权人的金融储蓄以指数级增长，变得不可逆转。由此产生的经济两极分化只有通过革命才能扭转	国家维持经济稳定，防止金融债务周期出现。如果债务威胁到了经济增长，可以减记债务，从而拯救资不抵债的个人或公司

信贷和债务监管本来就是一种公共事业

当公元前3000年美索不达米亚和古埃及的市场基本经济要素被建立起来的时候，几乎所有在庄稼种植期间进行的交易都通过信贷进行，从农业投入在公共啤酒屋喝啤酒。官廷部门发展了货币和信贷系统，以便记账财政和分配资源，并根据使用权安排租赁土地。分配到土地的人需要服徭役，参加公共基础设施建设和服兵役。

货币是作为一种行政工具被创造出来的，用于分配劳动力、作物生产、神庙手工业和对外贸易的流动。货币不是一种商品，不是用来让持有者扰乱经济秩序的。收获时节，小农户就要结清他们在种植期间所欠的债务。这些债务以粮食计价，在打谷场上支付结清。在这个时候，人们支付的是实物货币。大多数农业债务是欠王官和神庙，以及把账目记在自己名下的官员的。

白银是商人的记账单位，他们通常在合同规定的货运旅程或有风险的贸易过程结束时（通常是5年）偿还债务。王官方面则保持账目的统一性，将一个单位的粮食与一个单位的白银等同，以保持王官与其他经济部门关系的资产负债表。这就创造了统一的标准，方便整合各种业务，跟踪收入和支出，并计算整体的机构盈余和赤字。

如果农业债务人在收获季节没有足够的粮食或其他作物来清偿债务，他们通常需要通过为债权人提供劳动服务来偿还债务余额。这造成了官廷经济和个体债权人之间的财政紧张关系。早期社会不能让个体债权人有权"自由"奴役民众，以牺牲官廷对这些劳动力和产出的需求为代价获取农作物；也不能任由他们侵占债务人的土地使用权，来垄断土地及其产出。几千年来，为了恢复经济平衡，统治者会取消个人的粮食债务，解放债务奴仆，将自耕地归还给原来的所有者。这使古代社会的经济具有韧性，而不是任由债权人取消抵押品赎回权，把土地、劳动力和生息信贷变成私人所有权的抓手，以榨取原本应该成为财政基础的经济租。

这些再分配和财政原则是现代社会主义的基础，但它们不是西方经济的基础。自从古希腊和古罗马废除中东债务大赦的做法以来，西方经济一直无法扭转债权人和债务人、地主和佃农、金主和附庸之间的两极分化态势。今天，新自由主义对社会民主的反对，加强了这种两极分化态势。它首先让债务的增长速度超过人们的偿付能力，从而使财富集中在债权人手中；其次是主张基本公共部门私有化，并由金融管理者经营，而不是作为一项人权提供给人民。

公共职能的金融化和私有化携手并进，寻租和占有资产价格收益是当今金融资本主义的本质。美国把教育、银行和其他控制人们基本需求的私有化垄断交给了"市场"。住房是最大的金融化部门，其次是私有化的医疗保健。制药公司能够收取垄断租，甚至还可以阻止政府为降低垄断租而就药品价格进行谈判。与此同时，卫生管理组织为了利润（更准确地说是为了垄断租）而垄断医疗服务。

西方能通过债务减记和去私有化使经济复苏吗？

今天的西方经济体面临着抉择：要么在金融化紧缩中萎缩，要么采取看似不可思议的手段，减记使财富和收入分配两极分化的债务，并进一步采取措施，终结食租/食利阶级非劳动收入的主导地位。

阻碍这些改革的是食租/食利利益集团设置的政治、法律和信息障碍，以及他们不惜（甚至热衷于）用武力维护特权，镇压任何抵抗新自由主义私有化和金融化的政治运动或政府。比起受害者，食租/食利阶级和剥削阶级总是更热衷于使用暴力来捍卫它们的掠夺成果，而受害者却不为保护自己或实现实质性改革而斗争。

这就是美国支持拉丁美洲和当今世界其他地区的附庸寡头的本质，

正如整个古代历史中的古罗马寡头一样。面对既得利益集团动员警察、军队、政治家和法院来阻止改革，受害者面对的现实是，综观历史，食租／食利阶级及它们捍卫自己利益的力量是如此强大，以至于往往需要一场政治革命来取代食租／食利阶级的统治。

今天，美国热衷于对寻求独立道路的国家进行军事和经济侵略，甚至带着传播福音的狂热。因此，这些国家需要通过加大本国的军事支出以增强抗衡的力量，从而避免利比亚、伊拉克和叙利亚等国家的命运。它们必须摆脱对进口粮食和其他基本需求的依赖，从而抵抗美国旨在破坏其经济稳定的制裁，例如，对伊朗、俄罗斯和中国实施的制裁。

以美国为中心的西方金融资本主义的替代方案

中国在抵制食租／食利阶级复辟和接管经济方面的成就，促使美国官员宣称中国是关系到美国生死存亡的敌人。公共部门应该管理货币和信贷创造、债务人权利和债权人行为、土地使用权、教育和医疗保健系统，以满足人们的基本需求，而不是把这些领域变成私人榨取租金的抓手。美国认为这种想法侵犯了它现在支持的金融化经济体系。

美国外交官和政治家指责那些公开限制垄断和寻租行为的国家，如果它们捍卫本国经济，反对私有化和美国进行金融接管，就是专制和独裁。正如美国国务卿布林肯在 2021 年 8 月断言："中国和俄罗斯等国的政府，或公开或私下提出的观点是美国正在衰落。因此，你们最好按照他们对世界的独裁愿景来决定命运，而不是按照我们美国的民主愿景。"①

这是一种奥威尔式修辞，试图掩盖分裂世界的最重要的经济问题：在反映大多数人的愿望方面，强大的独立国家和看似民主的寡头体制，哪一种更属于真正的民主？前者致力于公共监管和社会投资，通过控制食租/食利部门促进经济繁荣、减少不平等（反对者诽谤这是"专制"）；而在后一种国家里（名义上的政治民主，但没有真正的经济民主），金融和食租/食利权力阻止政府保护债务人、雇工、消费者和租户。

2021年8月，就在美国国务卿布林肯发表上述言论后不久，中国国家主席习近平就基本的全球问题表达了他的观点："当前，全球收入不平等问题突出，一些国家贫富分化，中产阶层塌陷，导致社会撕裂、政治极化、民粹主义泛滥，教训十分深刻！我国必须坚决防止两极分化，促进共同富裕，实现社会和谐安定。"②

2021年10月，俄罗斯总统普京将这种反差界定为当今世界面临的主要危机。他说，这场危机是"概念性的，甚至与文明攸关。这基本上是决定人类在地球上存在的方式和原则的危机"。尽管近几十年来有人声称"国家的角色已经过时，而且正在退场"，但他强调，只有强大的民族国家才能抵抗经济瓜分，避免使地球变成荒土。"全球化据说使'国家边界成为一种不合时宜的东西，主权成为繁荣的障碍'，这是那些为了自己的竞争优势而试图打开其他国家大门的人说的。"③

---

① 《布林肯敦促在国内投资以与中国竞争》，雅虎新闻2021年8月9日，见https://sg.news.yahoo.com/blinken-urges-investment-home-compete-194036906.html. 布林肯引用了世界经济论坛的一项研究，即美国在基础设施方面排名第13位，并说中国的支出是其3倍，在研究和开发方面投入得更多。

② 《求是》2021年10月15日，见http://www.qstheory.cn/dukan/qs/2021-10/15/c_1127959365.htm。

③ 普京总统在索契举行的瓦尔代俱乐部第18届年会全体会议上的讲话："21世纪的全球变革：个人、价值观和国家"，2021年10月22日，见https://valdaiclub.com/events/posts/articles/vladimir-putin-meets-with-members-of-the-valdai-discussion-club-transcript-of-the-18th-plenary-session/。

广大人民的经济福祉和食租／食利者之间的冲突由来已久

今天的全球危机正在重演古典时代西方腾飞的斗争。对于自由世界／北约联盟，没有相对应的古代"神圣王权"与之抗衡，也没有古罗马和斯巴达国王那样的权力制约——国王的职责在于防止出现食租／食利寡头利用金融和榨取租金的权力来改造经济，从而实现私利。在今天的新自由主义世界里，那些金融化程度最高的寡头国家及其代理人的宗主国才是最为强势的专制政府。金融财团、美国投资者和军政独裁者已经成为西方的新统治者。他们剥夺了大多数公民选举出符合他们政治诉求的政府的权利，导致名义上的政治民主几乎没有什么真正的意义。

这个问题自古以来就普遍存在。在整个罗马共和国时期（公元前509至27年），按财富分级投票的制度将选举权赋予了罗马1%的人口。这种投票制度是罗马的寡头在推翻了国王并压制了民众对取消债务和重新分配土地的呼声后强行推行的。由此产生的专制制度与之前罗马国王颁布的政策形成了鲜明的对比——据说，以前罗马向人们提供满足基本需求的服务，国王颁布这些政策是为了吸引移民以推动城邦发展，这些政策确实推动了早期罗马的发展。

千百年间，中东的"神圣王权"颁布债务减免政策以保护小农。统治者之所以可以通过债务大赦来恢复经济秩序，是因为他们足够强大，可以遏制寡头出现并侵吞负债者赖以自给自足的土地。今天，中国和其他国家的社会主义运动也承诺提供类似的保障。然而，美国外交官却将所有寻求经济弹性的国家都定性为"专制"国家。

监管和限制食租／食利阶级权力，被认为与美式民主背道而驰。美国的"自由市场"理念在实践中并没有推广"普世价值"，只是意味着华尔街的金融高管作为政治捐赠阶级想要篡夺政治权力，从而实行中央计划。问题的关键在于，谁将享受经济和生产力增长带来的好处。在金融资本主义的奥威尔式的词汇中，"自由市场"意味着富裕的食租/食利阶级利用占有的土地、创造金融信贷和垄断权随心所欲地收取费用。当今金融资本主义的新自由主义理想典范是20世纪70年代的智利，当时"芝加哥男孩"在皮诺切特的独裁统治下，依靠枪杆子强行实施了"自由市场"措施；以及20世纪90年代的俄罗斯，在叶利钦总统的统治下，美国新自由主义者和新保守主义者实践了他们的理念。

新自由主义食租/食利意识形态的军事化

新自由主义意识形态在西方精英社会及其大众媒体中呈现出福音布道的面貌。就像宗教经常通过暴力和战争解决纷争一样，今天的美国企图也已走向军事化，迫使其他国家放弃在金融和商业方面谋求自力更生的想法。甚至连社会民主，只要是不在美国金融投资者和规划者的自由市场恩庇之下，也得放弃。

苏联在1990—1991年醉心于新自由主义神话，因为戈尔巴乔夫总统等领导人急于见到冷战结束的前景。他们的梦想是在世界上高度军事化的国家之间创造一个国际和平时代。普京在2021年10月瓦尔代俱乐部的演讲中解释了这个幻想是如何破灭的：

> 大约30年前，人类进入了一个新时代，当时的环境为结束军事、政治和意识形态对抗创造了主要条件……我们一直在寻求西方支持。但必须说，我们没有找到，至少到目前为止没有……西方政治思想中的人道主义的基础是什么？似乎什么都没有，只是空

谈……我们看到，冷战结束后，在西方统治下创造一个有利于我们的环境的努力失败了。当前国际局势的现状正是这一失败的产物，我们必须从中汲取教训。

自20世纪80年代以来，西方领导人一直坚持芝加哥学派的"自由市场"主张，声称新自由主义经济可以自动地自我调节，比起由政府监管和拥有基础设施的混合经济更有生产力。哈耶克宣称，政府"干预"是通往奴役之路。正是这种奥威尔式修辞，让撒切尔夫人、美国自由派这类"自由市场"鼓吹者和主张放松管制的人如此着迷，这也是"新冷战"的许多夸张论调的基础。他们指控"干预市场"侵犯了经济"自由"——所谓经济"自由"，指的是富人可以剥夺债务人、客户和消费者的经济及人身的自由。自古罗马以来2000多年的历史经验表明，富人的这种"自由"或"自由市场"会导致寡头政治，而寡头政治才是名副其实的通往奴役的道路。

今天的文明处于岔路口

从本质上讲，社会可以分成两种类型：一种是有公共制衡的混合经济，另一种是将国家解体并进行私有化的寡头政治。寡头们接管了国家的货币和信贷系统、土地和基础设施，以扼杀经济为代价发横财，而不是谋求促进经济发展。历史的教训是，私有化的寡头政治会使经济两极分化，使国家走向衰败。如果政府足够强大，就能保护社会和人民免受食租/食利阶级的掠夺性剥削。这种混合经济具有韧性，能够维持社会稳定和经济繁荣。

在混合经济中，政府的目标是将经济发展与社会稳定结合起来。只有遏制最富裕的家族控制公权力的企图，混合经济才能生存下去。中国国家主席习近平指出，中国已经认识到放任寡头经济所带来的危险，他指出："一些发达国家工业化搞了几百年，但由于社会制度原因，到现在共同富裕问题仍未解决，贫富悬殊问题反而越来越严重。"[1] 为了避免这种命运，中国"要坚持公有制为主体、多种所有制经济共同发展，大力发挥公有制经济在促进共同富裕中的重要作用，同时要促进非公有制经济健康发展、非公有制经济人士健康成长。要允许一部分人先富起来，同时要强调先富带后富、帮后富"。[2]

新自由主义的冷战斗士认为，中国是威胁他们生存的敌人，正因为中国政府采取了上述立场。他们反对的是中国有能力阻止以美国为中心的食租/食利利益集团以牺牲国家为代价攫取巨额财富。而且中国的成功证明了存在一条可以替代新自由主义下的金融资本主义的道路，有可能引导各国摆脱美国的轨道。

食租/食利阶级的利益对社会构成的威胁，是当今每个国家面临的巨大挑战：政府应该如何限制金融资本主义的发展趋势，防止寡头主宰国家，通过对劳工和制造业实施财政紧缩政策谋求私利。到目前为止，西方还没有联合起来迎接这一挑战。金融化和寻租仍然是当今西方经济的主要特征。它们建立了政治民主的波将金村[3]，充当食租/食利寡头的装潢门面。

这就是普京和其他俄罗斯人所拒绝的那个西方。可以说，西欧在彼得大帝时代以及 19 世纪古典政治经济学和议会改革的进步时代，摒弃了

---

[1] 《光明日报》2022 年 12 月 26 日。
[2] 《求是》2021 年 10 月 16 日。习近平最后强调："要完善住房供应和保障体系，坚持房子是用来住的、不是用来炒的定位。"
[3] 译注：原文为 "Potemkin Village"，是俄罗斯的一则典故，指虚假的门面。

使它成为"西方"的东西,即加强社会民主政府对从封建主义继承下来的食租/食利阶级的权力的控制。

由此可见,今天的"新冷战"是不同经济制度之间的冲突,世界面临着非此即彼的对立:要么纵容食租/食利财富和特权复辟,要么使政府有能力抵抗这场反进步的革命。罗莎·卢森堡在一个世纪前将此描述为野蛮和社会主义之间的抉择。今天世界面临的抉择是,要么实行财政紧缩政策,放任特殊利益集团通过压榨性手段获取财富,要么恢复社会的活力,使全体人民共享繁荣和经济增长。

金融化、私有化和债务通缩正在拖垮西方金融资本主义。但西方的衰落并不是必然的,也不是在历史的进程中无可避免的。这不过是它选择了由食租/食利利益集团制定政策的结果。一旦国家容许食租/食利寡头占据上风,并按照错误的逻辑废除政府的监管和税收权力,就会沦为失败的国家。这套错误的逻辑认为,食租/食利者占有的租金是生产性的劳动所得,他们的食租/食利财富促进了社会的繁荣。如果整个西方都拥护这种错误的逻辑,必然走向经济紧缩和两极分化。

也许中国在政府支持下的成功发展,可能会激励美国和其他西方国家恢复它们昔日的工业动力。19世纪古典政治经济学发展了价值、价格和租金的概念,区分了劳动收入和非劳动收入。进步时代对榨取经济租的替代方案是,把货币创造作为一项公共事业交由政府运营,把卫生、教育和其他基本公共服务作为一项人权提供给民众。这些是欧洲和北美长期以来的社会民主理想,19世纪的工业资本主义似乎也朝着社会主义演变。

但这种努力在西方失败了。到20世纪初,地主、垄断者和银行家通过推广后古典经济学进行了反击,将古典经济学中"经济租是不劳而获的免费午餐"的概念扫地出门。其结果是,以民主革命为起点的经济改革运动在西方以失败告终。今天的经济意识形态基本上是 1% 的人的经济学。食租/食利阶级掠夺的财富被纳入 GDP 增长，而不是其他经济部门的转移支付。这不是民主政治，而是寡头政治。

现在的问题是，西方是通过民主改革重回之前的进步道路，还是说最终的改革必须经过一场革命？但革命看起来不会发生，那么西方经济将何去何从呢？

可以肯定的是，如果不能遏止当前的食租/食利集团，西方新自由主义经济体只能在债务缠身的情况下实行财政紧缩政策，税收和私有化的管理费都会支付给政治上根深蒂固的上层食利者。这样的话，等待西方的将是在漫长的苟延残喘中的崩溃。

美国对其国内工业和经济实力下降的应对方案是，通过军事力量和政治制裁加强对欧洲和其他附属国的控制。它已经落下了一道新的铁幕，阻止这些盟国在崛起的欧亚大陆，扩大与俄罗斯和中国的贸易和投资，胁迫各国选择跟从哪个地缘政治集团。美国此举正以惊人的速度使许多国家被迫退出美元化的贸易和投资跑道。

后记

在笔者完成这本书时,"新冷战"在乌克兰一触即发,世界正迅速分裂成两个集团。① 美国没收了委内瑞拉、阿富汗和俄罗斯的黄金与外汇储备,结束了 1945 年建立的以美元为中心的贸易和金融体系。尽管这一体系使美国国债和银行债务成为外国外汇储备的基础,有利于美国经济,但拜登政府(2021—2024 年)率先结束了美国力量的全球化进程。

---

① 2022 年 2 月在乌克兰爆发的战争,戏剧性地加速了去美元化和全球分裂的进程,推动了世界新秩序的建立,其速度远超所有人的预期。关于这些事件,可参阅笔者的文章《美国真正的对手是欧洲和其他盟友》(2022 年 2 月 8 日)、《美国在一个世纪里第三次击败德国》(2022 年 2 月 28 日)和《美帝国的自毁,但没人想到它会发生得这么快》(2022 年 3 月 6 日)。见 https://michael-hudson.com/2022/02/americas-real-adversaries-are-its-european-and-other-allies/,https://michael-hudson. com/2022/02/america-defeats-germany-for-the-third-time-in-a-century/,以及 https://michael-hudson.com/2022/03/the-american-empire-self-destructs/, respectively。

附录一　迈克尔·赫德森的知识贡献简述

一、1972年，迈克尔·赫德森因《超级帝国主义：美帝国的经济战略》①一书而声名鹊起。该书首次解释了美元与黄金脱钩将如何加强而不是削弱美国为其海外军事开支提供资金的能力。它揭示了美国国债本位制如何为发行全球主要货币的美国提供了国际"免费午餐"，迫使外国将取得的美元再回流至美国，向美国财政部提供新贷款。其效果是军费开支造成的国际收支赤字，反而帮助了美国国内联邦预算赤字融资。这一分析促使美国国务院竭尽所能阻止外国抵制"美元外交"的企图。

二、没有政府的保护，国际贸易中各经济体的收入往往会两极分化，而不是趋同。赫德森的《贸易、发展和外债》②分析并批判了国际贸易理论史。这一理论思想是重商主义和早期自由贸易帝国主义的基础，但是其倡导者意识到现实与保罗·萨缪尔森等自由贸易提倡者所认可的要素价格均衡定理恰恰相反。

赫德森的分析还表明，国际货币基金组织的紧缩计划是建立在两个

---

① 译注：中译本为《金融帝国：美国金融霸权的来源和基础》，中央编译出版社2008年版。
② 译注：中译本为《国际贸易与金融经济学：国际经济中有关分化与趋同问题的理论史》，中央编译出版社2014年版。

世纪前银行代言人大卫·李嘉图的"自由金融"逻辑的盲点之上的。这一逻辑假设，向债权国偿还的本息将会回流至债务国用于消费，所有债务会"自动"得到偿还，因此不可能出现货币紧缩。赫德森提出这一逻辑在20世纪20年代关于德国赔款的辩论中就已经被驳倒了，却还是被保留了下来，并作为对负债累累的全球南方经济体进行金融侵略的工具。IMF的政策的目的是阻止南方国家的政府把资金用于公共基础设施和相关社会项目等国内公共支出，而促使其用于支付外债。

三、通过创造本国货币为国内支出提供资金，并不比发债更容易引发通货膨胀，尤其是比起借入外币，更不容易出现通货膨胀。赫德森在《新货币秩序下的加拿大》中的分析后来被发展为现代货币理论，被应用到了国际收支、国际信贷和债务中：当从国外借钱用于本地消费时，中央银行不管怎样都必须对冲增发本国货币。那么，除了支付进口或军事开支，为什么还需要外国信贷呢？

四、FIRE部门的收益对于实体经济而言是一种食租/食利开销，因此，它们所得的经济租不应计算为对GDP的贡献。赫德森在《杀死宿主》和许多学术文章中阐述了重新制订国民收入和生产账户的统计方式的必要性，并且提出应该恢复古典经济学的经济租的概念——没有价值的价格，是经济上不必要的生产成本。英国《金融时报》认为，赫德森利用这一分析预见到2008年的金融危机及其后果。

五、赫德森在《杀死宿主》和许多文章中解释了生息债务增长必然超过社会的偿付能力，以及为什么会导致债务通缩。银行创造的信贷越多，意味着客户所欠的债务越多，那么债务通缩的现象就会越严重。赫德森据此解释了一种与主流货币主义理论相反的动态。主流理论假设，新创造的信贷（债务）被用于商品和服务（导致消费价格、工资和其他现行成本成比例的通货膨胀），以及向企业贷款人提供新贷款，为新的直接投资（生产资料和雇佣）提供资金。但赫德森指出实际情况恰恰相反，大多数银行信贷/债务被用于购买房地产或其他现有资产。人们利用信贷竞相抬高资产价格，而不是用于消费或工业的商品生产和服务。因此，通货膨胀的是资产价格，而不是商品价格。

银行信贷增加对这些商品价格和经济活动的影响实际上是通货紧缩。这是因为更多的信贷意味着更多的债务，而偿还债务会从经济中抽走购买力。偿还债务使家庭和企业可用于商品和服务的收入比例减少。赫德森的分析表明，债务（以及债权人的"储蓄"）以复利的方式呈指数级增长，导致债务通缩，"实体"经济的扩张速度放缓，使消费品价格趋于通缩，并在某一时刻导致财政紧缩。当这些以指数级增长的债务无法偿还时，就会发生金融崩溃，使得人们破产、丧失抵押品赎回权，资产将从债务人手中转移到债权人手中。正是这些债务和相关的 FIRE 部门的开销，使美国的劳动力和工业被挤出世界市场，在很大程度上导致美国经济的去工业化，削弱了美国昔日在国际市场上的竞争优势。

六、自古以来，政府对债权人的债权实施公共监管和控制，往往遭到金融和地主寡头的激烈反抗。由此产生的公私混合经济与私有化和金融化的"自由市场"寡头之间的冲突，是今天全球经济和军事冲突的主要特征。

赫德森对这种公共利益和私人利益之间的紧张关系进行了历史溯源。历史分析的结论是，生息债务起源于公元前 3000 年的青铜时代的中东，直到公元前 8 世纪才被引进古希腊和古罗马（见《……免除他们的债务》以及即将出版的《古代世界的崩溃》）。但与古代中东不同，古典时代没有宫廷统治者，也没有君王取消债务和重新分配土地的传统（债务大赦）。于是，债权人寡头崛起并最终战胜了改革者，在罗马帝国最终崩溃并沦为封建主义的道路上垄断了土地和大部分货币财富。由此产生的后罗马时代亲债权人法律体系，使西方文明有别于其他文明。

一个与此相关的研究贡献，是赫德森揭示了货币和债务并非源于以物易物，而是起源于青铜时代美索不达米亚和埃及的一种对债务的记账方式，其中最重要的是以各种商品来计价欠王官的税（通过设定 1 谷尔的谷物的价值等于 1 谢克尔的白银）。从一开始，货币就是一种法律现象，而不是一种商品。赫德森主编了《创造经济秩序》，并且在学术期刊上发表了多篇关于货币起源的论文。他的研究促使主流亚述学家和人类学家开始反对奥地利学派的个人主义（反政府）货币理论。该理论认为，货币是从物物交换演变而来的，政府没有任何作用，政府甚至不是货币金属的铸造者，以及标准重量、度量衡和质量的监督者。

七、鉴于生息债务的增长终将超过社会的偿付能力，因此需要"债务大赦"来避免由于止赎和资产所有权从负债的家庭、企业及政府转移到金融部门而导致的经济两极分化。然而，金融寡头力图限制政府的权力，使政府无法实施旨在恢复经济稳定和促进经济复苏的监管政策。这些寡头试图将税收负担从自己身上转移到经济部门，并以私人慈善与私人所有的基础设施和行政管理取代公共服务。

八、《泡沫经济和全球危机》和《文明的抉择》解释了金融资本主义经济体中的大多数财富，是如何通过房地产、股票和债券的资产价格膨胀而增长的，而不是通过利润或工资的积累。与工业资本主义相反，金融资本主义的动力，建立在为收租资产的私有化融资和寻求金融资本利得的基础上，而金融资本利得远远超过了当前的净收入。将这些资本利得加上当期收入，我们便可以得到一个"总回报"的衡量标准，这可以追踪财富的不平等在多大程度上超过了收入的不平等。

九、主流经济理论颠倒了古典经济学中的自由市场的概念。古典经济学中的自由市场是指一个没有经济租的市场，现在被歪曲成了让食租 /

食利者自由榨取经济租的市场。《杀死宿主》一书指出自由市场的概念在20世纪被逆转，可以追溯到19世纪90年代的J. B.克拉克和反社会主义的奥地利学派，他们主张税收特权和废除政府监管，从而容许某些人自由地榨取租金。这一反古典经济学的经济理论体系，否认有些收入或财富是不劳而获的。他们的借口是，根据定义，任何产生收入或财富的东西都是生产性的（因此增加了GDP），而不是榨取性的地租、自然资源租或垄断租。由此产生的经济理论，并非旨在解释经济在现实世界中如何运作，而是服务于既得利益者的特殊利益诉求。赫德森的《垃圾经济学》一书试图厘清当今经济骗局背后使用的那套话术。

十、《文明的抉择》解释了民主政治为何有利于努力跻身食租/食利阶层的中产阶级的利益，而不利于整体工薪阶层的利益。寡头利用中产阶级的心理，反对对房地产和金融业的食租/食利收益征税或施加限制性政策，并利用经济力量拉拢社会民主党和劳工党派。结果是，经济规划和制定税收政策的权力从政府转移并集中到了金融中心（华尔街、伦敦金融城等）。

十一、国际贸易、金融和相关的经济关系反映了经济制度的冲突。美国—北约的外交支持新自由主义的食租/食利型经济。在这种经济体系中，顶层1%的人垄断了财富，主要表现为金融化的经济租，包括非自住的房地产所有权、自然资源租、垄断租、债务膨胀所造成的住宅和其他房地产价格的金融化经济租，以及私有化的银行和金融。这种新自由主义外交最担心的，是社会主义经济体可能会将食租/食利阶级的收入最小化，而且会保持货币和信贷创造的公有性质。公共控制信贷使社会主义经济体能够自己创造信贷，从而提高生产力，推进其他社会目标，还可以减记可能导致经济两极分化的债务坏账。

金融资本主义正在使美国及其北约卫星盟国的经济去工业化。《文明的抉择》分析，由此产生的国际外交冲突并非为了争夺市场（因为西方经济已经在去工业化，这是金融化和资本针对雇佣劳动的战争的副产品），也不是所谓民主自由和威权主义之间的冲突，而是不同经济制度之间的冲突。对立的双方是导致债务通缩和财政紧缩的食租/食利经济体，与通过控制1%的人来保护99%的人并通过政府补贴促进经济增长的社会主义国家。

十二、讽刺的是，只有拥有强大公共监管部门的公私混合经济才能促进经济民主。通常被认为是政治上的民主政体，结果往往是经济上的寡头政体——正如亚里士多德指出的古典时代的情况一样。

历史上大多数的经济实践，如货币、生息信贷、标准化价格和契约性的利润协议，都是由古代中东的王宫和神庙发展起来的，旨在调控它们与整体经济的相互作用。但古希腊和古罗马没有这样的中央机构，在西方，公共职能从一开始就被经济寡头私有化了。直到19世纪，迫于政治压力才发展出一套方案，将金融、房地产和自然基础设施的垄断重新社会化，交由公共部门掌管。

将公共职能交由公共部门掌管，正是古典政治经济学的目标。但第一次世界大战使这项改革计划功败垂成。它的失败说明了为什么西方各国的经济正在遭受财政紧缩和债务通缩——由美国外交支持的食租/食利利益集团重新俘获了经济权力和政治权力。中国经济的显著增长表明，文明正处于漫长的历史螺旋的莫比乌斯带[①]的一侧。人们寻求恢复一个平衡的以广大人民的利益为导向的公私混合经济，而不是任由一个日益狭隘的、愈发贪婪的和终将自我毁灭的食租/食利阶级以牺牲其他经济部门为代价，谋求一己私利。

---

① 由德国数学家莫比乌斯等于1858年发现，指一根纸条扭转180度后，纸条的两头再连接起来做成的纸带圈，具有魔术一般的特性。

附录二　迈克尔·赫德森的主要著作

1. *Super Imperialism: The Economic Strategy of American Empire*, 1972（2nd ed. 2003; 3rd ed. 2022）(《金融帝国：美国金融霸权的来源和基础》，中央编译出版社 2008 年版）。

2. *Global Fracture – The New International Economic Order*, 1977（2nd ed. 2005）(《全球分裂：美国统治世界的经济战略》，中央编译出版社 2010 年版）。

3. *Economics and Technology in 19th Century American Thought: The Neglected American Economists*, 1975（《保护主义：美国经济崛起的秘诀（1815—1914）》，中国人民大学出版社 2010 年版）。

4. *Canada in the New Monetary Order*, 1978（《新货币秩序中的加拿大》）。

5. *Creating Economic Order*, 2004（《创造经济秩序》）; *Debt and Economic Renewal in the Ancient Near East*, 2002（《古代中东的债务与经济复兴》）; *Land Ownership and Urbanization in the Ancient Near East*, 1999（《古代中东的土地所有权与城市化》）; *Privatization in the Ancient Near East and Classical Antiquity*, 1996（《古代中东与古典时代的私有化》）; *Labor in the Ancient World*, 2015（《古代世界的劳动》，

与亚述学家合著）；即将出版的赫德森论文合集：*Temples of Enterprise*，2023（《神庙经济》）。

6. *Trade, Development and Foreign Debt*, 1992（2nd ed. 2010）（《国际贸易与金融经济学：国际经济中有关分化与趋同问题的理论史》，中央编译出版社 2014 年版）。

7. *Finance Capitalism and its Discontents*, 2012（《金融资本主义及其缺憾》）。

8. *The Bubble and Beyond*, 2012（《泡沫经济和全球危机》）。

9. *Killing the Host: How Financial Parasites and Debt Destroy the Global Economy*, 2015（《杀死宿主：金融寄生与债务如何破坏全球经济》）。

10. *J is for Junk Economics: The Vocabulary of Economic Deception and Reality*, 2017（垃圾经济学：经济骗局的词汇与现实）。

11. *… and forgive them their debts: Lending, Foreclosure and Redemption from Bronze Age Finance to the Jubilee Year*, 2018（《……免除他们的债务：从青铜时代到禧年的借贷、止赎和赎回》）。

12. *The Destiny of Civilization*, 2022（《文明的抉择》）。

13. *The Collapse of Antiquity*, 2023（《古代世界的崩溃》）。

14. 迈克尔·赫德森，凯瑞·布朗等：《中国未来 30 年 III：重塑梦想与现实之维》，中央编译出版社 2013 年版。